음악이론 피날레
Music Theory Finale

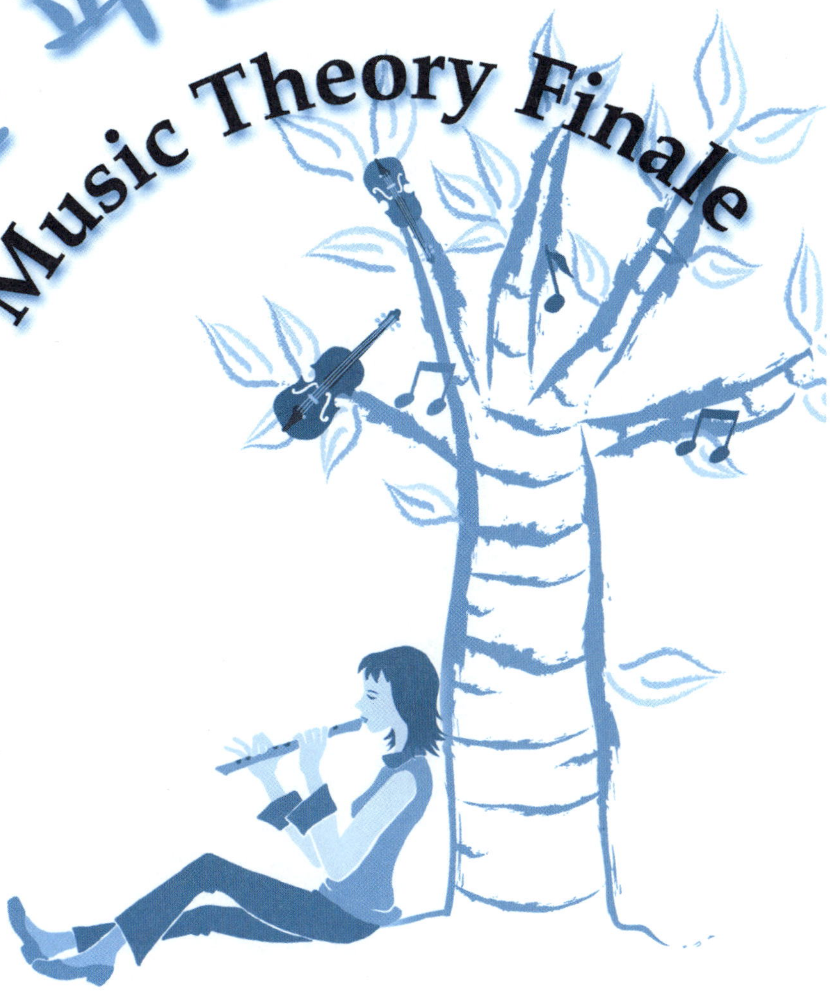

세광음악출판사

중학 음악이론 피날레는 단기간에 중학음악이론의 핵심내용을 학습하고자 하는 중학생 및 예비 중학생을 위한 이론서이자 문제집입니다.

초등교과과정을 마친 학생이면 누구나 이해할 수 있도록 상세히 설명하였습니다. 또, 악기를 하나쯤은 배워두는 것이 이 책을 공부하는 데에 도움이 될 뿐 아니라 실기시험을 대비하는 방법이기도 하겠습니다.

이 책은 중학교 교과서를 중심으로 서양음악이론의 음계·음정·화음·악식론과 음악사 부분으로 나누어 엮었습니다.

음계와 음정 그리고 화음은 수학과 같아서 한번 배워서 이해하게 되면 어떠한 문제가 나와도 두려움이 없을 것입니다. 그러나 '그냥 대충하지' 혹은 시험을 앞두고 '어떻게 되겠지' 하는 마음을 가지고 있다면 그 마음은 접어두세요. 이 책을 접한 순간부터 미리 미리 차근차근 1~2페이지씩 공부를 해두면 친구들이 음악이론 때문에 당황하고 있을 때 다른 공부를 할 수 있는 여유가 생길 것입니다.

특히 음계 및 음정·화성은 잘 공부 해두면 고등학생이 되어서도 음악이론시험 걱정을 안해도 될 만큼 중요합니다.

전교에서 손꼽히는 학생이 음악 과목 때문에 성적이 더 이상 오르지 않는다는 호소를 정말 많이 들었습니다. 학교성적을 위해 음악이 존재하는 것은 아니지만 학교성적에 도움이 될 수 있다면, 가르치는 선생님이나 학생들에게 이 교재가 유용하게 쓰였으면 좋겠습니다.

이 교재를 편집하느라 수고하신 세광음악출판사 편집부 직원들과 저를 가르치시느라 고생하셨던 저의 스승 서난현 선생님, 그리고 늘 저의 든든한 후원자이신 하나님께 감사드립니다.

장민아

Contents

1. 음계(音階)Scale

음계

음계란 음악에 쓰이는 음을 차례대로 배열한 계단이라고 생각하면 됩니다.
즉, 음의 층계라고도 합니다.

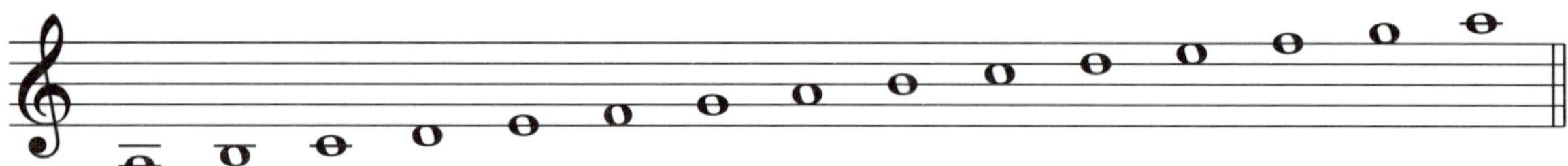

서양의 대표적인 음계는 장음계와 단음계가 있으며, 그 외에 교회선법, 반음계, 온음음계,
12음음계, 블루음계, 동양의 5음음계 등 여러 종류가 있습니다.

장음계

단음계

장음계

장음계는 으뜸음에서부터 (온음-온음-반음)-온음-(온음-온음-반음)순서의 충계로 되어 있습니다.
즉, 3~4음과 7~8음 사이가 반음이고, 나머지는 온음으로 되어 있는 음계죠!(^^)

◉ 아래 그림을 보고 이해해 보세요.

(악보상의 온음과 반음)

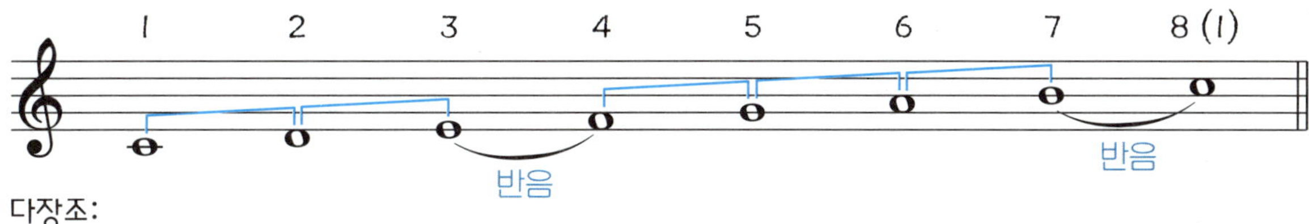

(건반상의 온음과 반음)

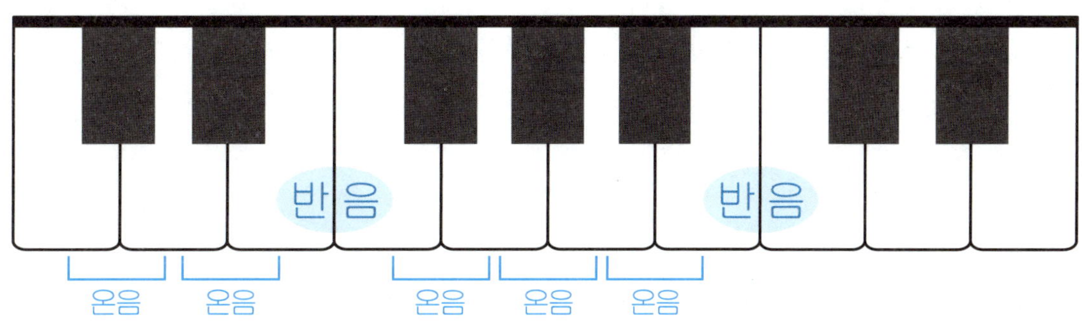

✦ 여기서 잠시 반음과 온음에 대해 설명하고 넘어 갈게요.

※ 온음과 반음

반음: 한 건반에서 가장 가까운 건반과의 거리가 반음입니다.

온음: 반음을 2개 합친 거리가 온음입니다. (건반 2개)

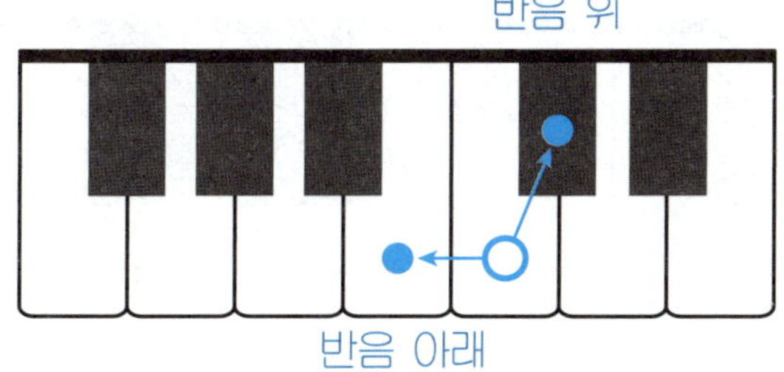

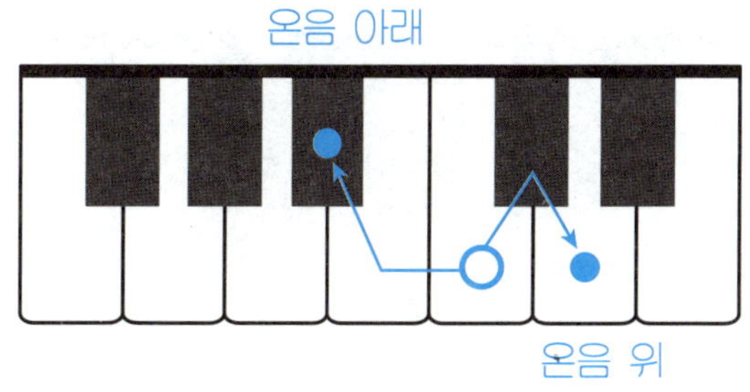

단음계

단음계는 장음계의 으뜸음에서 단3도 내려간 음을 으뜸음으로 하는 음계랍니다.

(※ 단3도는 음정편에서 설명될 것이니 우선 그렇다는 것만 알아두세요.)

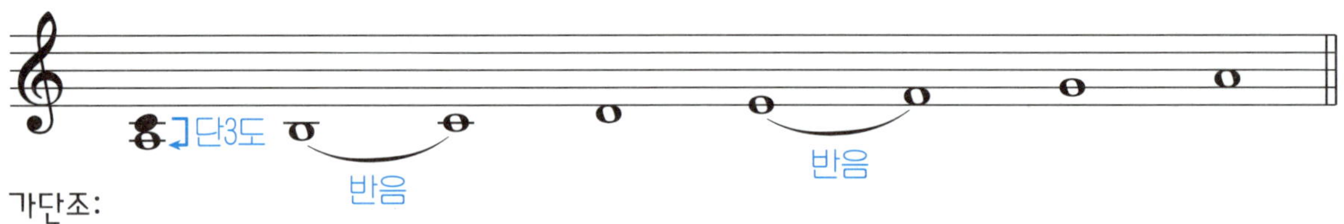

〈단음계의 종류〉

• 임시표가 붙지 않는 자연단음계,

• 자연단음계의 7음을 반음 올리는 화성단음계,

• 올라갈 때는 자연단음계의 6, 7음을 반음 올리고,
  내려올 때는 6, 7음을 제자리로 한 자연단음계인 가락단음계(= 선율단음계)가 있습니다.

1. 자연단음계

자연단음계는 임시표가 붙지 않은 단음계로 2~3음과 5~6음 사이가 반음이고, 나머지는 온음으로 되어 있는 음계랍니다.

(악보상의 온음과 반음)

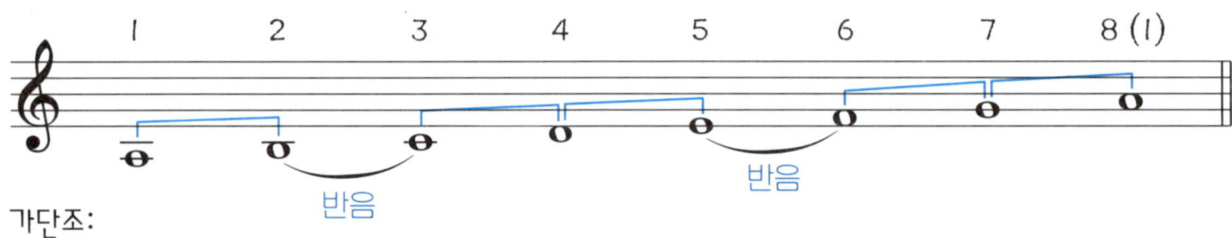

(건반상의 온음과 반음)

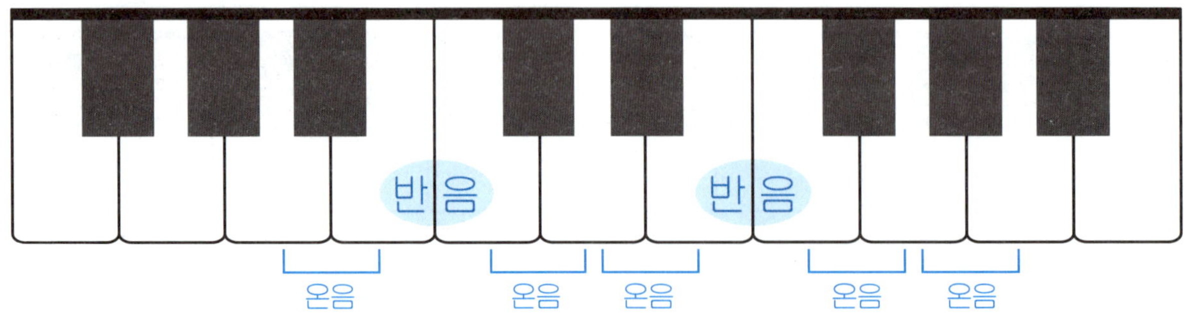

ㄹ. 화성단음계

화성단음계는 자연단음계의 7음을 반음 올려주는 단음계랍니다.

2~3음, 5~6음, 7~8음 사이가 반음이고, 나머지는 모두 온음으로 되어 있습니다.

특히, 6~7음 사이는 온음에서 반음이 하나 증가한 증2도 관계입니다.

가장 많이 쓰이는 단음계이니 꼭 익혀두어야 할 아주 중요한 단음계입니다.

(※ 증2도의 자세한 설명은 음정편을 통해 이해하시기 바랍니다.)

(악보상의 온음과 반음)

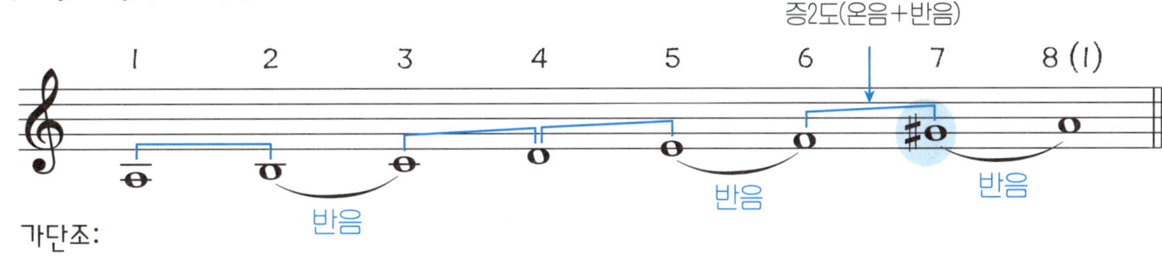

(건반상의 온음과 반음)

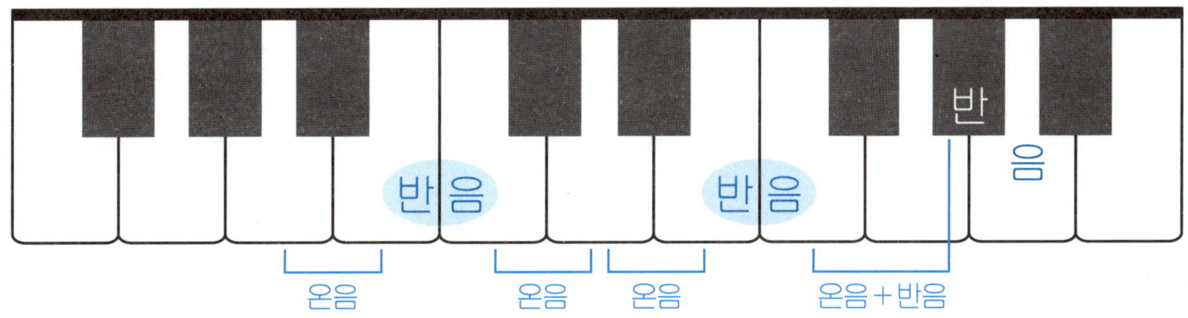

3. 가락단음계

가락단음계는 다른 단음계와 달리 상행스케일(올라가는 음계)과 하행스케일(내려오는 음계)이 다릅니다.

상행스케일은 6음, 7음을 반음 올려주고, 하행스케일은 자연단음계와 같답니다.

상행 때는 2~3음과 7~8음 사이, 하행 때는 2~3음과 5~6음 사이가 반음이고, 나머지는 온음으로 되어 있습니다.

(악보상의 온음과 반음)

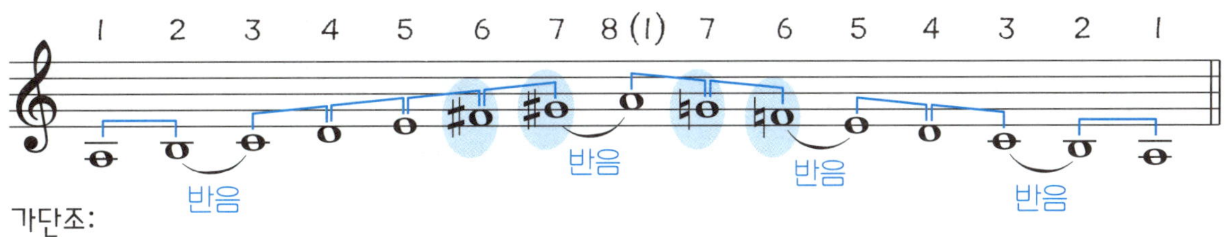

조표를 붙이는 순서는 그냥 무조건 외우세요. ^^;;
이걸 알아야만 앞으로 공부할 순서를 이해할 수 있으니까요.

POINT

계이름	도	레	미	파	솔	라	시
음이름	다	라	마	바	사	가	나
영어 음이름	C	D	E	F	G	A	B

이번에는 장음계에서 으뜸음과 조성이름 찾는 방법을 알아보도록 하겠습니다.
이 방법과 순서는 반드시 외워두어야 합니다. 꼭!!

POINT

장조의 으뜸음 찾는 법

1. ♯조표일 때 – 맨 오른쪽에 있는 ♯자리가 '시' 입니다.
   으뜸음은 조이름이 됩니다.

2. ♭조표일 때 – 맨 오른쪽에 있는 ♭자리가 '파' 입니다.
   (맨 오른쪽 바로 앞에 있는 ♭자리가 으뜸음 '도' 이기도 합니다.)

● 다음 설명을 보고 이해해 보세요.

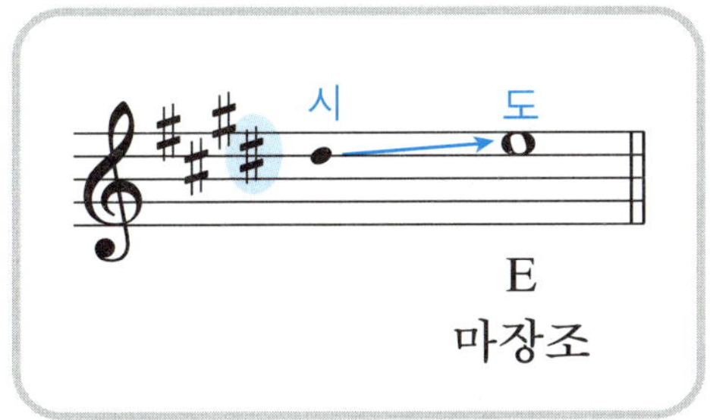

♯이 4개 붙어 있습니다. 맨 오른쪽에 있는 '레♯' 자리를 계이름 '시' 로 본다면 '미' 자리 즉, 넷째칸이 으뜸음 '도' 가 됩니다.
 그러면 그 으뜸음 자리의 음이름은 무엇이죠? 그렇죠! '마', 영어 음이름은 'E', 마장조 또는 E Major(이메이저)라고 읽습니다. 장조를 영어로 Major(메이저)라고 하는 것도 상식적으로 알아두도록 하세요.

♭이 4개 붙어 있습니다. 맨 오른쪽에 있는 ♭ 자리가 '파' 라고 기억해도 좋지만, 맨 오른쪽 바로 앞에 있는 ♭ 자리가 으뜸음 '도' 라고 기억하는 것이 더 편합니다. 그래서, '라♭' 자리가 으뜸음 '도' 가 됩니다. 이해되셨나요? 다음, '라♭' 이 으뜸음 '도' 이므로 그 음이름은 '내림가', 영어음이름은 'A♭'. 그래서 내림가장조 또는 A♭ Major(에이플랫메이저)라고 읽습니다.

장조의 으뜸음 찾는 법

1. 으뜸음을 찾는다: ♯조일 때 – 맨 오른쪽 ♯자리가 계이름 '시'
　　　　　　　　　　♭조일 때 – 맨 오른쪽 ♭자리가 계이름 '파'
　　　　　　　　　　　　(맨 오른쪽 ♭ 바로 앞의 ♭이 으뜸음이다.)
2. 으뜸음에 해당하는 음이름을 찾는다. 그 이름이 '조'이름이다.

이번에는 단음계에서 으뜸음과 조성이름 찾는 방법을 알아보도록 하겠습니다.
이 방법과 순서는 반드시 외워두어야 합니다.

우선 단조의 으뜸음은 '라' 라는 것을 꼭 알아야 합니다. 그것만 안다면 단조의 으뜸음은 금방 찾습니다. ♯이 4개 붙어 있습니다. 맨 오른쪽에 붙은 '레♯' 이 계이름 '시' 라는 것을 기억하세요? 그러면 '라' 음을 금방 찾을 수 있겠죠? 그것이 단조의 으뜸음이랍니다. 여기서는 도♯(c♯)이 으뜸음이군요. 그 다음 '도♯' 은 음이름으로 '올림다', 영어음이름은 'c♯'. 그래서, 올림다단조 또는 c♯minor(시샵마이너)라고 합니다.

※ 장조가 Major(메이저)라면 단조는 minor(마이너)라고 한다는 것도 기억해 주세요.
　 그리고 한가지 더! 단조를 영문으로 표기할 때는 주로 소문자를 씁니다.

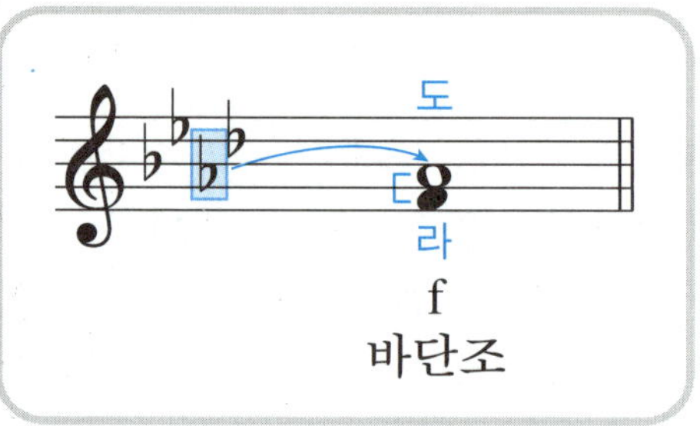

♭이 4개 붙어 있습니다. 맨 오른쪽에 있는 '레♭' 자리 바로 앞에 있는 '라♭'이 계이름 '도'가 됩니다. 그러면 단3도 내려와서 계이름 '라'를 찾으세요. 쉽죠? ^^

음이름으로 '바' 자리네요. 영어음이름은 'f'.

그래서, 바단조 또는 f minor(에프마이너)라고 읽습니다.

이제 모두 이해하셨죠?

단조의 으뜸음 찾는 법

1. **으뜸음을 찾는다**: 현재 조표에서 계이름 '라'가 으뜸음이다.
2. **조성을 찾는다**: 으뜸음의 음이름을 찾는다. 영문표기 할 때 단조는 소문자로 쓴다.
3. **단음계의 종류**
   - **자연단음계**: 어떠한 임시표도 붙지 않는다.
   - **화성단음계**: 7음을 반음 올림. 화음의 연결이나 단조 곡에서 많이 쓰인다.
   - **가락단음계**: 올라갈 때는 6음, 7음을 반음 올리고, 내려올 때는 자연단음계 적용

C (다장조)

Am (가단조 자연단음계)

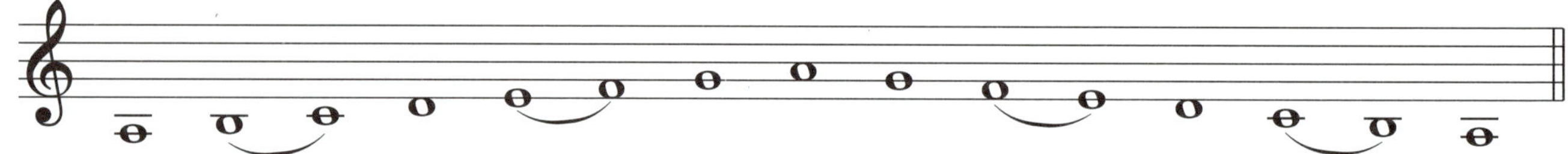

Am (가단조 화성단음계)

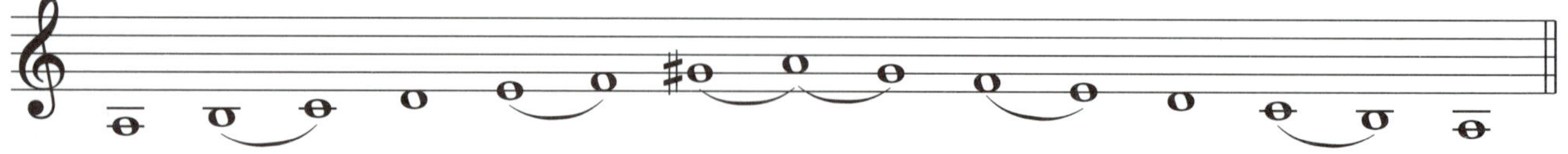

Am (가단조 가락단음계)

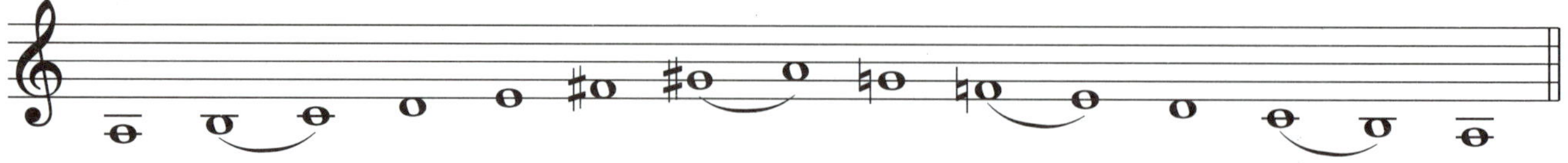

※ 단음계의 조성을 영문으로 표기할 때는 영문소문자를 쓰거나 영문대문자에 소문자 m을 붙여 쓰기도 한답니다.

4 조성별 장음계와 단음계

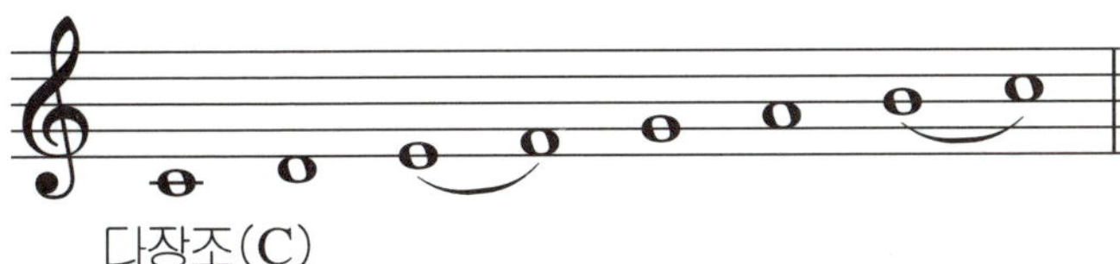

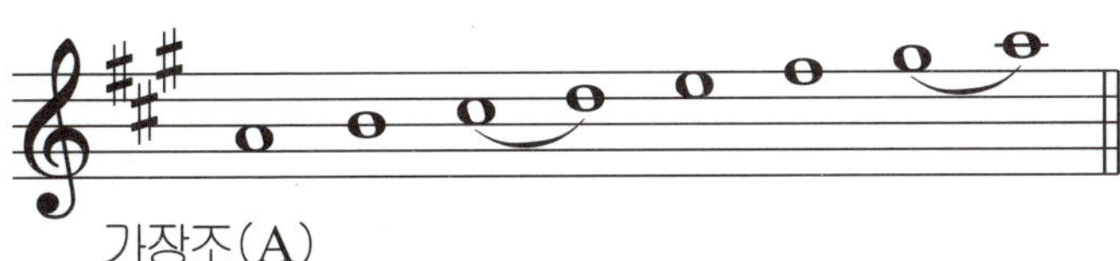

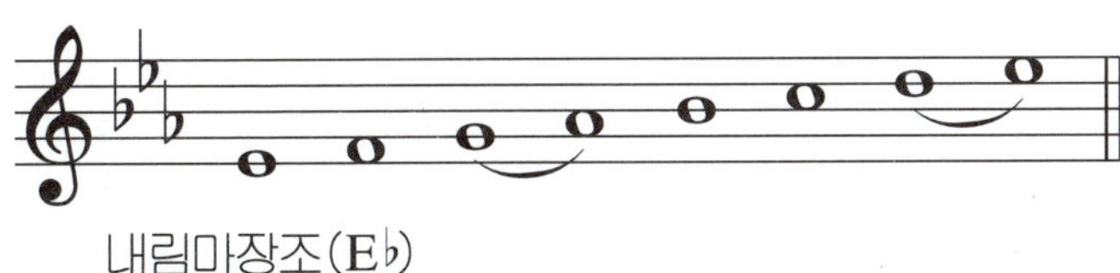

(일반적으로 7음을 반음 올린 화성단음계를 사용)

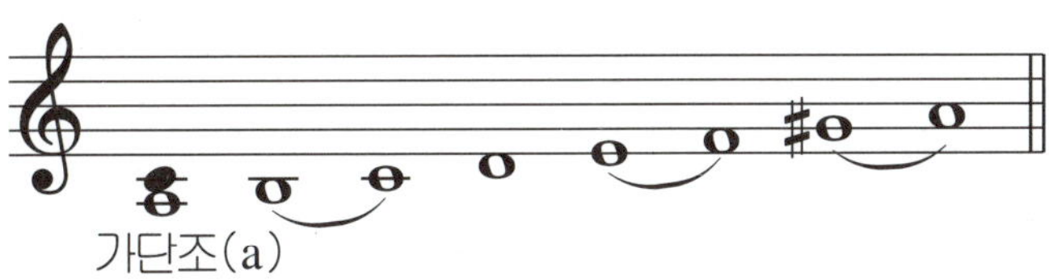

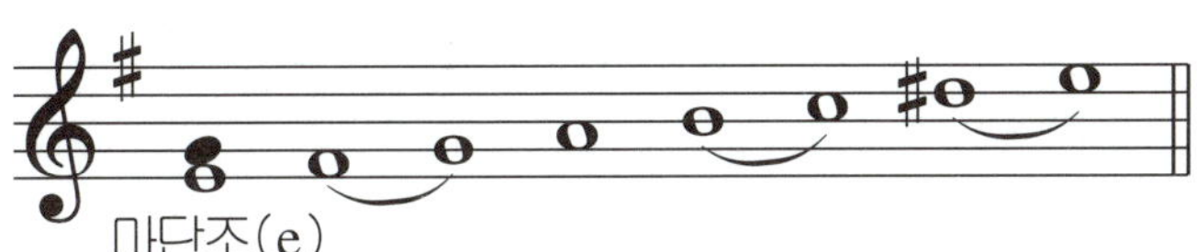

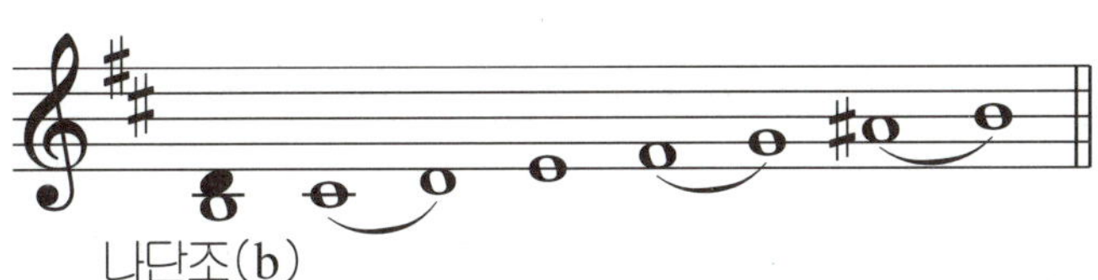

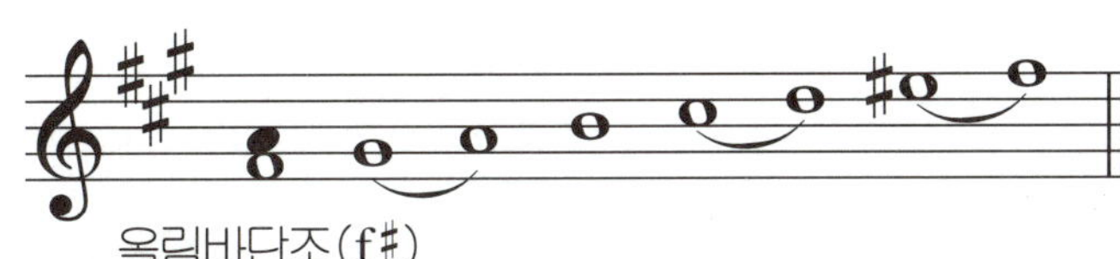

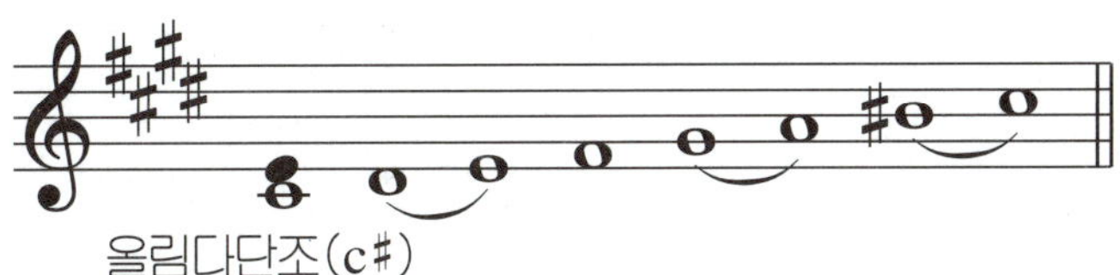

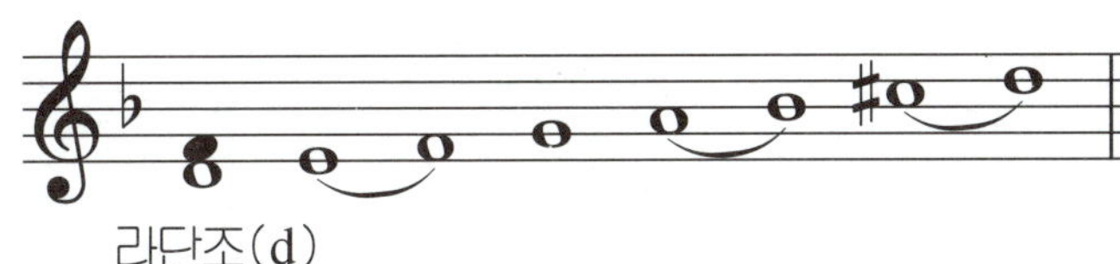

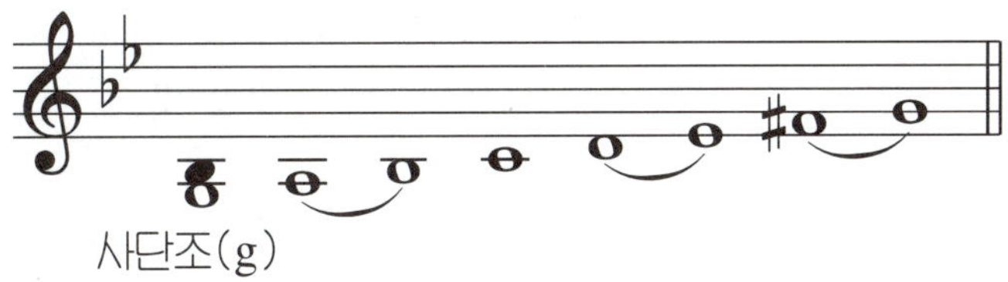

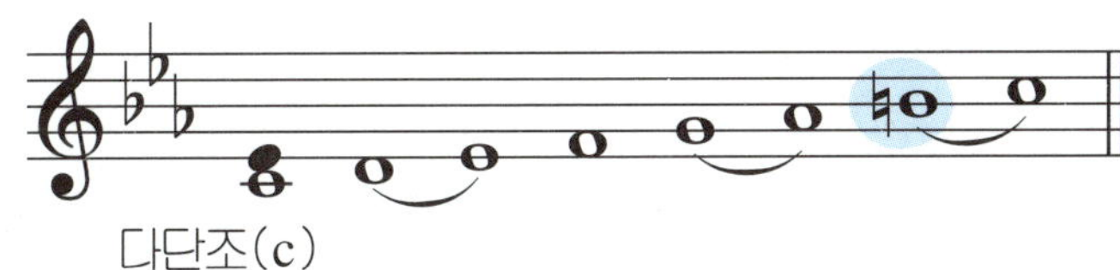

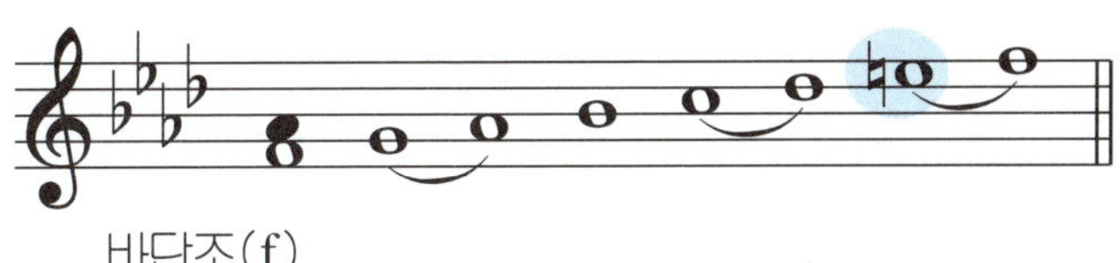

장조와 단조

1. 같은 조표를 쓰는 장조와 단조는 '나란한조'다.

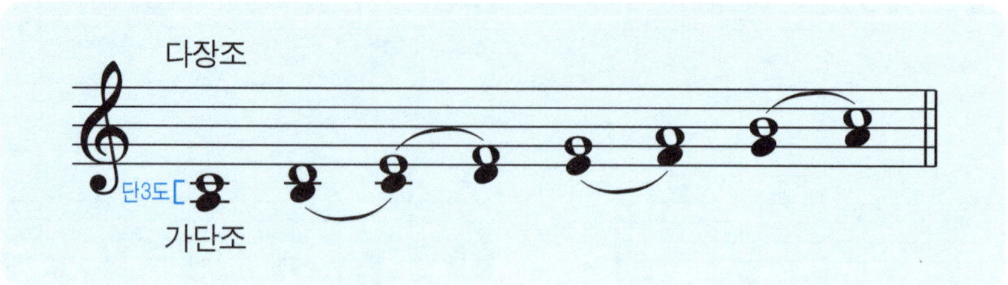

※ 다장조의 나란한조 - 가단조　　　　　※ 가단조의 나란한조 - 다장조

2. 같은 조표를 쓰는 장조와 단조의 으뜸음은 단3도 간격으로 되어 있다.

3. 으뜸음의 계이름: 장조일 때 - 도
　　　　　　　　　　단조일 때 - 라

4. 곡의 분위기: 장조 - 밝고 명랑하며 희망적이다.
　　　　　　　　단조 - 어둡고 슬프며 서정적이다.

5. 곡의 시작: Ⅰ(ⅰ)도 화음(장조: 도미솔, 단조: 라도미) 중 하나

6. 곡의 끝: 으뜸음(장조: 도, 단조: 라) 일 경우가 많다.

7. 음계의 반음 관계
   - 장조음계 - 3~4음, 7~8음 사이
   - 자연단음계 - 2~3음, 5~6음 사이
   - 화성단음계 - 2~3음, 5~6음, 7~8음 사이(6~7음 사이는 증2도 관계)
   - 가락단음계 - 상행할 때: 2~3음, 7~8음 사이
   　　　　　　　　하행할 때: 5~6음, 2~3음 사이(자연단음계)

1. 조표를 보고 으뜸음을 찾아 오선의 맨 왼쪽에 그려 보세요.
2. 조이름을 ☐ 안에 쓰세요.
3. 음계를 그리세요. (임시표를 잘 붙이세요.)
4. ( ) 안에 맞는 음계의 이름을 골라 ◯표 하세요.

✸ 다음 조표를 보고 조이름과 맞는 음계를 그리세요.

1 　☐ 다 　장조

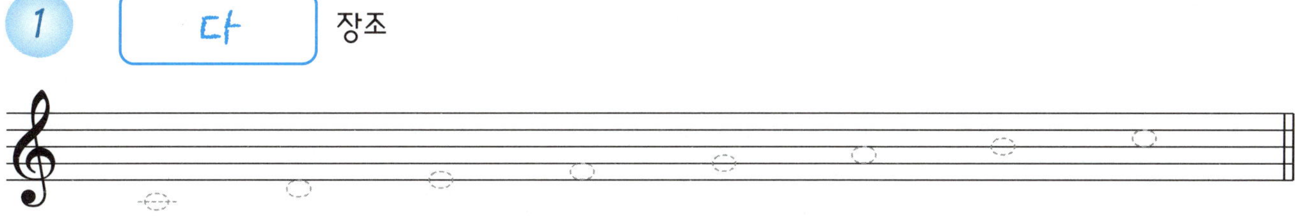

　☐ 가 　단조 (자연 / 화성 / 가락)

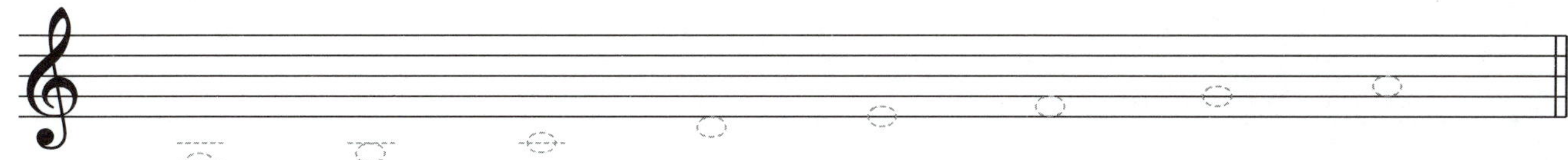

　☐ 　단조 (자연 / 화성 / 가락)

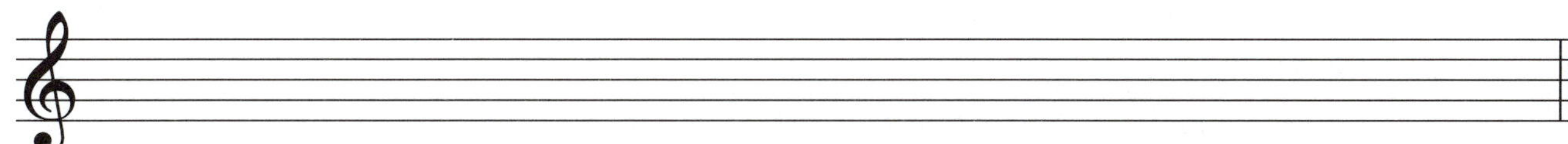

　☐ 　단조 (자연 / 화성 / 가락)

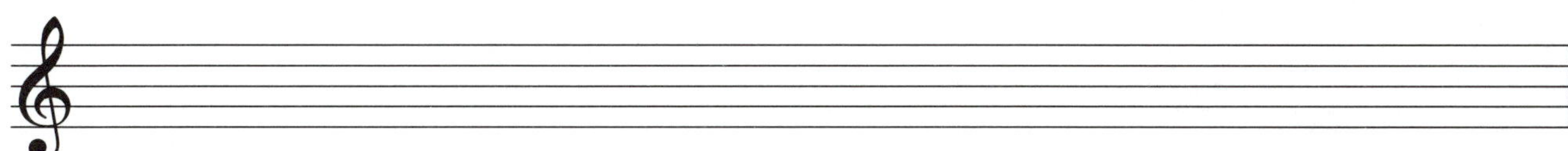

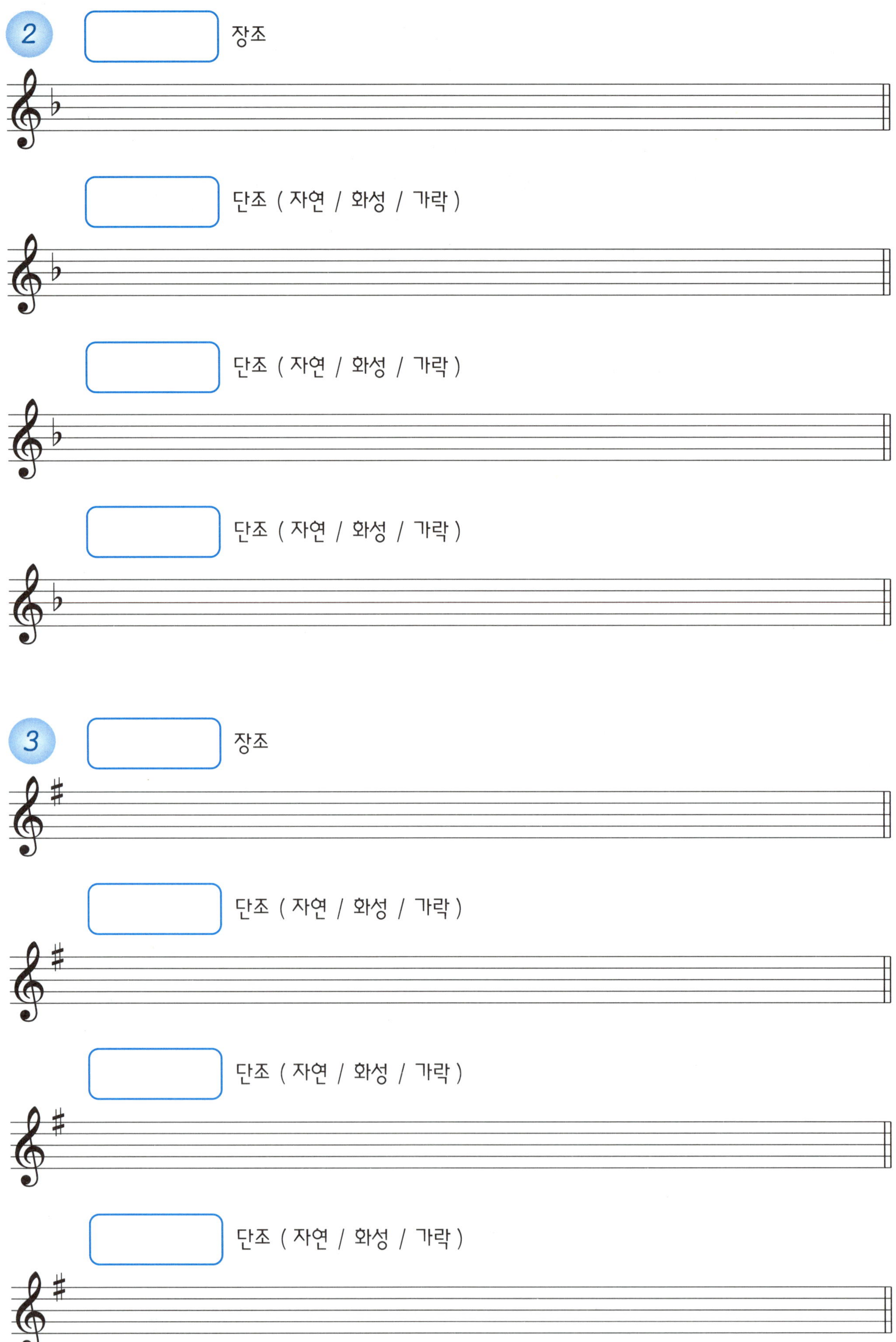

2
장조
단조 (자연 / 화성 / 가락)
단조 (자연 / 화성 / 가락)
단조 (자연 / 화성 / 가락)
3
장조
단조 (자연 / 화성 / 가락)
단조 (자연 / 화성 / 가락)
단조 (자연 / 화성 / 가락)

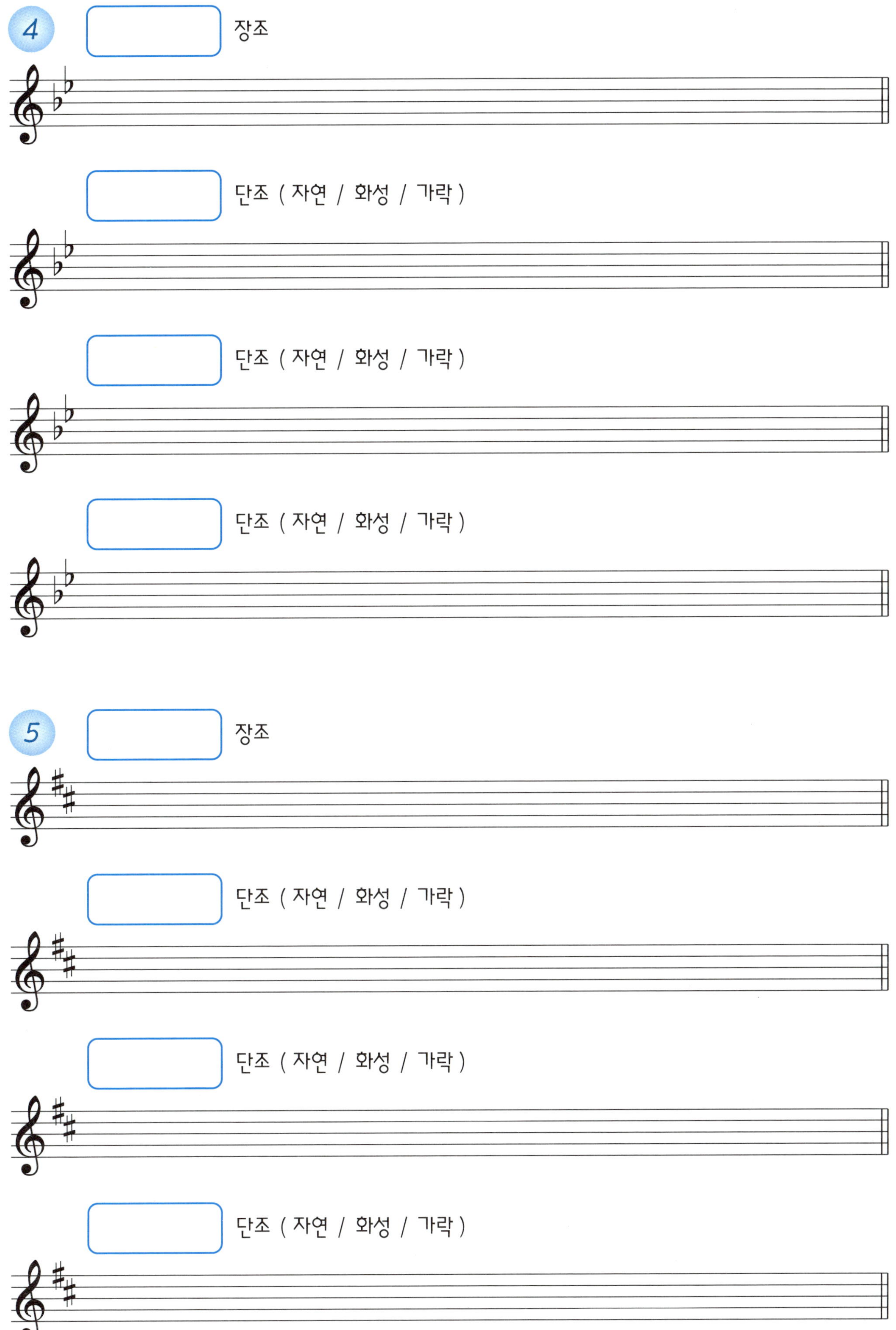

4
장조
단조 (자연 / 화성 / 가락)
단조 (자연 / 화성 / 가락)
단조 (자연 / 화성 / 가락)
5
장조
단조 (자연 / 화성 / 가락)
단조 (자연 / 화성 / 가락)
단조 (자연 / 화성 / 가락)

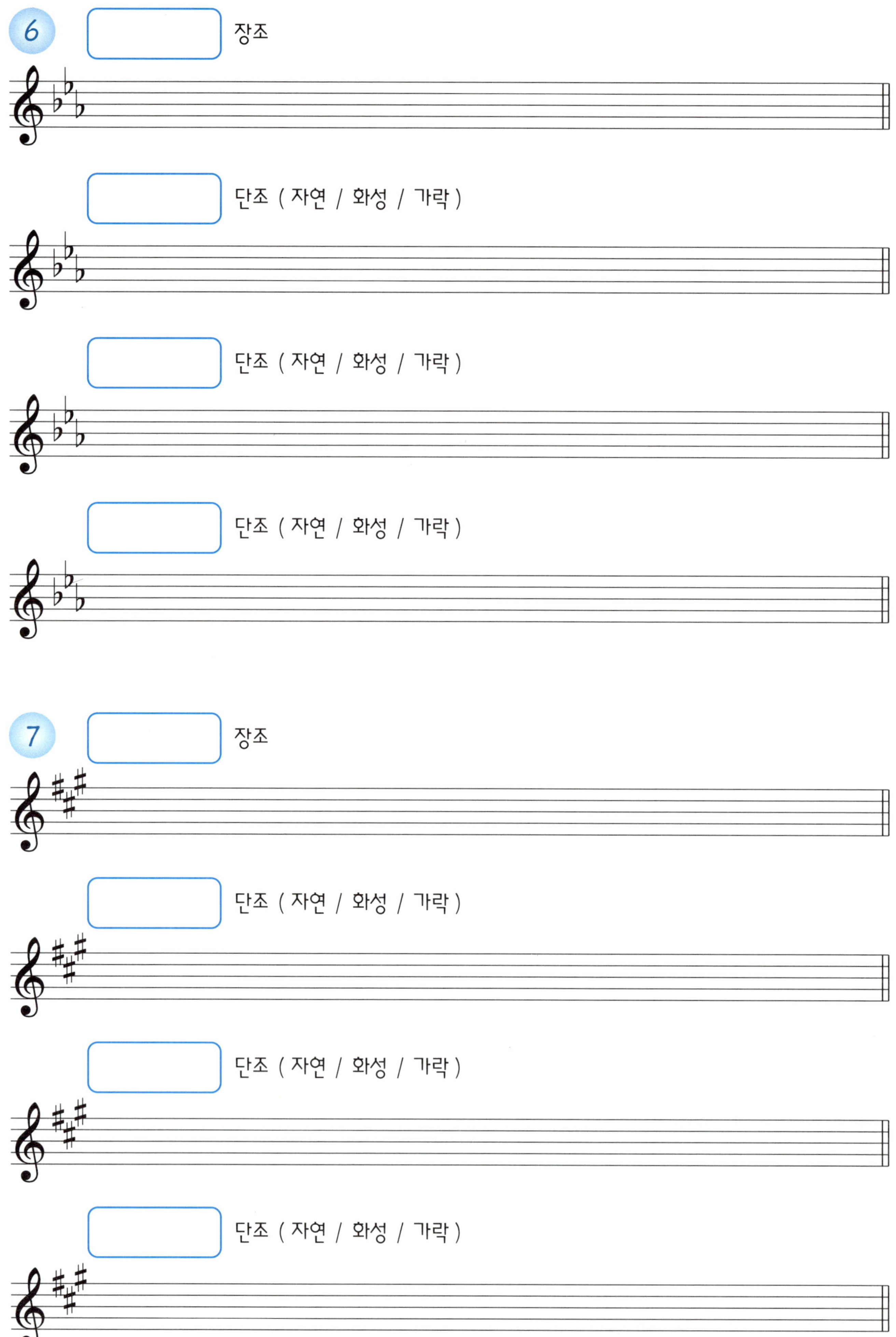

6
장조
단조 (자연 / 화성 / 가락)
단조 (자연 / 화성 / 가락)
단조 (자연 / 화성 / 가락)
7
장조
단조 (자연 / 화성 / 가락)
단조 (자연 / 화성 / 가락)
단조 (자연 / 화성 / 가락)

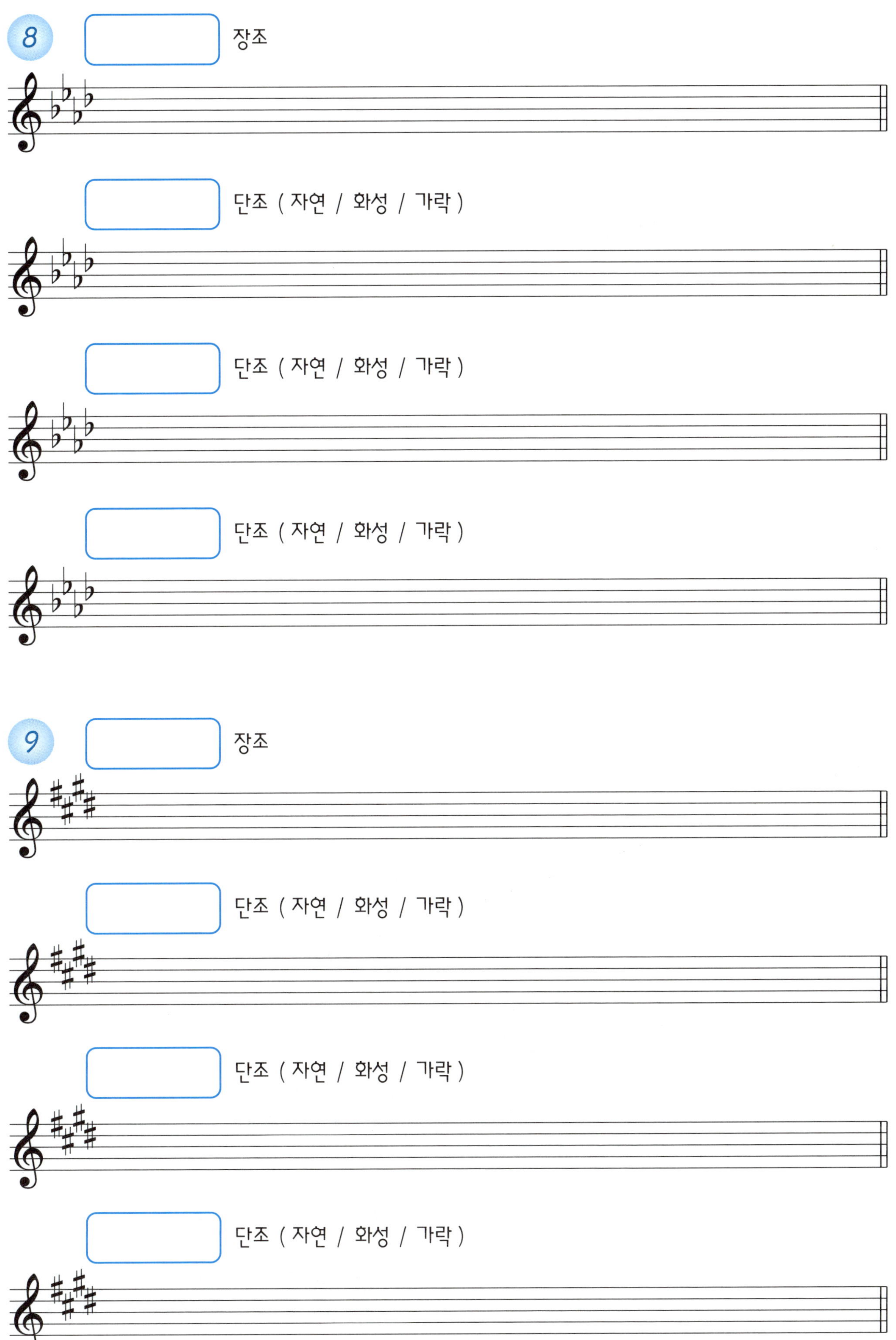

8
장조
단조 (자연 / 화성 / 가락)
단조 (자연 / 화성 / 가락)
단조 (자연 / 화성 / 가락)
9
장조
단조 (자연 / 화성 / 가락)
단조 (자연 / 화성 / 가락)
단조 (자연 / 화성 / 가락)

[1~2] 글루크 곡 '봄 빛 속에서'의 끝부분입니다.

1 위 곡의 조이름은 무엇입니까? ·················( )

① 가단조   ② 다장조
③ 다단조   ④ 바장조
⑤ 사장조

참고 조표가 있나요?
끝나는 음의 계이름, 음이름을 살펴 보세요.

2 위 악보에 사용된 음계를 그리고, 우리 나라 음이름을 쓰세요.

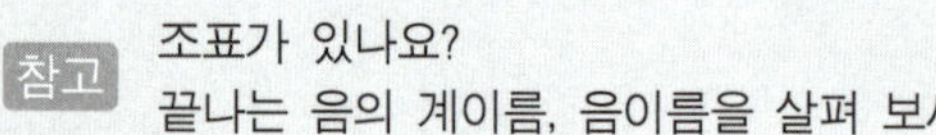

음이름: (   )

[3~4] 신귀복 작곡 '얼굴'의 끝부분입니다.

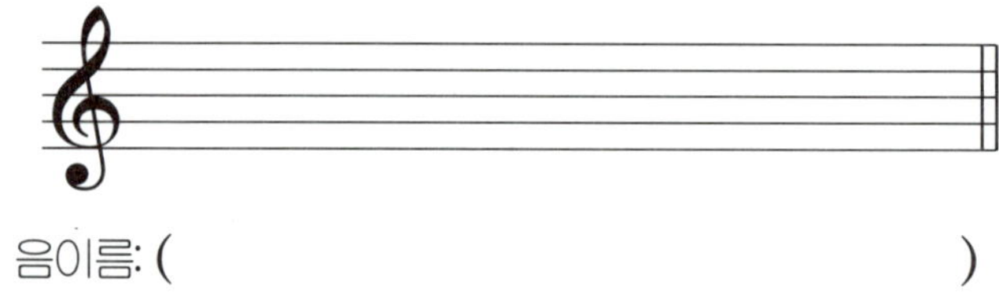

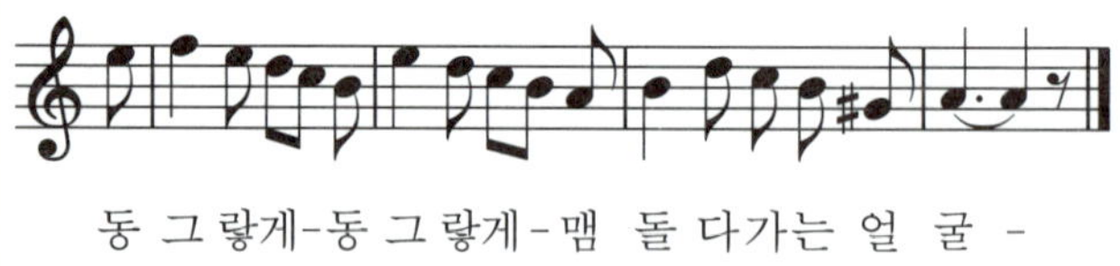

3 위 곡의 조이름을 쓰세요.

조

참고 조표가 있나요? 끝나는 음의 계이름, 음이름을 살펴
보세요. 어! 임시표가 있네요. 왜 있을까?

4 위 악보에 사용된 음계는 어느 것입니까?( )

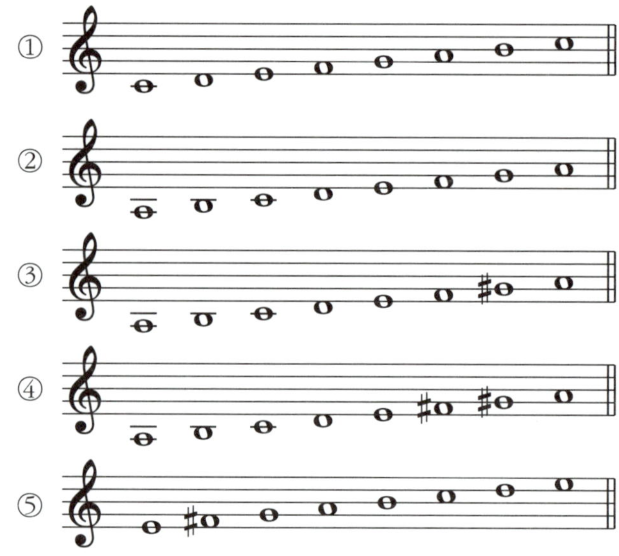

[5~6] 보헤미아 민요 '목장길 따라'의 처음부분입니다.

5 위 곡의 조이름을 쓰세요.

조

6 위 악보에 사용된 음계를 보표에 그린 후 맞는 건반과 줄로 이으세요.

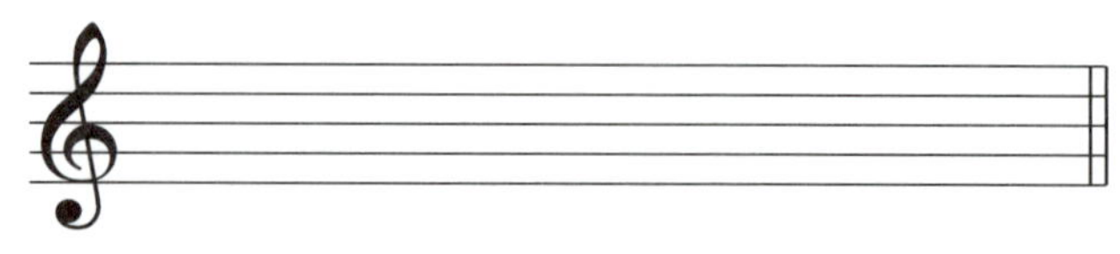

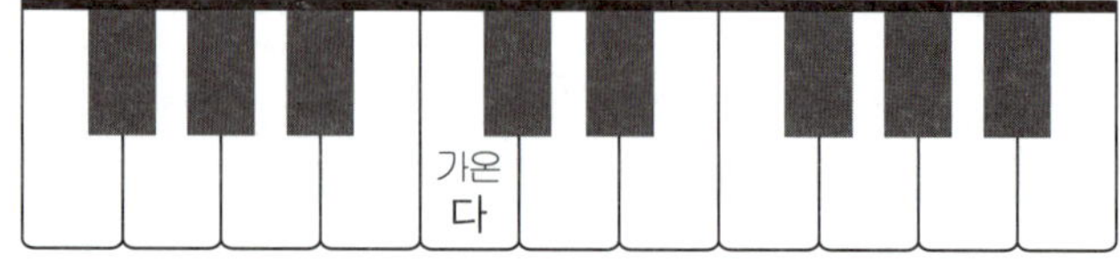

7 위 곡의 조이름은 무엇입니까?·················( )

① 내림나장조　　　② 내림가장조
③ 나단조　　　　　④ 내림마장조
⑤ 마장조

8 다음 중 내림마장조 음계는 어느 것입니까?( )

① 1 - 3 - 5 - 6 - 8 - 10 - 12 - 13
② 4 - 6 - 8 - 9 - 11 - 13 - 15 - 16
③ 3 - 5 - 7 - 8 - 10 - 12 - 14 - 15
④ 5 - 7 - 9 - 10 - 12 - 14 - 16 - 17
⑤ 4 - 6 - 8 - 10 - 11 - 13 - 15 - 16

9 다음 음계에 반음과 온음을 쓰세요.

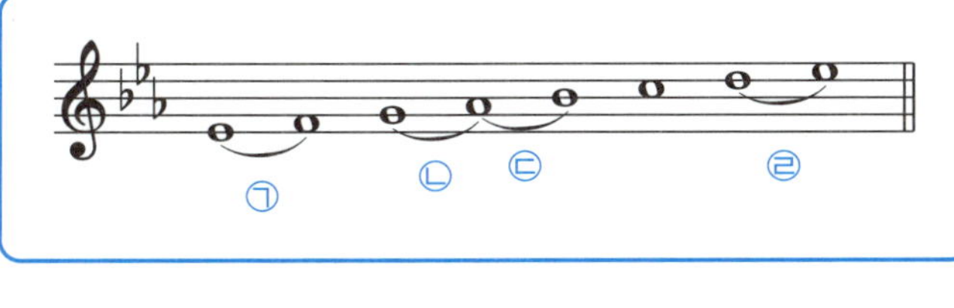

10 다음 음계의 조이름을 쓰세요.

　　　조

11 슈베르트 곡 '월계꽃'입니다. ▨ 부분을 바르게 연주한 것은 어느 것입니까?·················( )

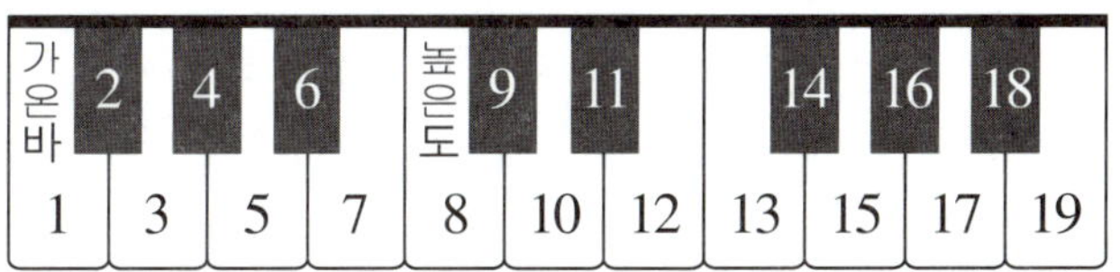

① 6 - 10 - 8 - 6 - 4 - 3 - 2 - 3
② 6 - 10 - 8 - 6 - 4 - 3 - 1 - 3
③ 6 - 10 - 8 - 6 - 5 - 3 - 1 - 3
④ 6 - 10 - 8 - 6 - 5 - 3 - 2 - 3
⑤ 7 - 10 - 8 - 7 - 5 - 3 - 2 - 3

12 라모 곡 '우박은 춤춘다'입니다.
이 곡의 조이름을 쓰고, 음계를 그리세요.

　　　조

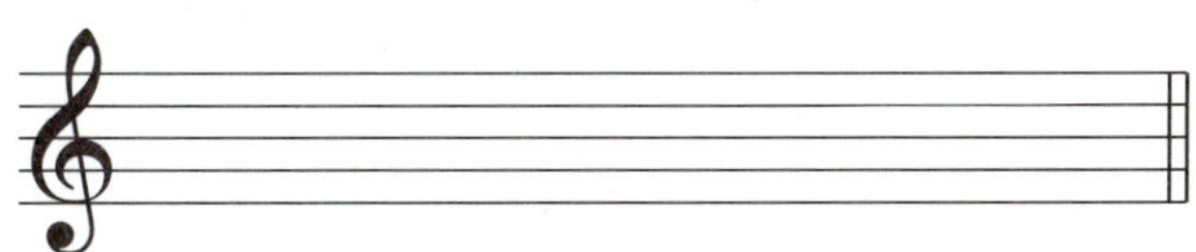

참고 조표가 있나요? 끝나는 음의 계이름, 음이름을 살펴보세요. 어! 임시표가 있네요. 왜 있을까?

13 세쿤다 곡 '도나 도나'의 끝부분입니다.
첫째단과 둘째단에 사용된 음계를 각각 보표에
그리세요.

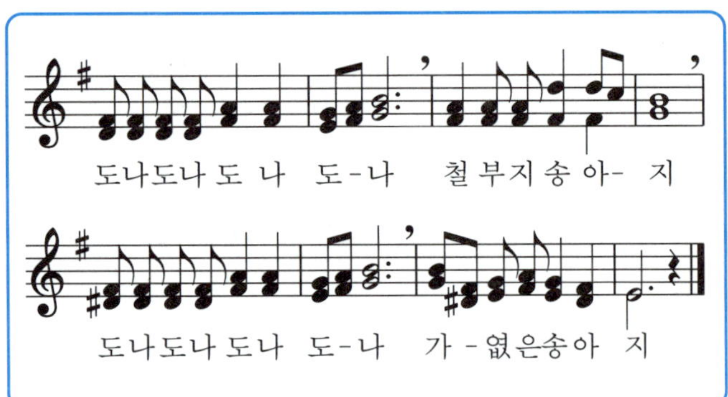

첫째단 　　　　　조

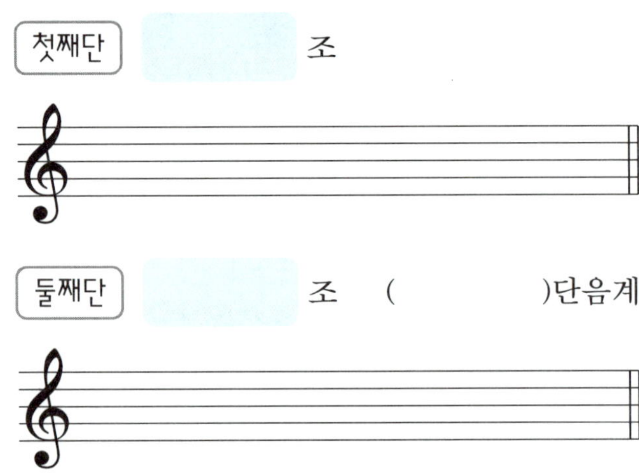

둘째단 　　　　　조 （　　　）단음계

[14~17] '검은 고양이 네로'의 일부분입니다.

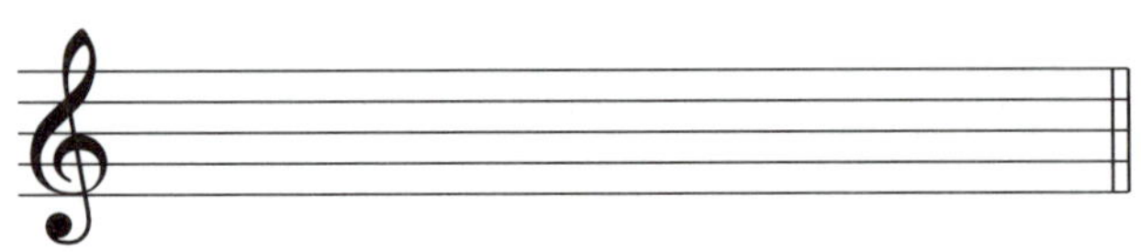

14 위 곡은 단조곡입니다. 조이름을 쓰세요.

　　　　　　조

15 위 악보에 사용된 음계의 이름과 음계를 그리세요.

단음계

16 ▭ 부분을 피아노로 연주하려고 합니다. 건반 번
호를 차례로 쓰세요.

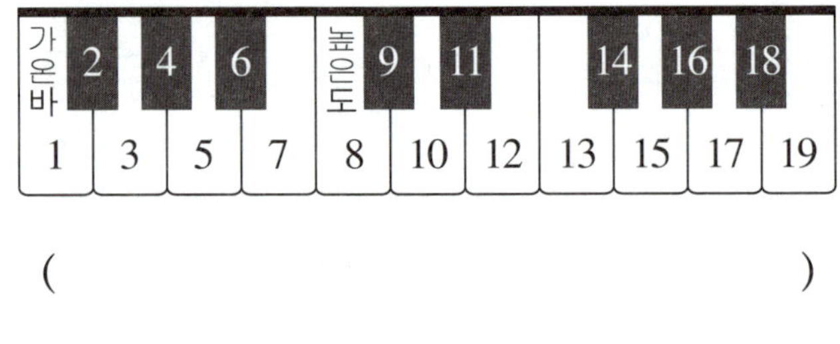

（　　　　　　　　　　　　　　　　）

17 위 악보에 사용된 조표를 그대로 사용하는 장조
음계는 어느 것입니까? ……………………（　　）

① 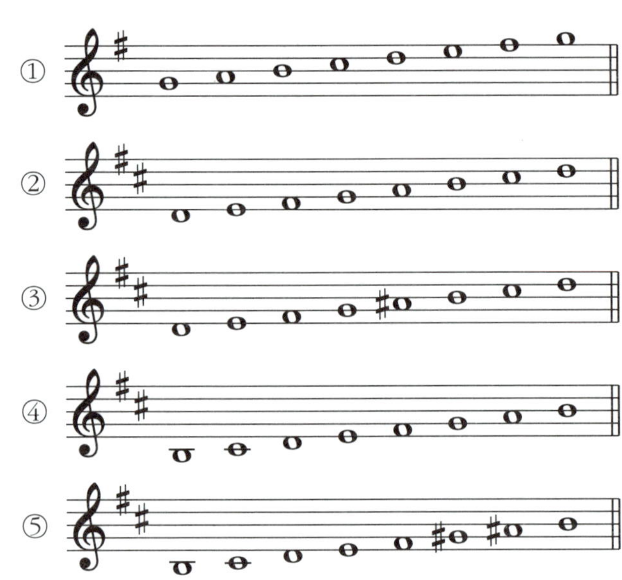
②
③
④
⑤

18 홍난파 곡 '금강에 살으리랏다'입니다. 이 곡에
사용된 음계를 아래 보표에 그리세요. (조표를
그리고, 임시표는 적지 않는다.) 그리고, 이 악보
에 한번도 나오지 않은 음을 모두 찾아, 음계 위
에 ×표 하세요.

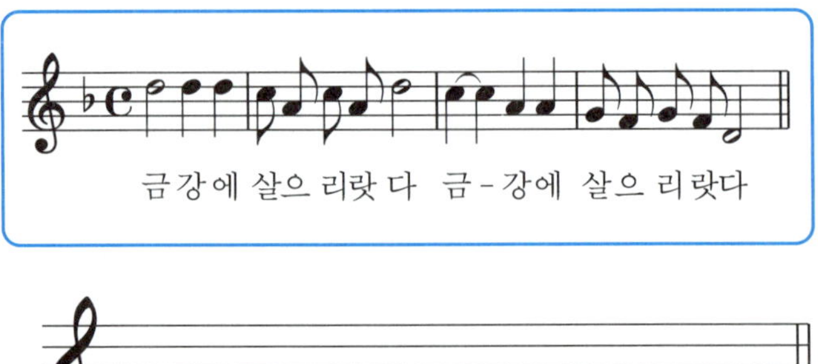

관계조란 서로 많은 공통점을 가진 장조와 단조의 관계입니다.

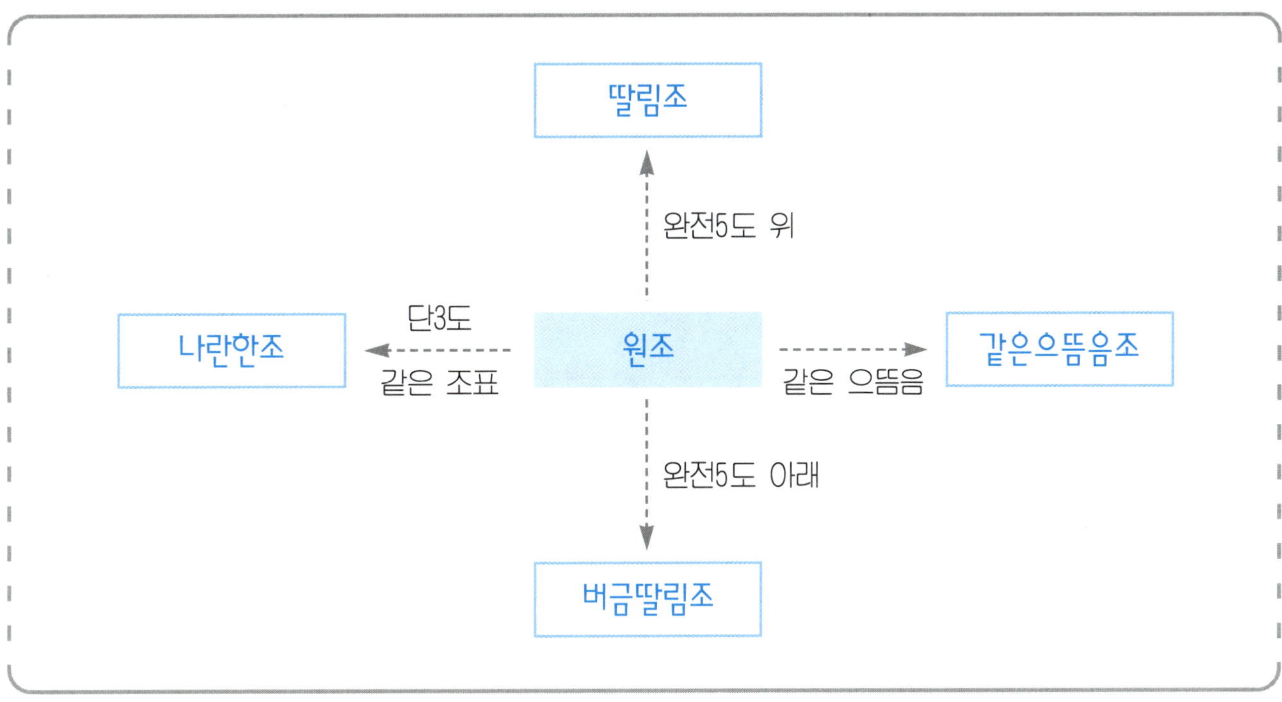

◉ 다장조의 관계조를 예로 들어 볼게요. 으뜸음을 먼저 보고, 조표를 보세요.

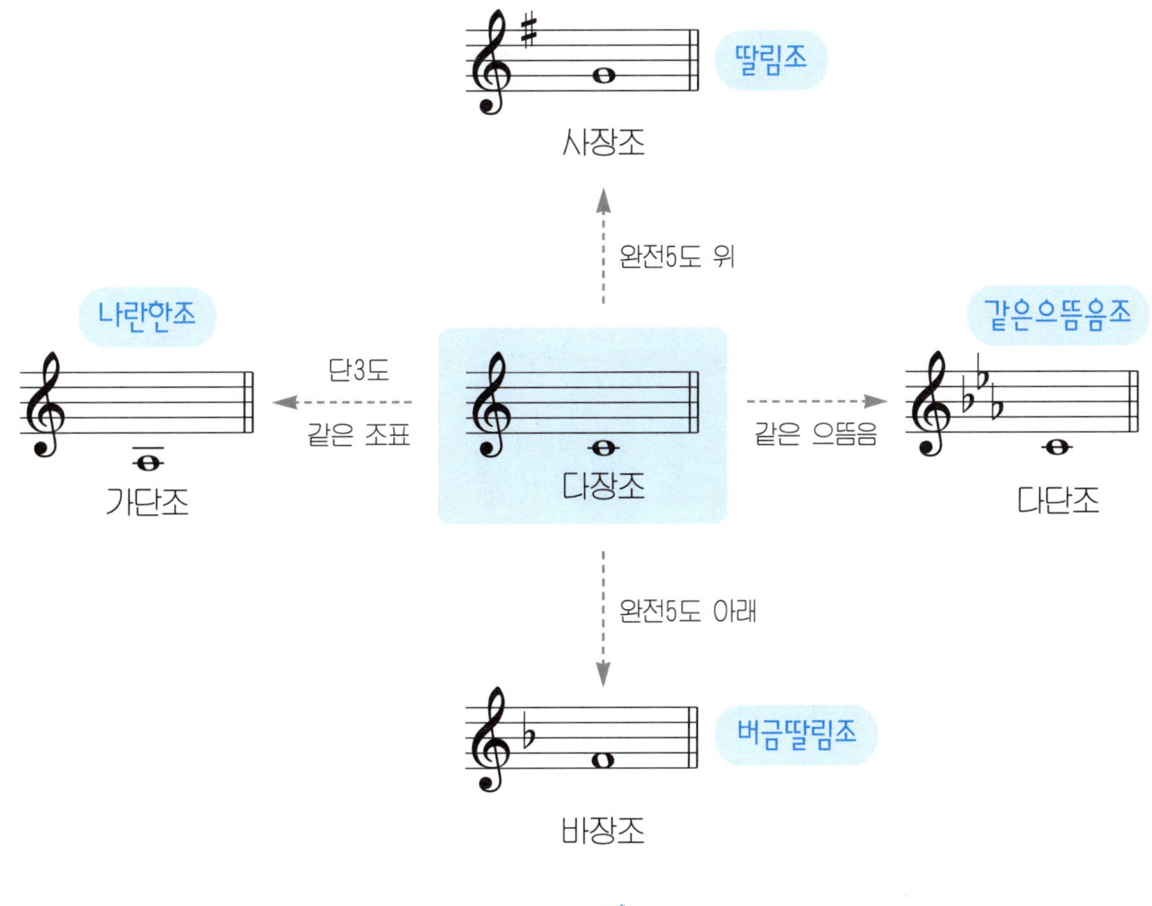

관계조는 원조와 성질이 다른 것과 원조와 성질이 같은 것, 이렇게 두 가지로 나눌 수 있습니다.

◉ 그림을 보면서 이해해 보세요.

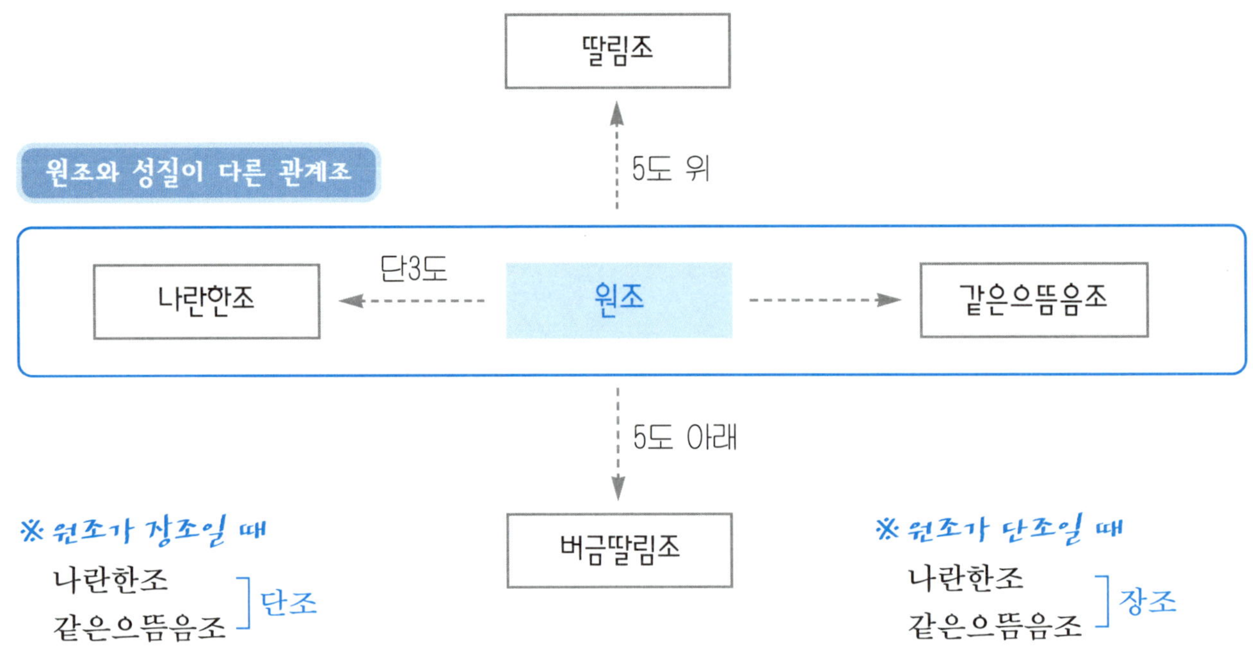

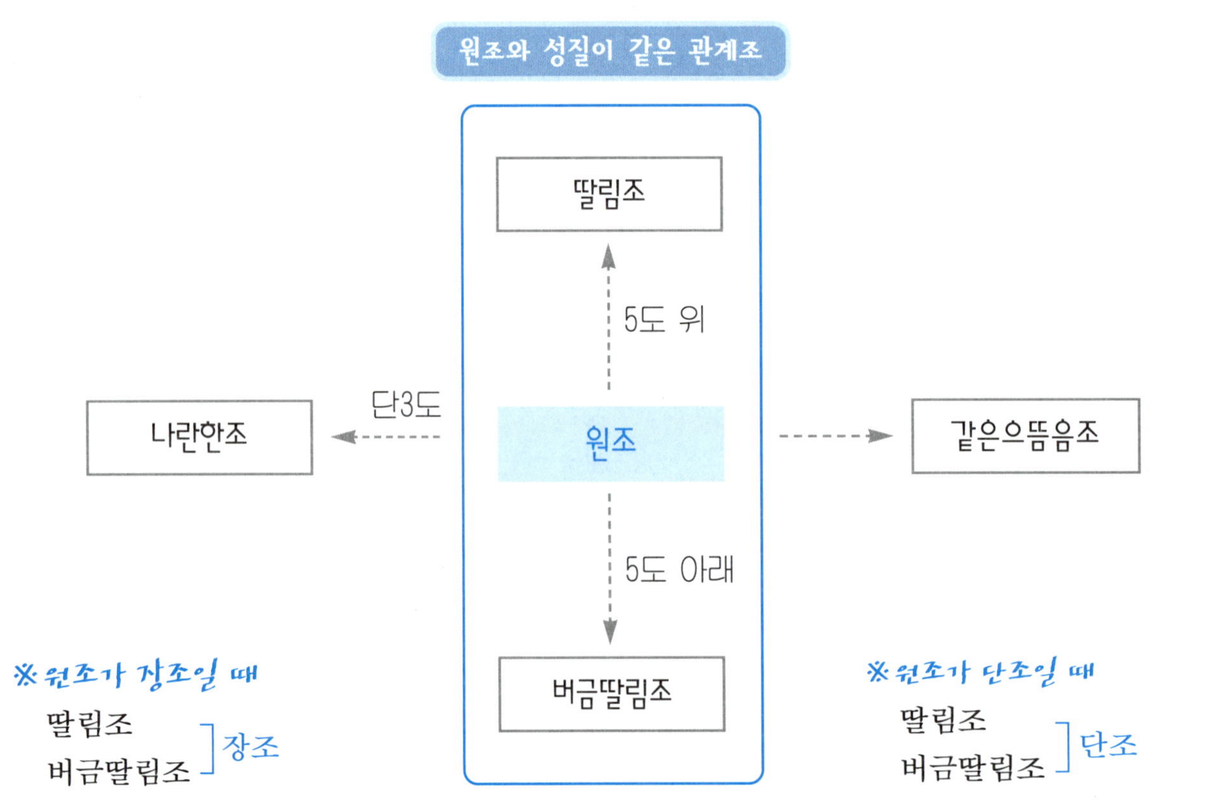

 ## 원조와 성질이 다른 관계조

1. 나란한조

장조와 단조의 으뜸음 및 음계가 서로 나란하게 붙어있다 하여 <u>나란한조</u>라고 합니다.
조표가 같은 장조와 단조를 말하며, 장조의 나란한조는 단조,
단조의 나란한조는 장조가 되며, 으뜸음의 관계는 단3도 음정이 됩니다.

POINT
1. 같은 조표를 사용하는 장조와 단조 관계   2. 원조와 단3도 아래·위 관계
3. 조의 성질이 다르다 : 장조와 단조 관계

◆ 나란한조 찾기

장조 : 으뜸음에서 단3도 아래   단조 : 으뜸음에서 단3도 위

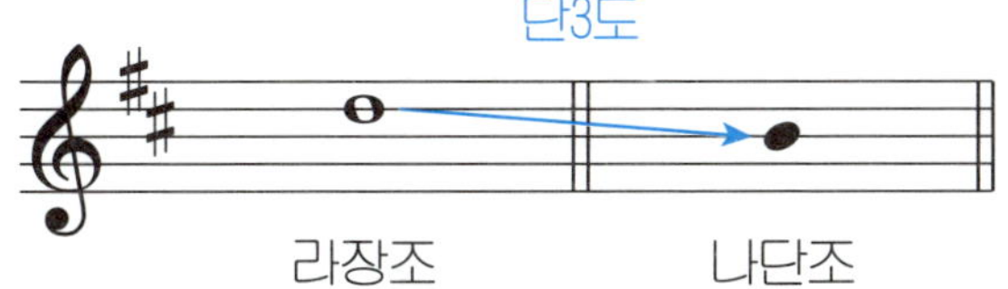

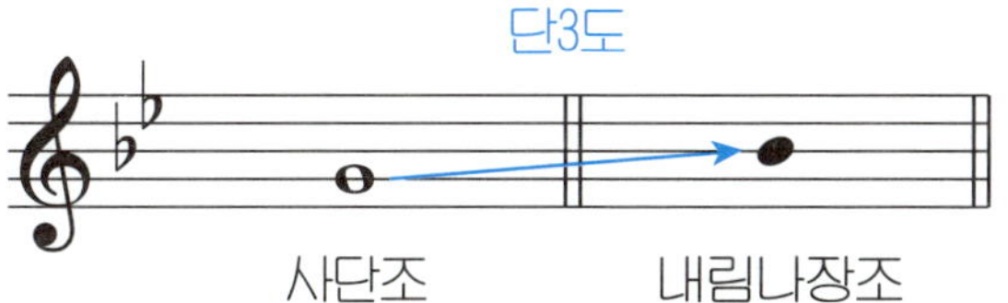

2. 같은으뜸음조

원조의 으뜸음과 같은 으뜸음을 지닌 조로 으뜸음이 같지만, 성질은 다릅니다.
으뜸음이 같은데 성질까지 똑같을리는 없겠죠? ^^

POINT
1. 으뜸음이 같은 장조와 단조
2. 조의 성질이 원조와 다르다 : 장조와 단조 관계

◆ 다장조와 다단조는 같은으뜸음조   ◆ 라단조와 라장조는 같은으뜸음조

3. 딸림조

원조에서 완전5도 위의 음을 으뜸음으로 하는 조를 딸림조라고 합니다.
원조가 장조이면 딸림조도 장조, 원조가 단조이면 딸림조도 단조가 된답니다.

POINT

딸림조

1. 으뜸음이 완전5도 위(완전4도 아래)의 조
2. 조의 성질이 원조와 같다.

◆ 라장조의 딸림조는 가장조

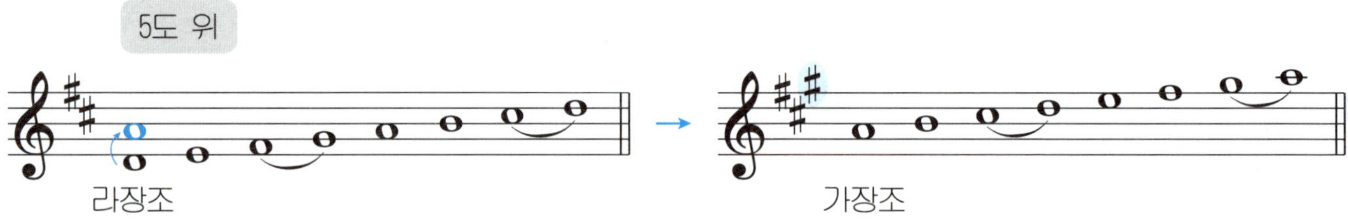

4. 버금딸림조

원조에서 완전5도 아래의 음을 으뜸음으로 하는 조를 버금딸림조라고 합니다.
딸림조와 마찬가지로 조의 성질은 원조와 같답니다.

POINT

버금딸림조

1. 으뜸음이 완전5도 아래(완전4도 위)의 조
2. 조의 성질이 원조와 같다.

◆ 사장조의 버금딸림조는 다장조

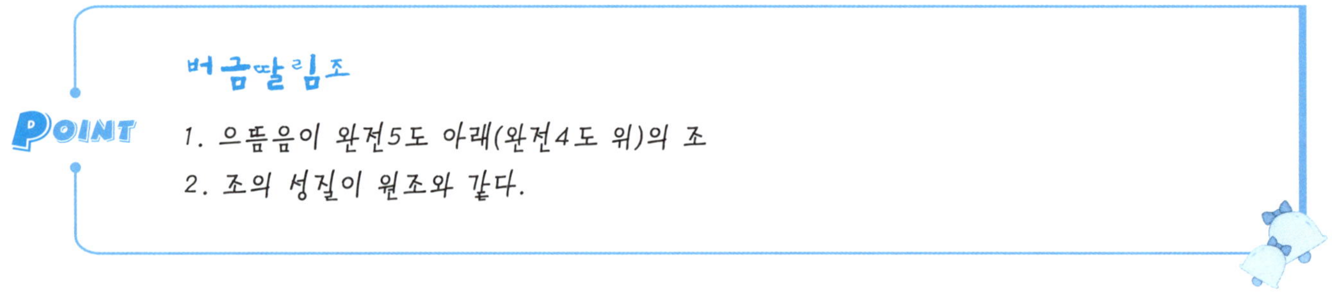
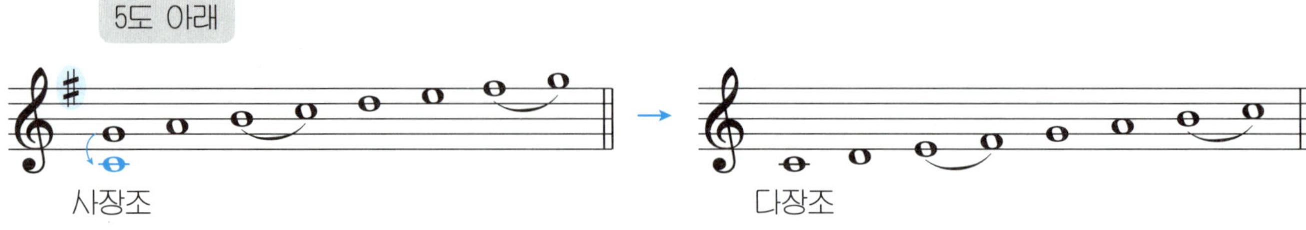

✹ 이번에는 딸림조와 버금딸림조를 좀 더 쉽게 찾을 수 있는 방법입니다.

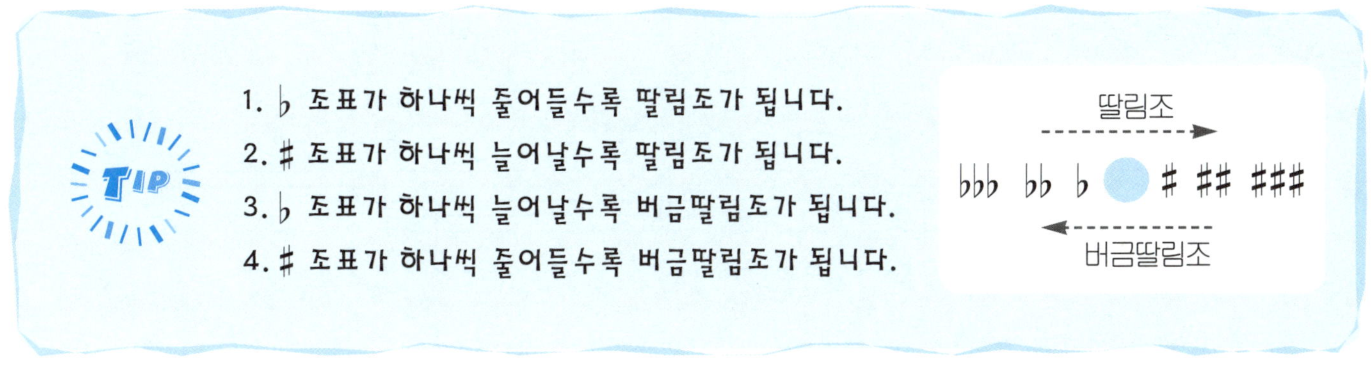

◉ 그림을 통해서 확인해 볼까요?

딸림조 : ♭은 줄어들고, ♯은 늘어나고

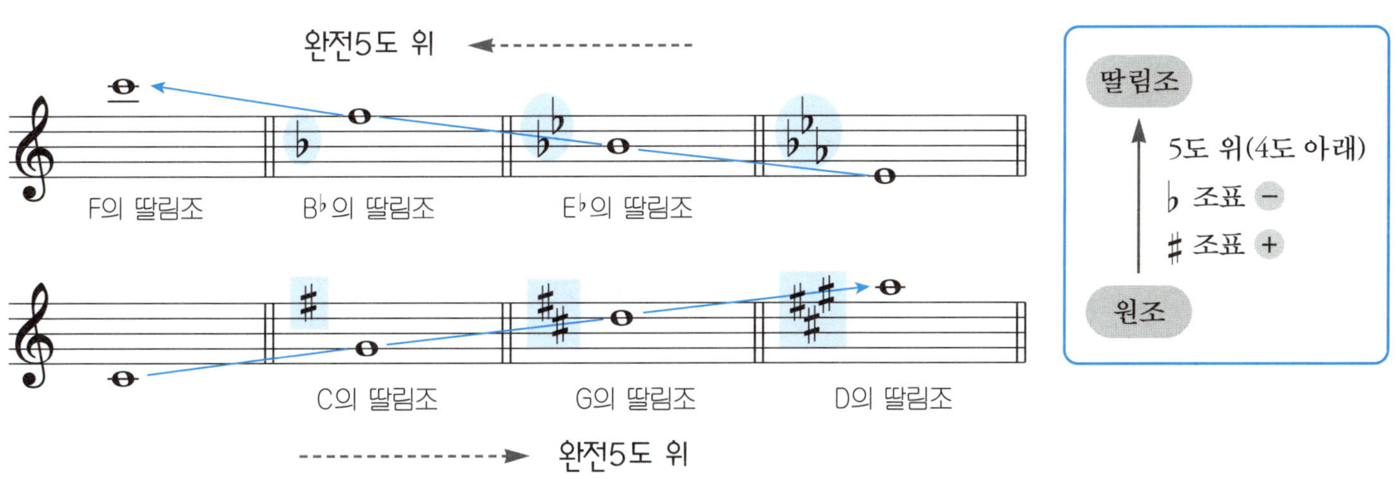

버금딸림조 : ♭은 늘어나고, ♯은 줄어들고

✹ 우리 한번 같이 문제를 풀어 볼까요?

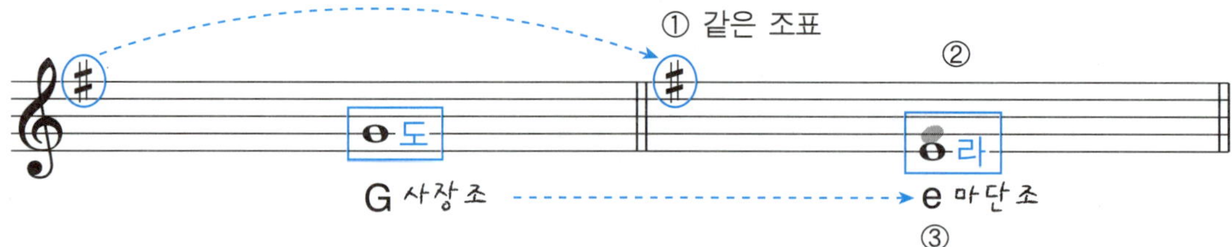

① 같은 조표를 적는다.

② 단3도 간격의 으뜸음을 찾는다.

③ 으뜸음의 음이름을 찾아 조이름을 적는다.

※ 원조가 장조일 때 나란한조는 단조, 원조가 단조일 때 나란한조는 장조

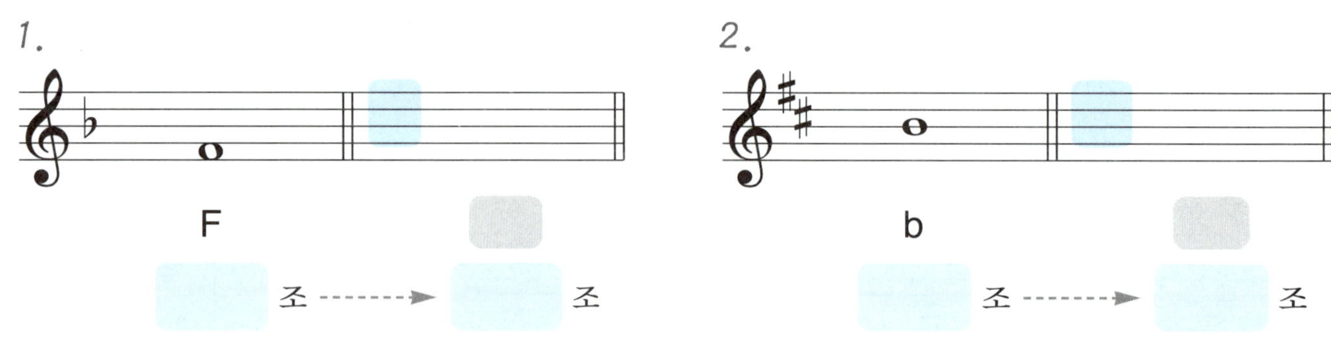

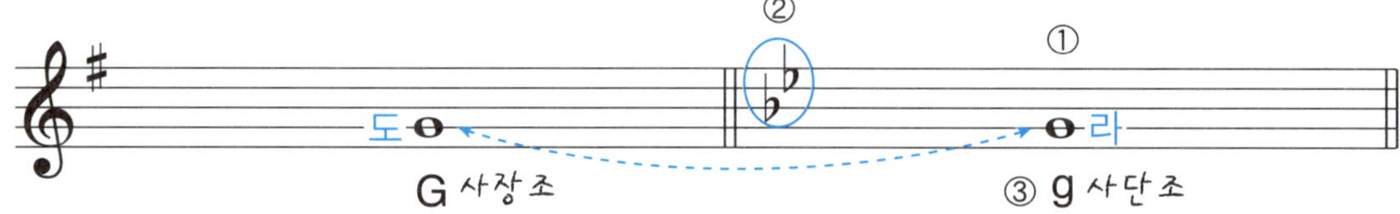

① 같은 으뜸음을 적는다. (이때, 원조가 장조일 때는 관계조의 으뜸음은 '라' 가 되는 것이고,
　원조가 단조일 때는 관계조의 으뜸음은 '도' 가 되는 것이다)

② 조표를 찾는다.

③ 으뜸음의 음이름을 찾아 조이름을 적는다.

※ 원조가 장조일 때 같은으뜸음조는 단조, 원조가 단조일 때 같은으뜸음조는 장조

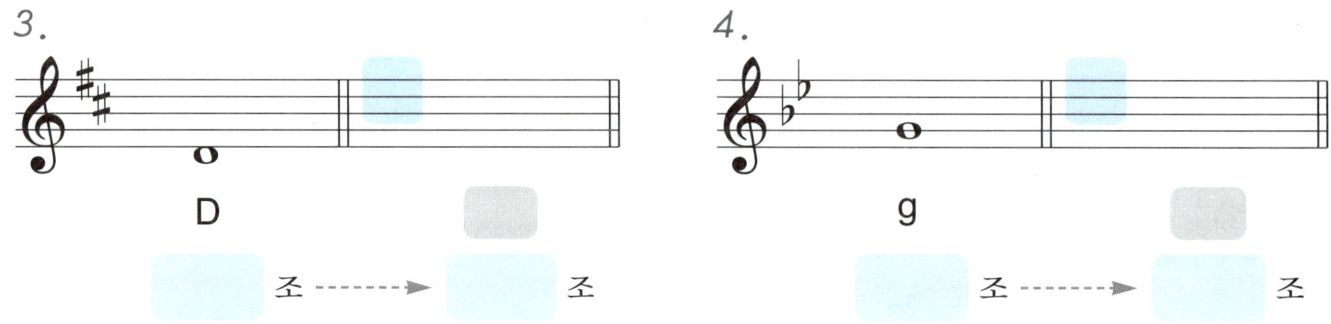

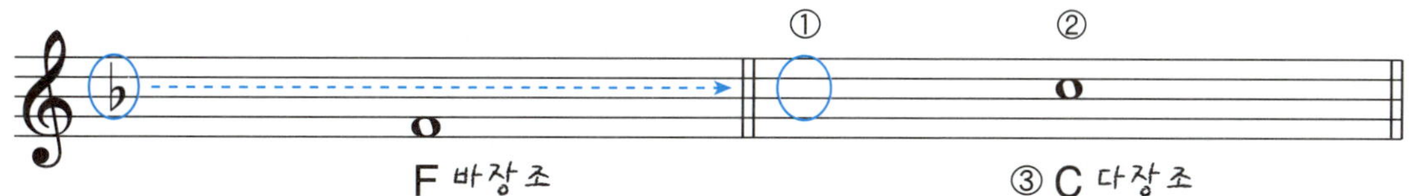

① 조표 찾기(♭ 은 하나 빼고, ♯ 은 하나 더함)
② 으뜸음 찾기(원조가 장조면 '도' 를, 단조면 '라' 를 찾는다)
③ 으뜸음의 음이름을 찾아 조이름을 적는다.
※ 이외에 원조에서 완전5도 위의 으뜸음을 찾아 조표를 적는 방법도 있다.

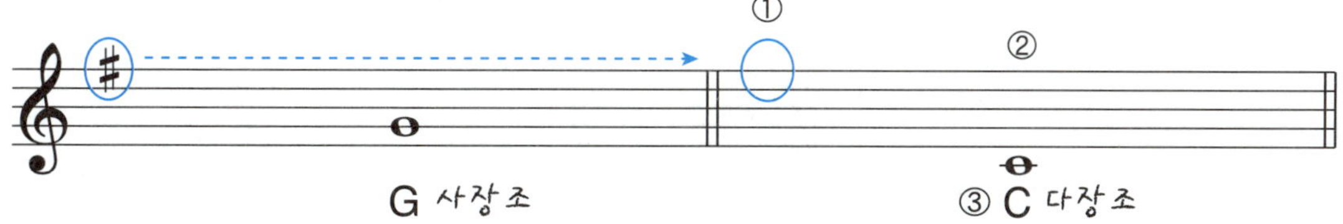

① 조표 찾기(♭ 은 하나 더하고, ♯ 은 하나 뺀다)
② 으뜸음 찾기(원조가 장조면 '도' 를, 단조면 '라' 를 찾는다)
③ 으뜸음의 음이름을 찾아 조이름을 적는다.
※ 이외에 원조에서 완전5도 아래의 으뜸음을 찾아 조표를 적는 방법도 있다.

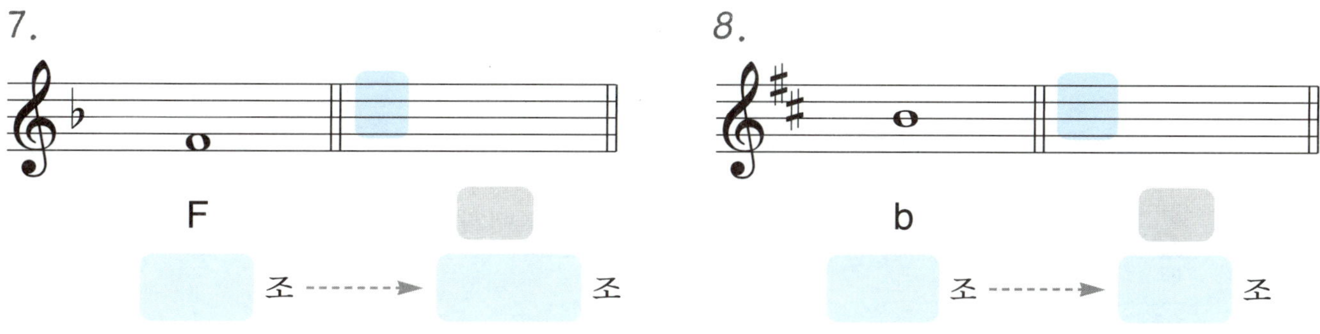

5. 2차 관계조

우리가 흔히 말하는 관계조는 1차 관계조입니다.

2차 관계조란 1차 관계조의 1차 관계조들을 말한답니다. 중학교 과정에서는 2차 관계조 중에서도 나란한
조까지만 다루기 때문에 여기서도 1차 관계조의 나란한조까지만 다루기로 하겠습니다.

음계와 1차 관계조를 다 익혔다면 이 문제도 정말 쉽게 다가올 것입니다.

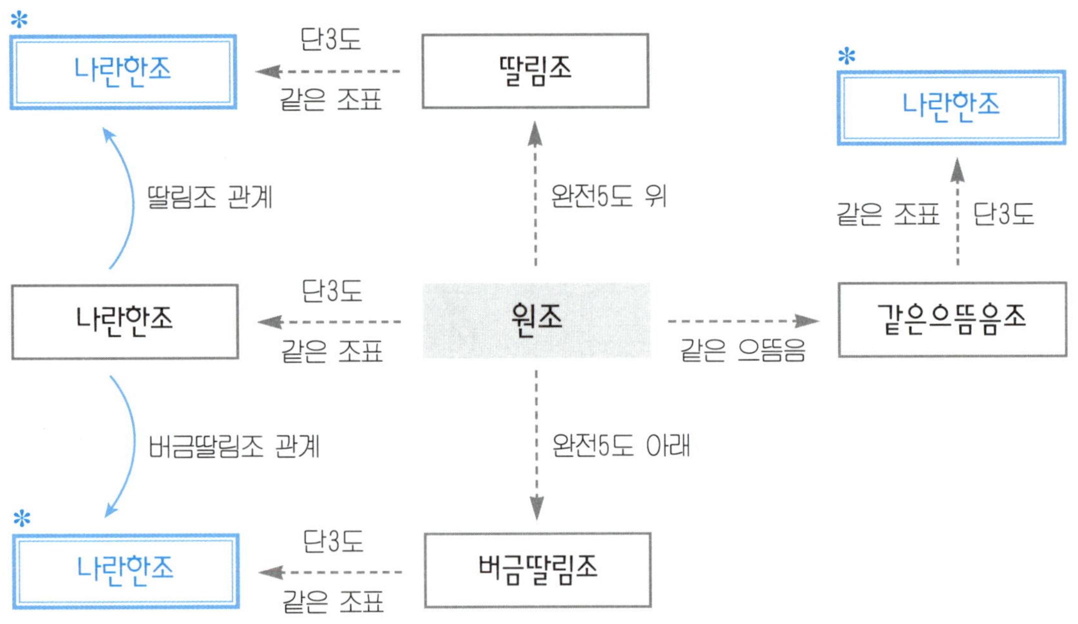

◉ 다음은 다장조의 2차 관계조까지의 예입니다.

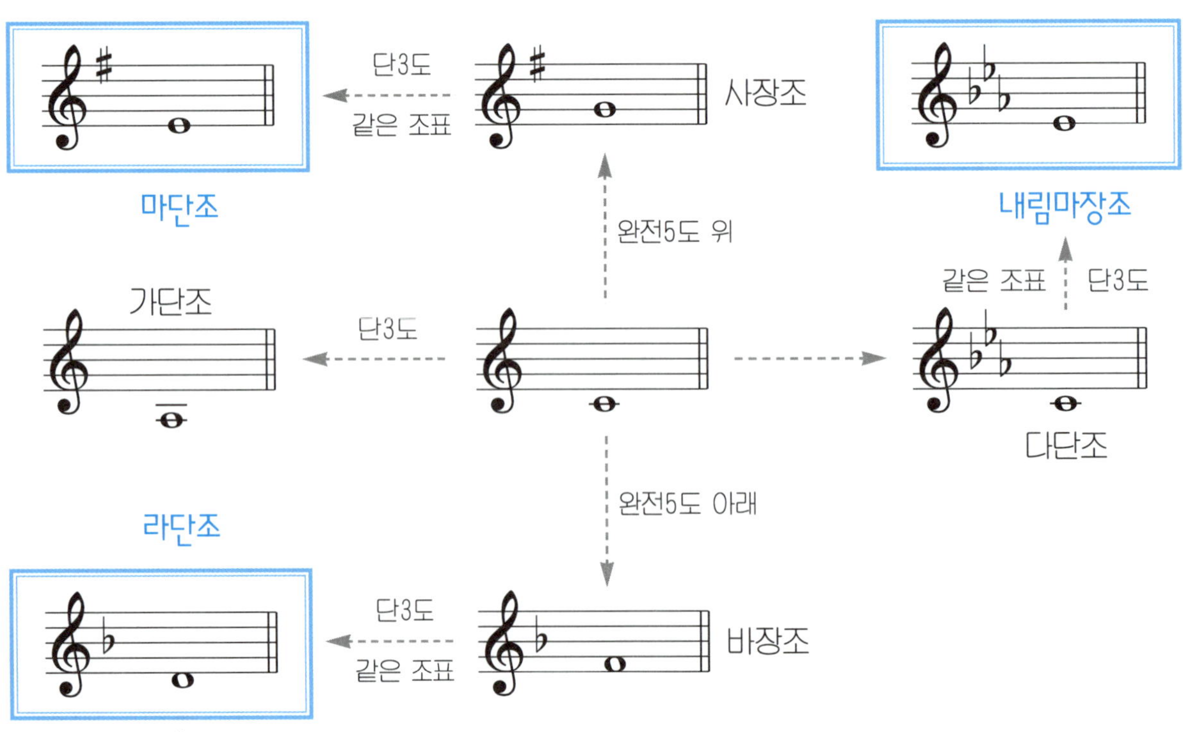

✹ 관계조에 관한 문제입니다. 혼자서 풀어 보세요.

1 **나란한조**를 찾아 조표와 으뜸음을 적으세요.

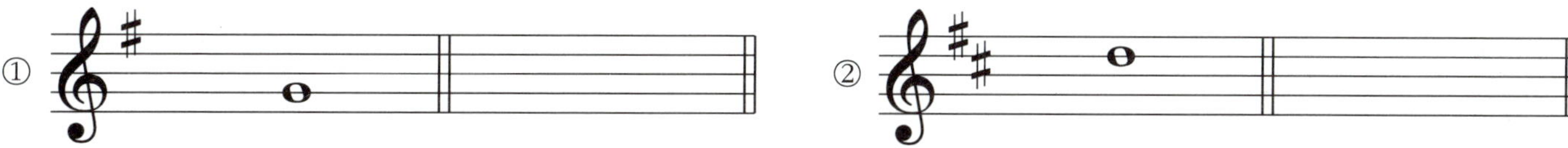

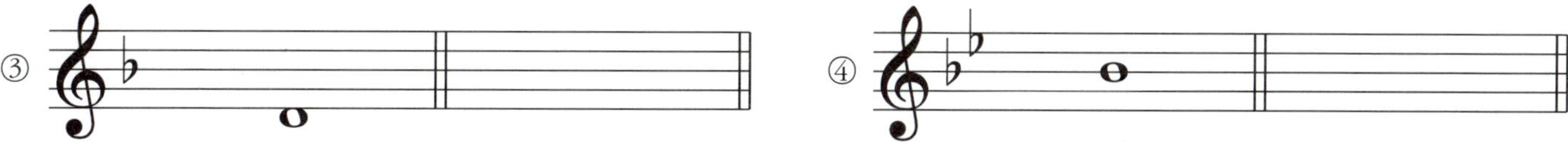

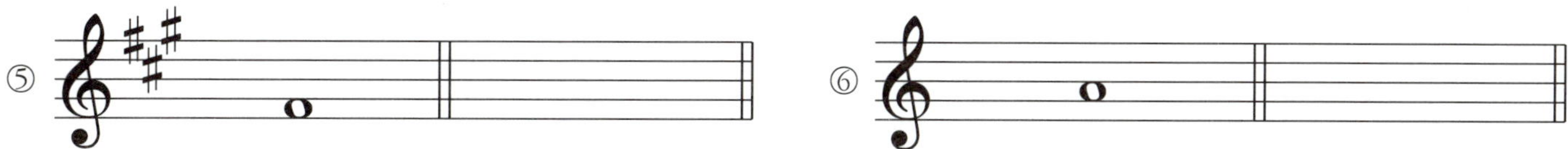

2 **딸림조**를 찾아 조표와 으뜸음을 적으세요.

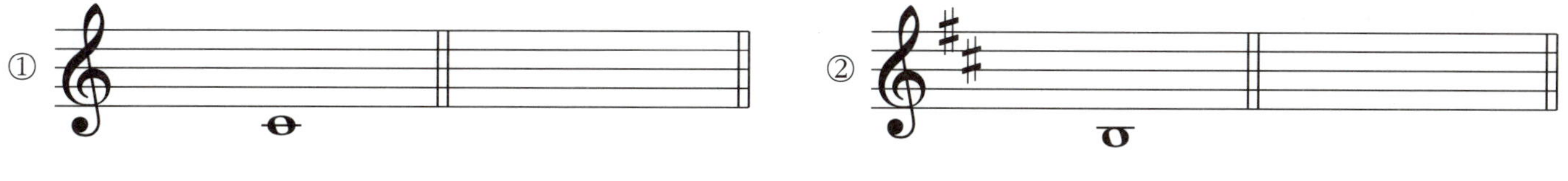

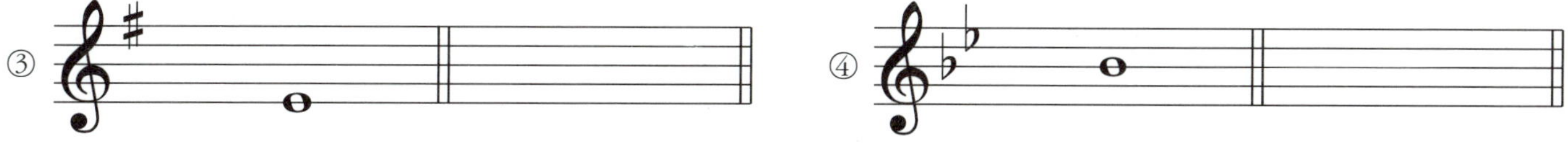

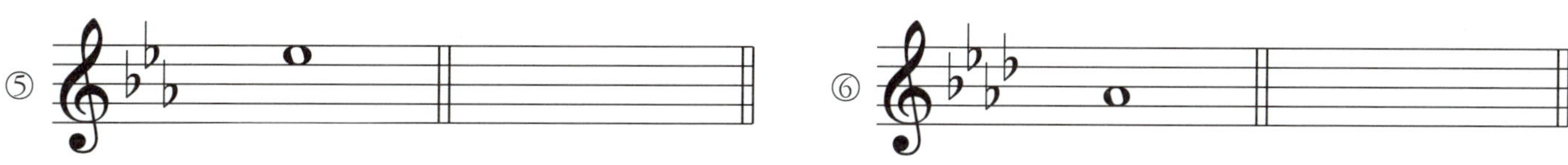

3 같은으뜸음조를 찾아 조표와 으뜸음을 적으세요.

① 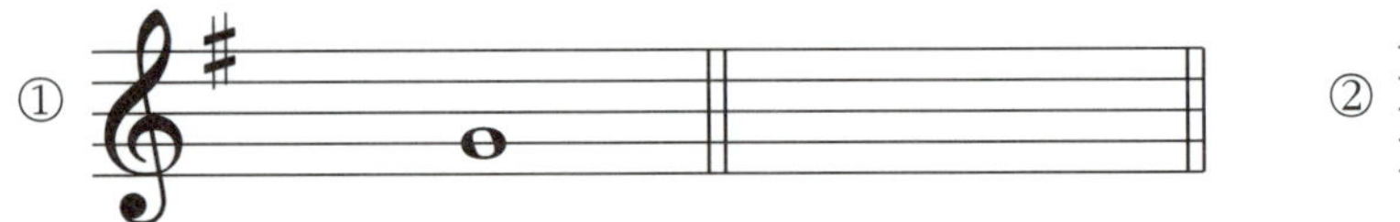

② 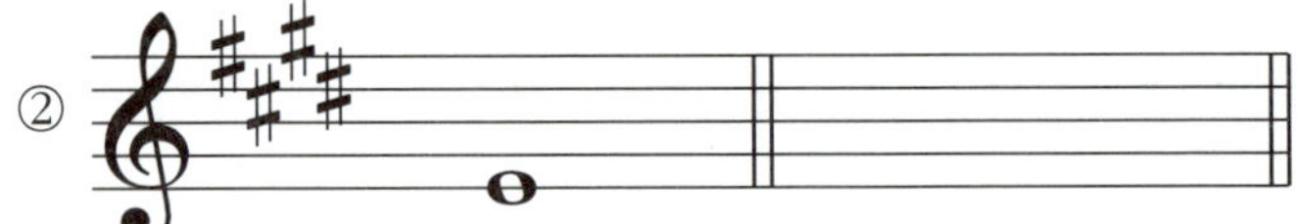

③ 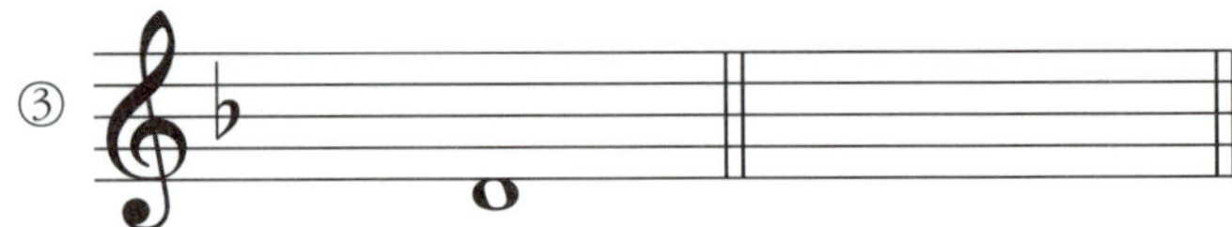

④ 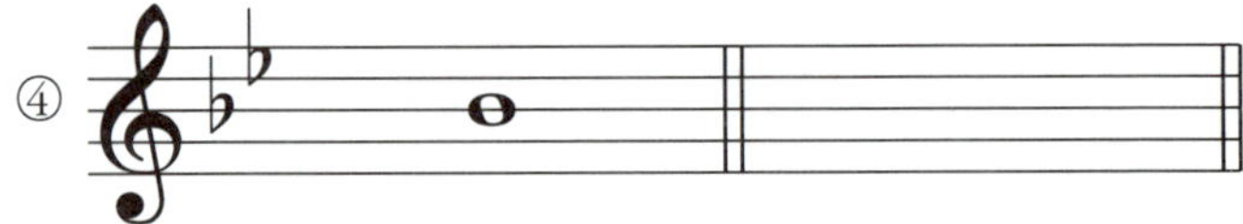

⑤ 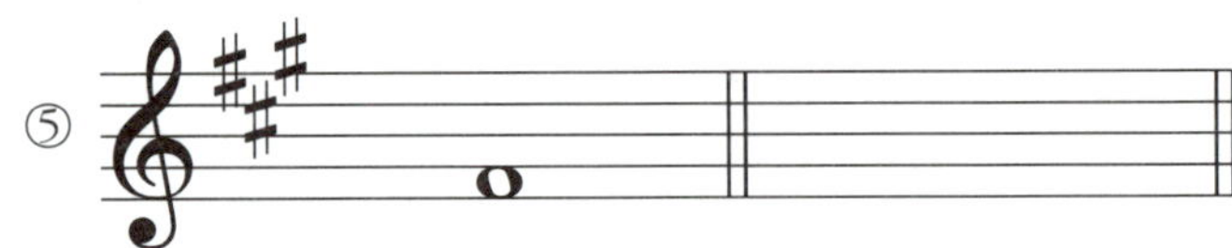

⑥ 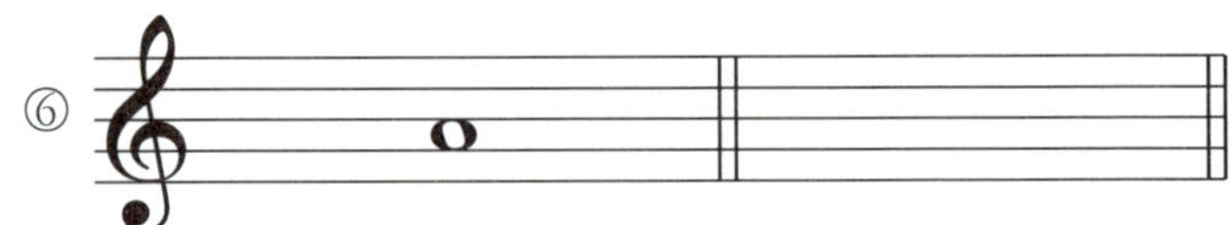

4 버금딸림조를 찾아 조표와 으뜸음을 적으세요.

① 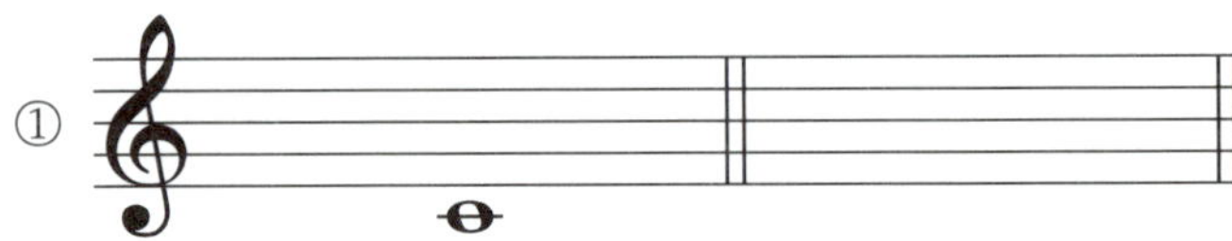

② 

③ 

④ 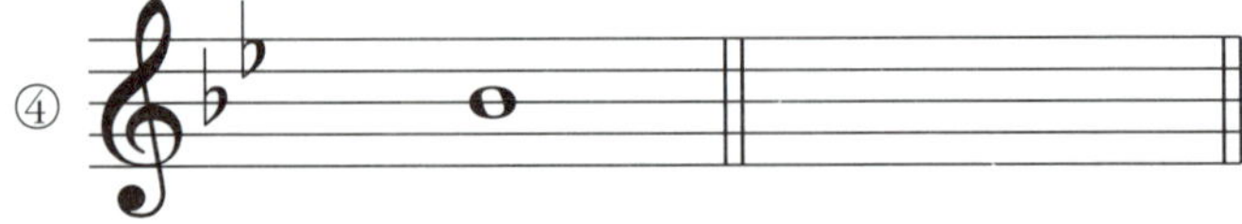

⑤ 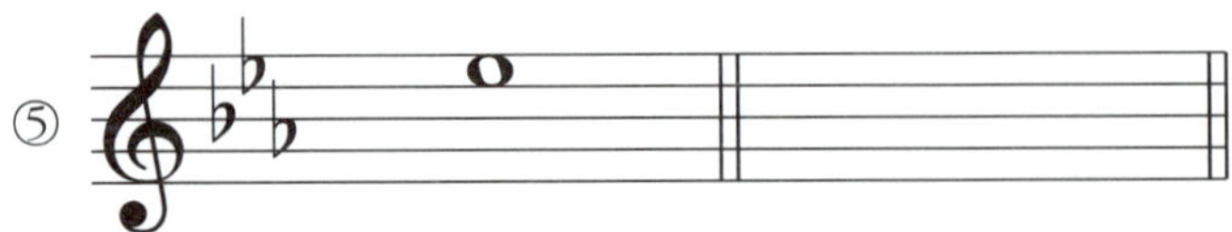

⑥ 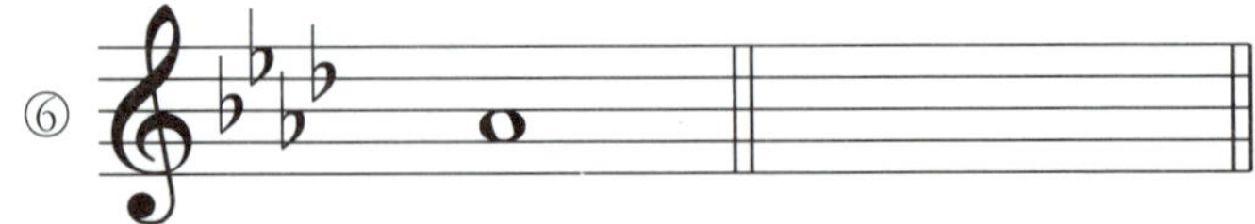

✹ [1~8] 혼자 풀어 보세요. 빈 칸을 채워 주세요. (조표와 으뜸음을 그리세요)

1

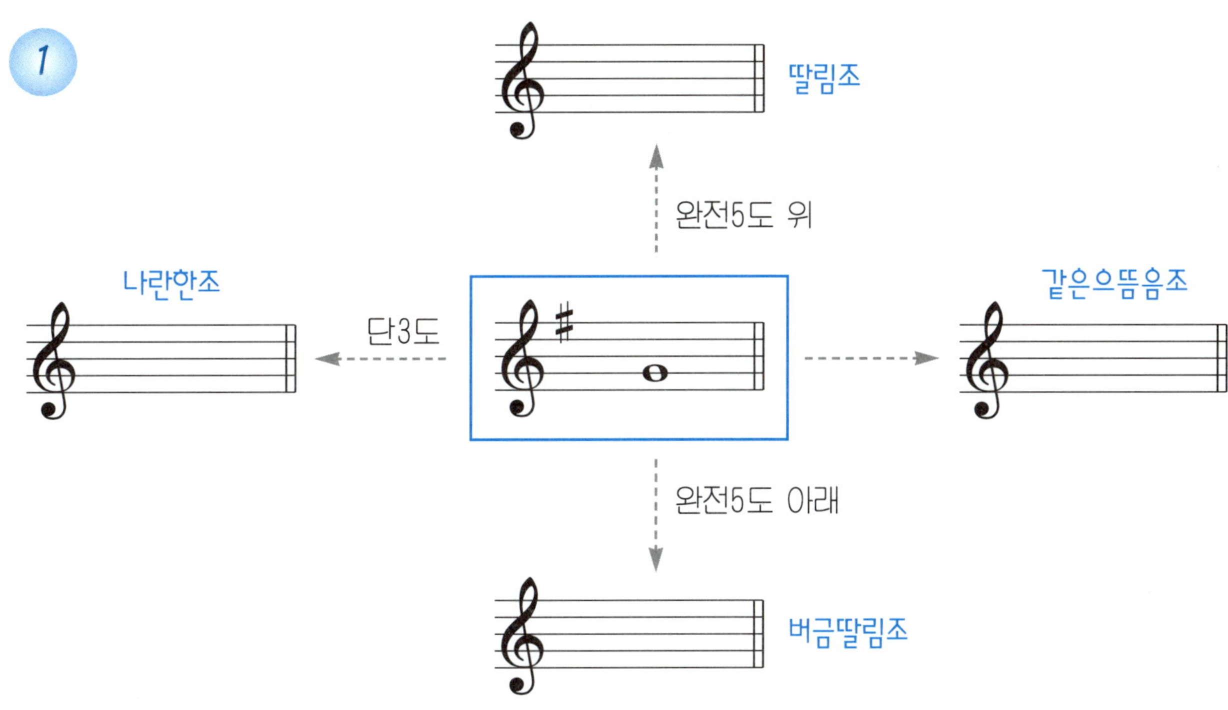

2

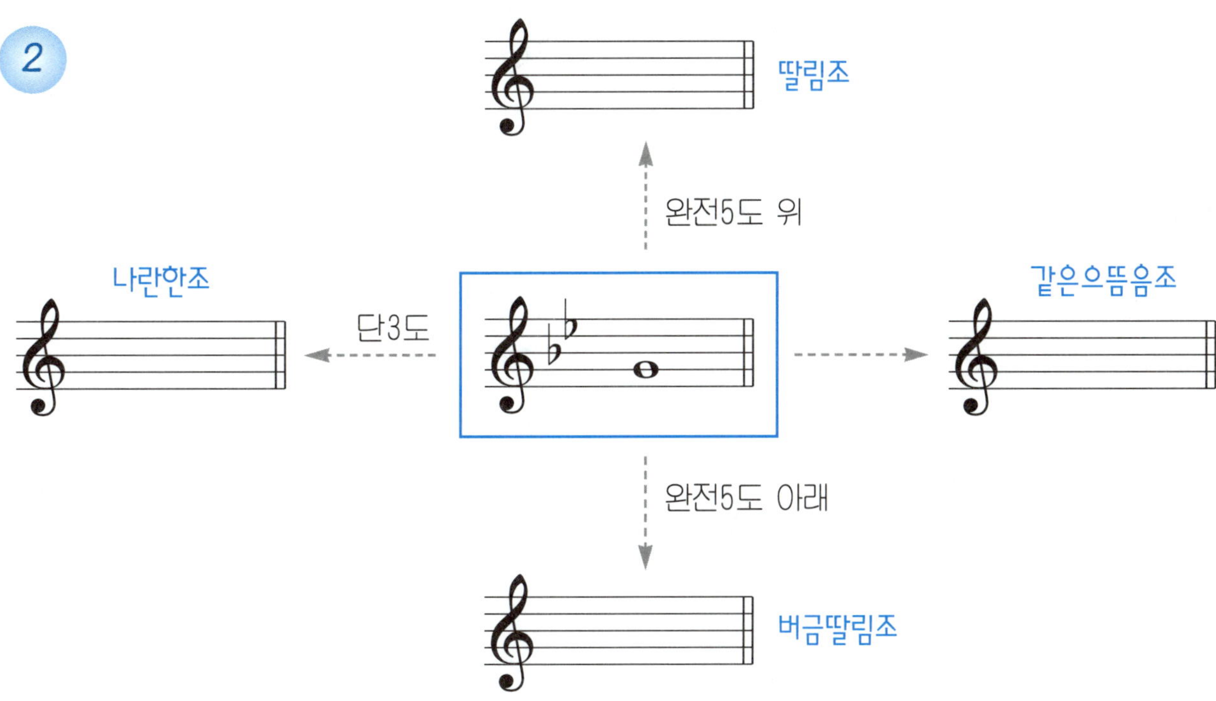

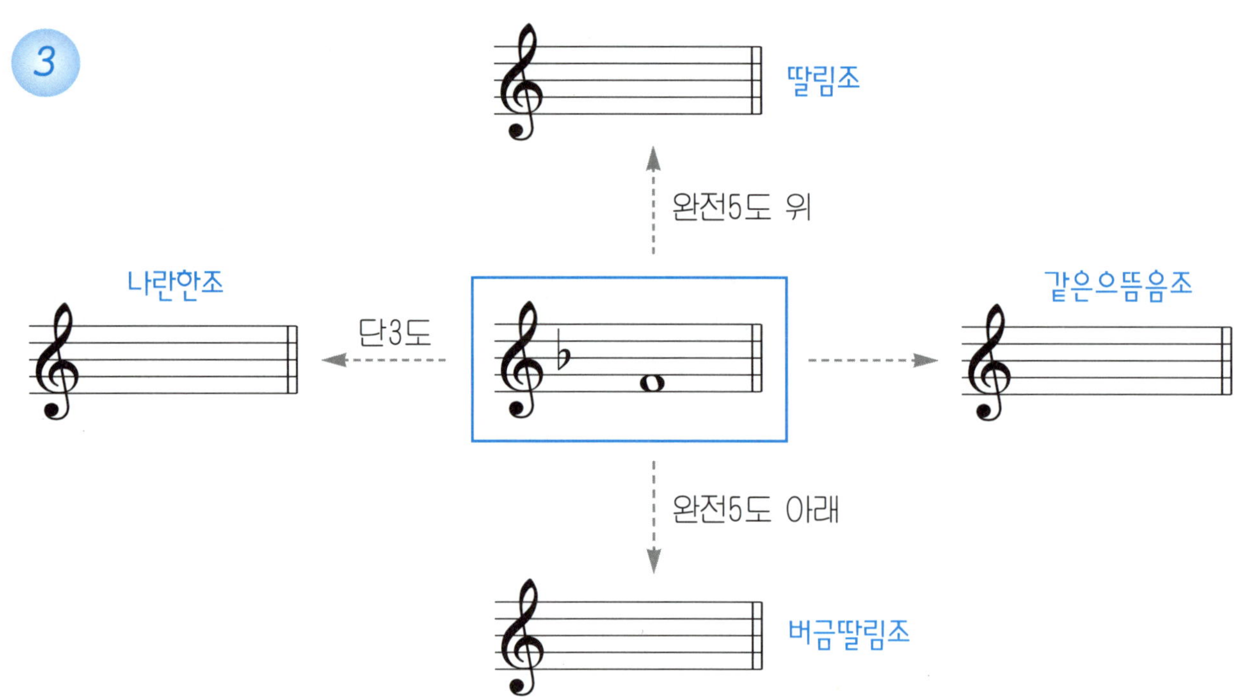
3
딸림조
완전5도 위
나란한조
단3도
같은으뜸음조
완전5도 아래
버금딸림조

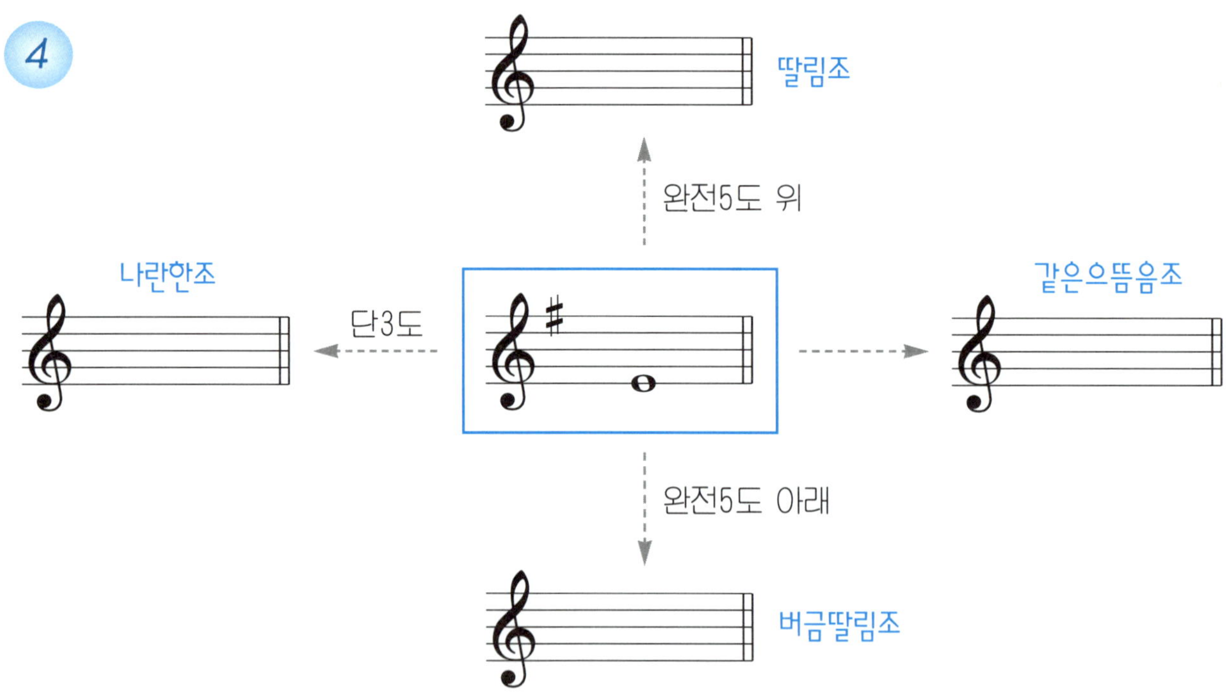
4
딸림조
완전5도 위
나란한조
단3도
같은으뜸음조
완전5도 아래
버금딸림조

5

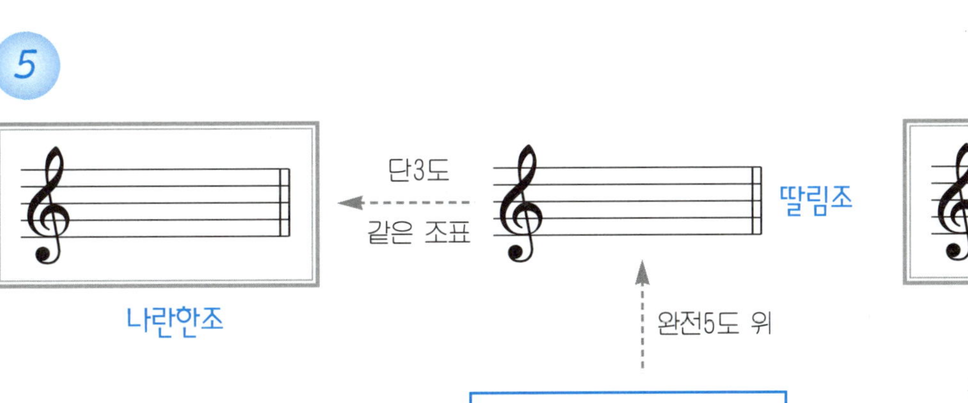

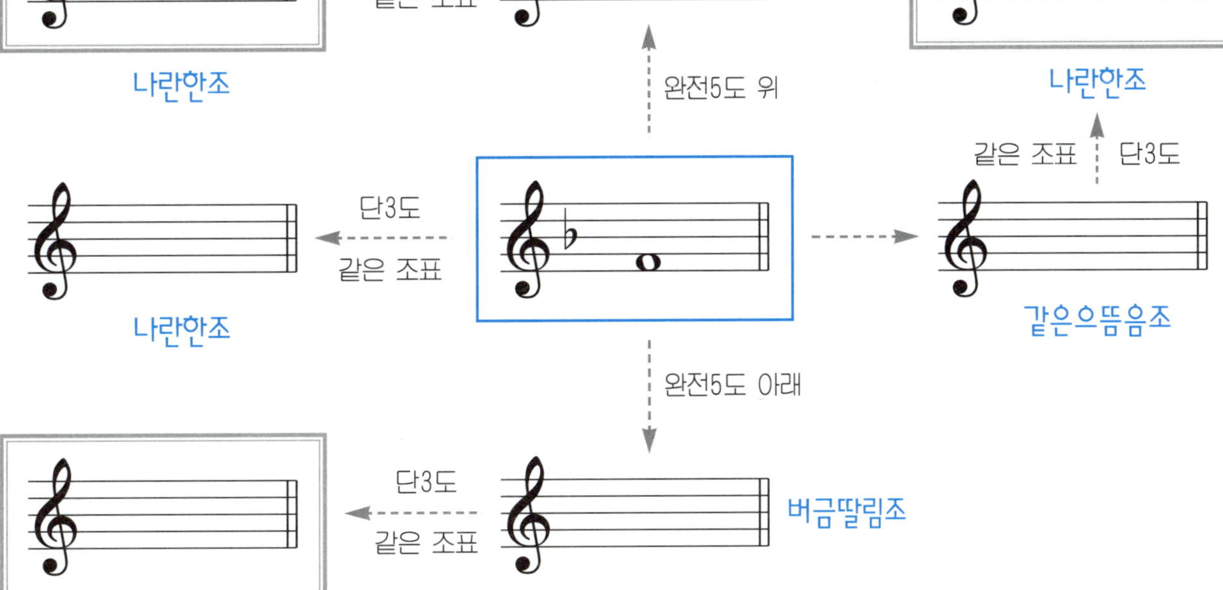

6

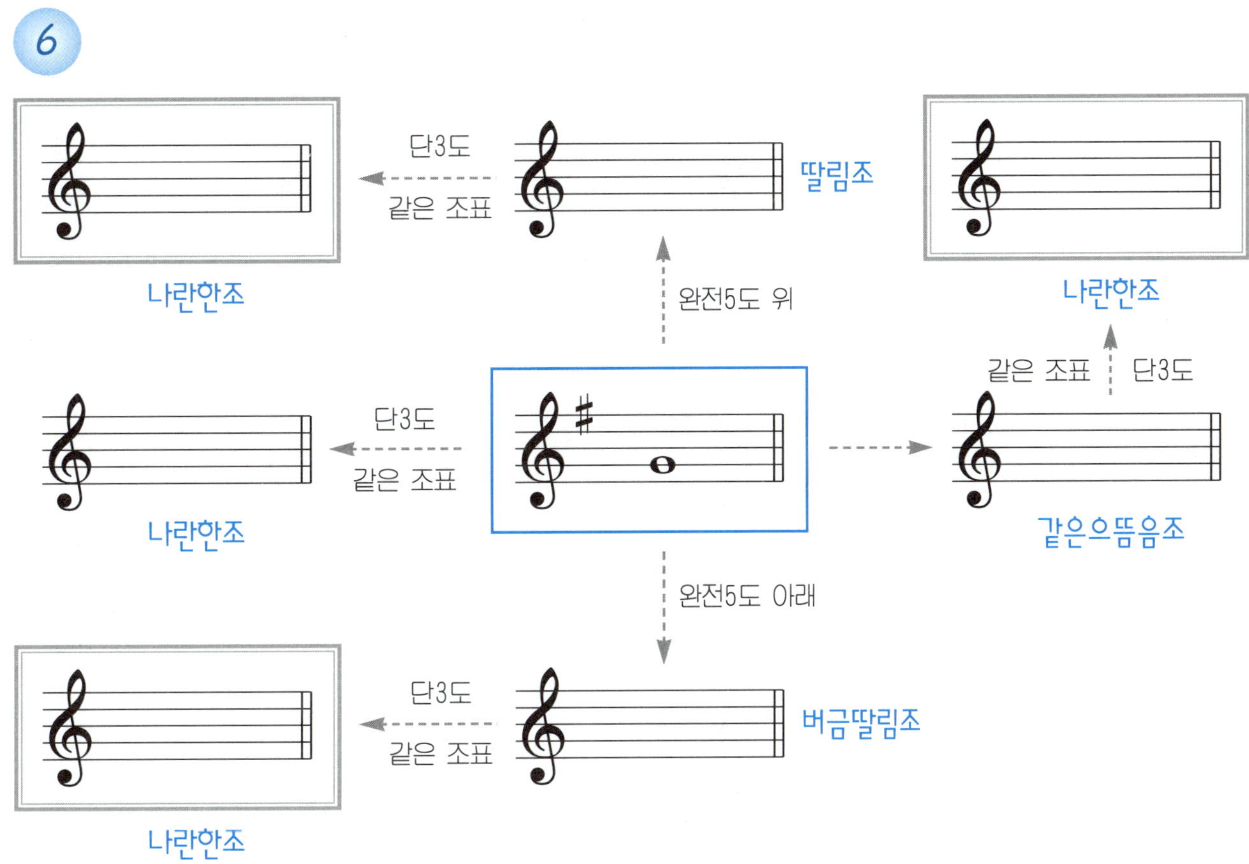

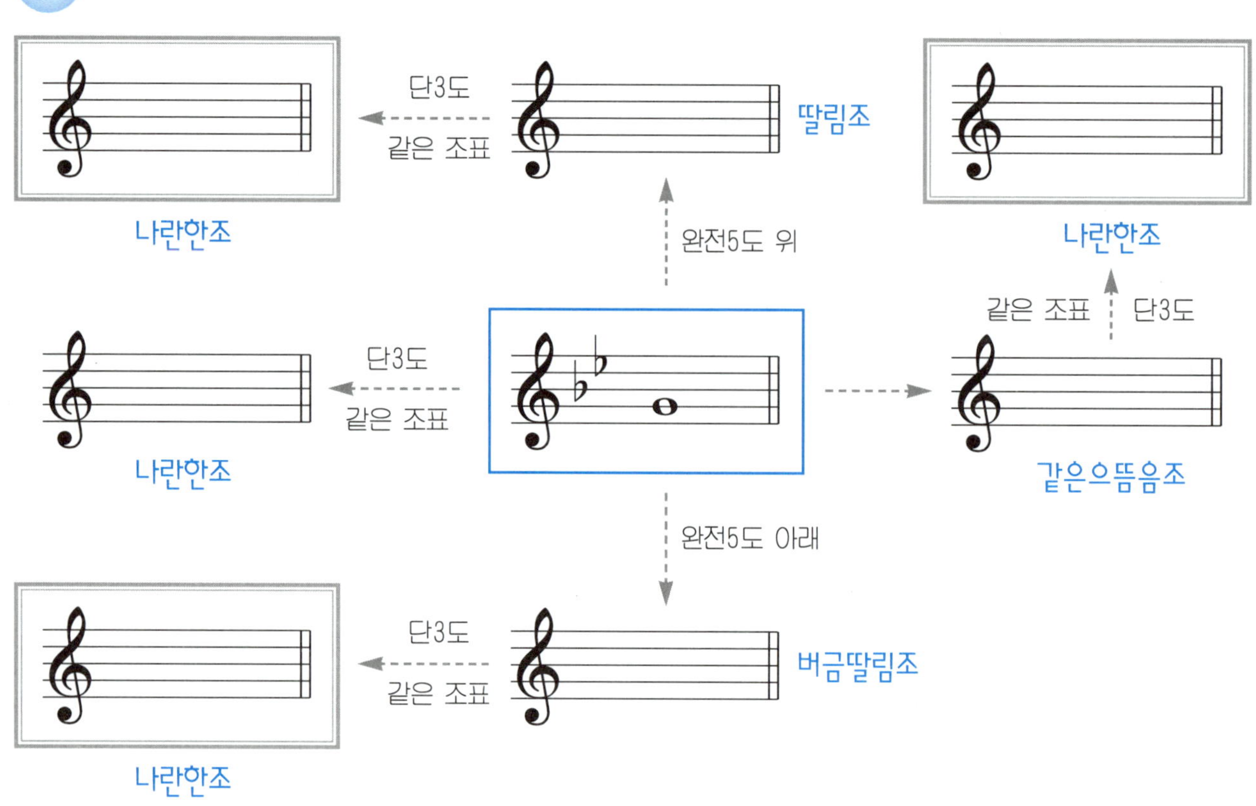
7
나란한조
단3도
같은 조표
딸림조
나란한조
완전5도 위
나란한조
단3도
같은 조표
같은 조표
단3도
같은으뜸음조
완전5도 아래
나란한조
단3도
같은 조표
버금딸림조
나란한조

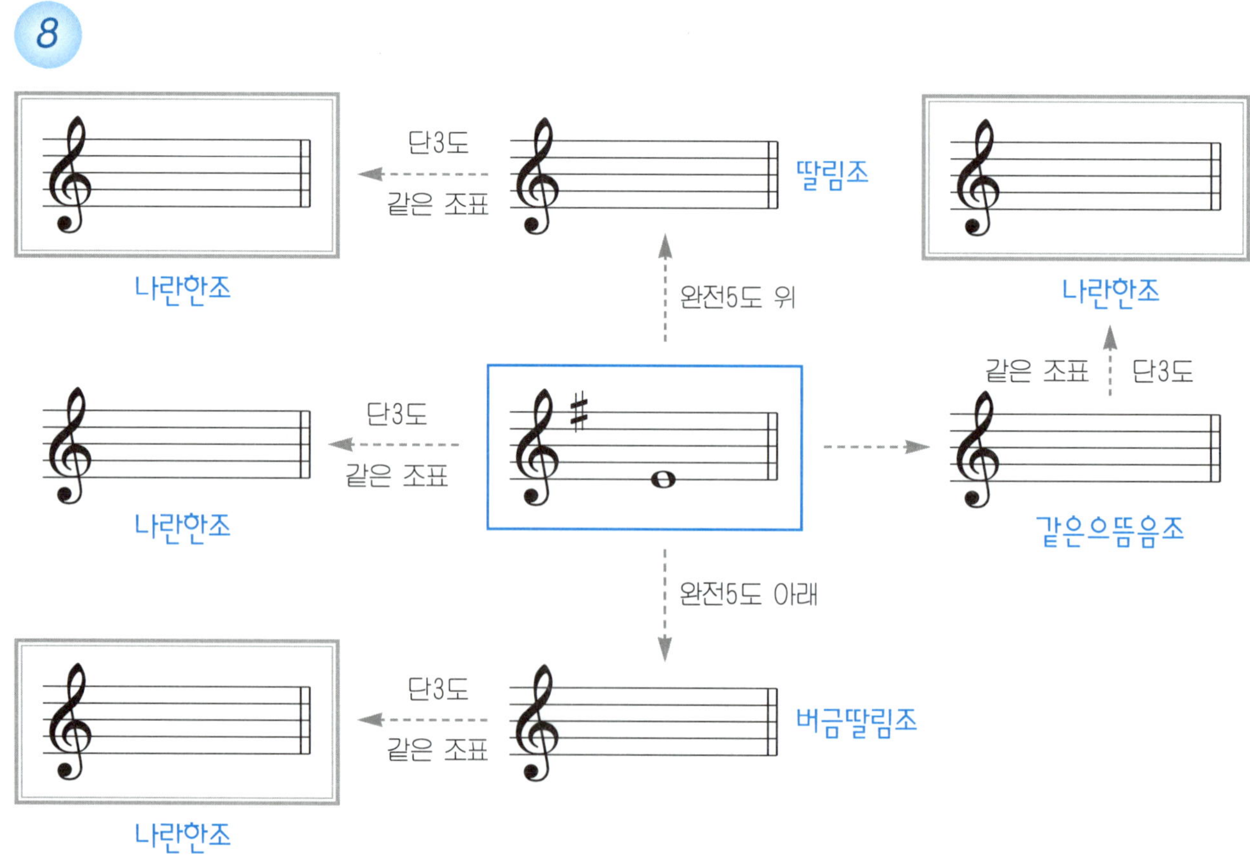
8
나란한조
단3도
같은 조표
딸림조
나란한조
완전5도 위
나란한조
단3도
같은 조표
같은 조표
단3도
같은으뜸음조
완전5도 아래
나란한조
단3도
같은 조표
버금딸림조
나란한조

이명동음(異名同音)

1. 이명동음

두 음의 음이름은 서로 다르지만 소리는 같습니다. 이런 경우, 보기에도 다르고 글로 쓸 때도 다른 음처럼 보이지만 막상 연주를 하면 같은 소리가 납니다. 이것을 **딴이름 한소리**(이명동음)라고 합니다.

※ 이명동음이란 한자어를 순수한 우리말로 딴이름 한소리(이름은 다른데 소리는 한소리)라고 한답니다.

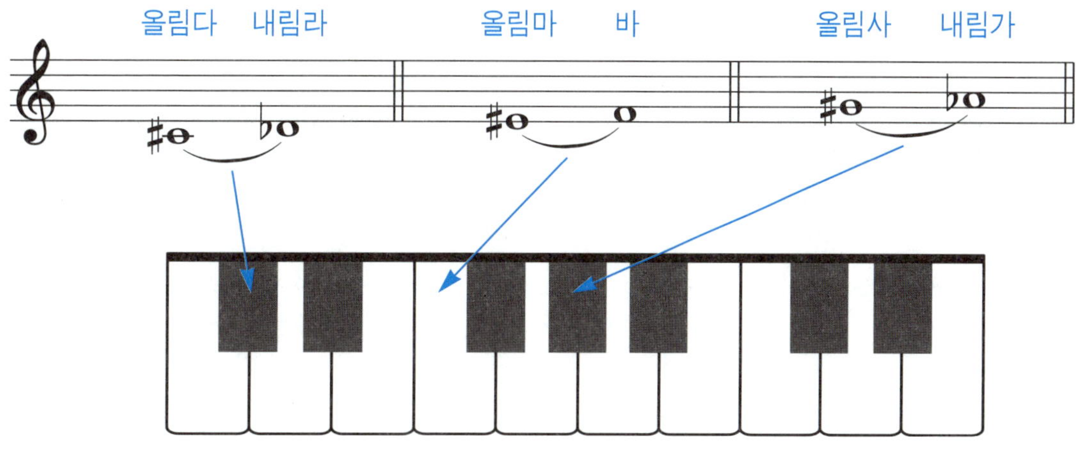

2. 이명동음조(= 딴이름 한소리조)

조성의 이름은 다르지만 피아노와 같은 악기로 연주하면 같은 자리에서 연주되는 조입니다.

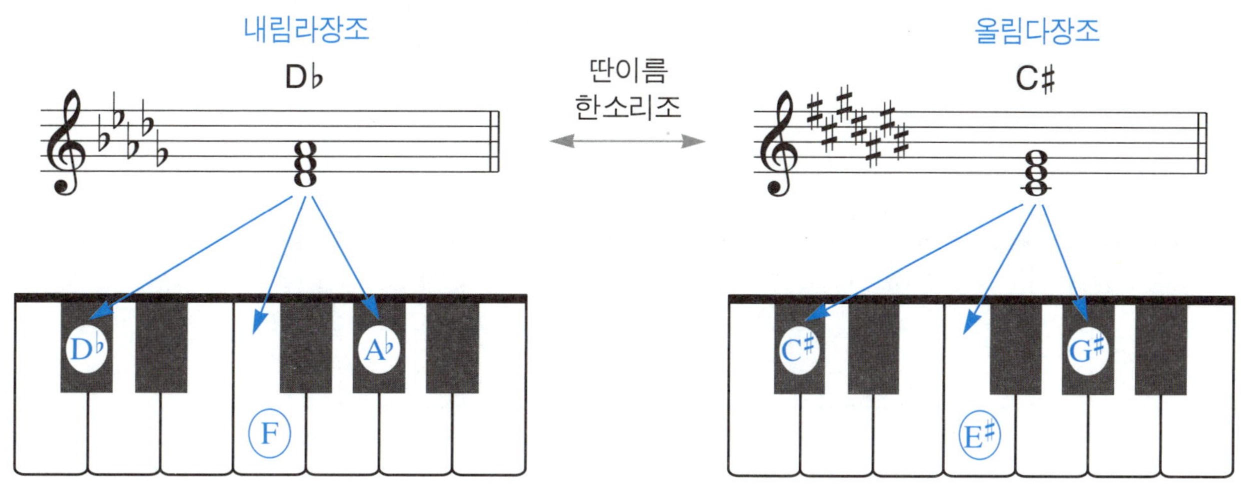

이해가 되셨나요?
조이름은 다른데 피아노 건반 자리는 똑같죠?
딴이름 한소리조를 찾을 때에도 건반을 생각하며 문제를 풀면 쉽습니다.

1 딴이름 한소리를 찾아 그린 후, 맞는 건반에 ◯표 하세요.

① 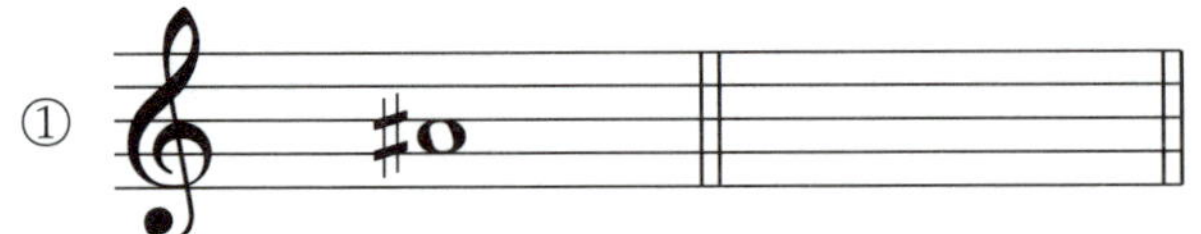

② 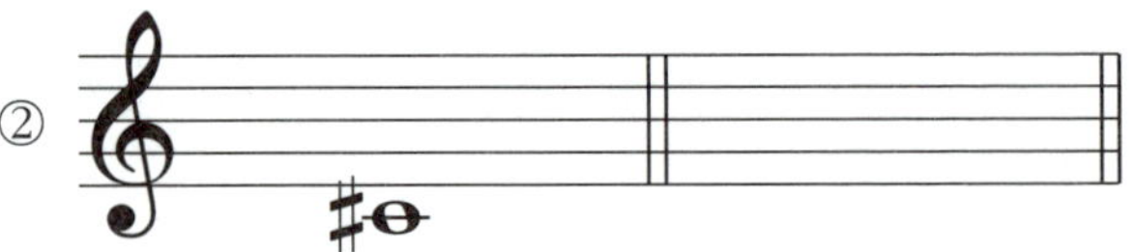

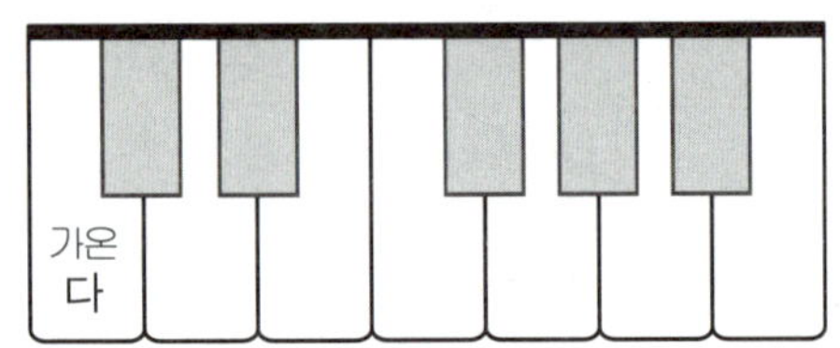

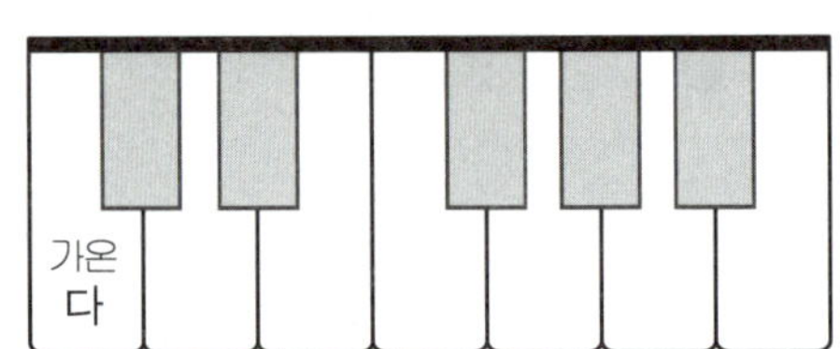

2 딴이름 한소리조를 찾아 쓰고, 조표와 으뜸화음을 그린 후 맞는 건반에 ◯표 하세요.

① 나장조　　　　　조

② 내림사장조　　　　　조

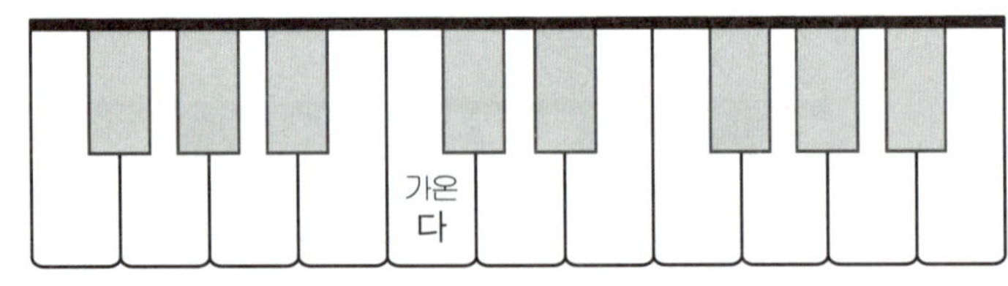

3 다음 음의 딴이름 한소리를 그리세요.

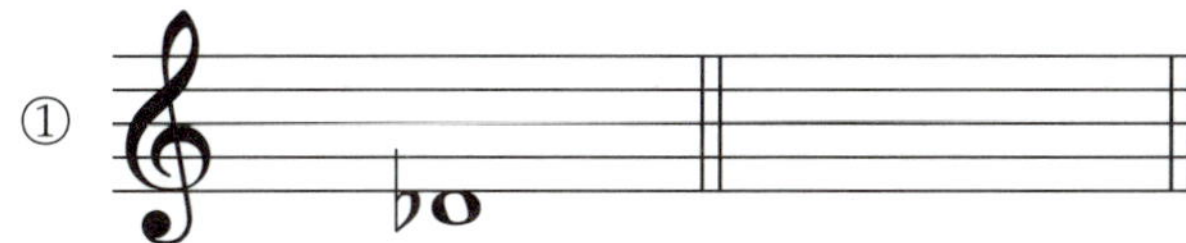

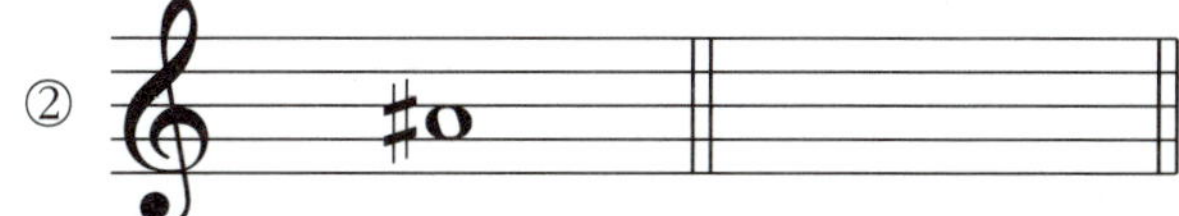

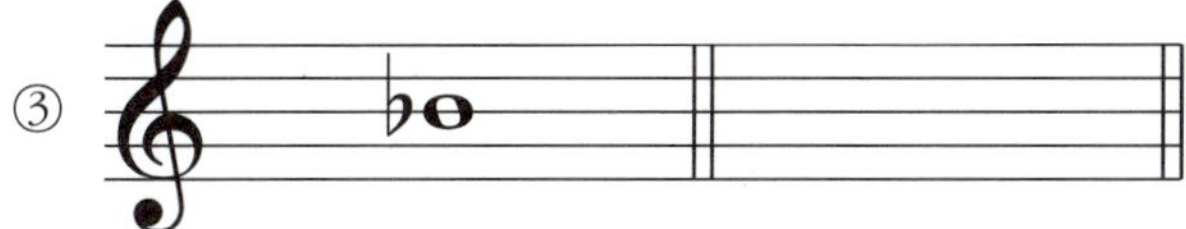

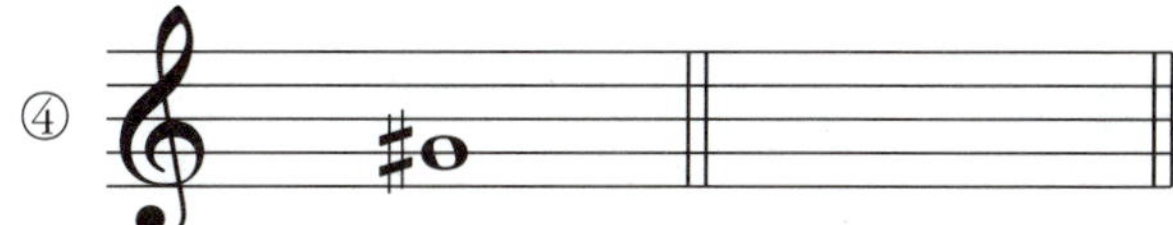

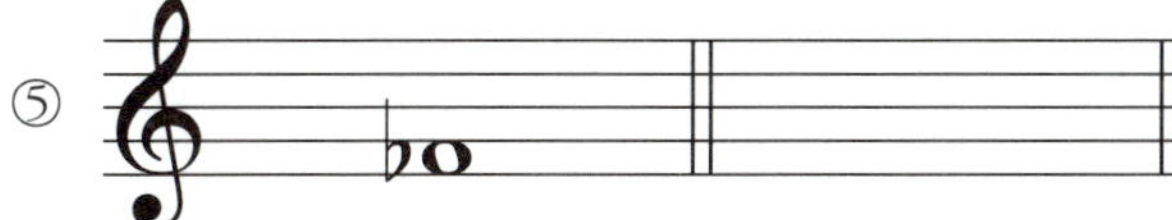

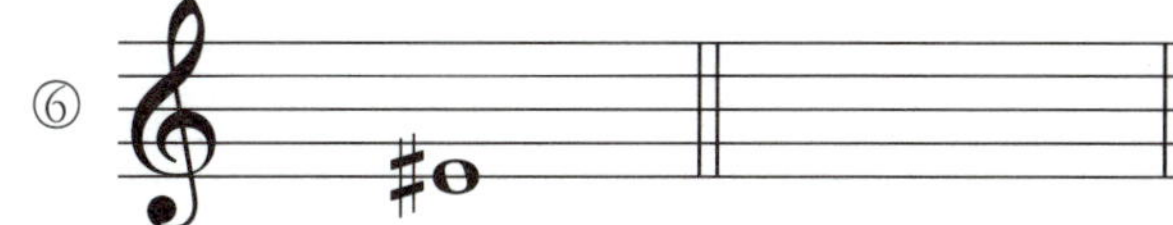

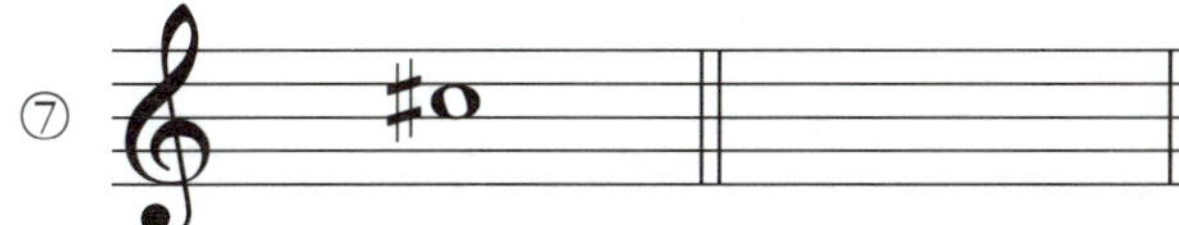

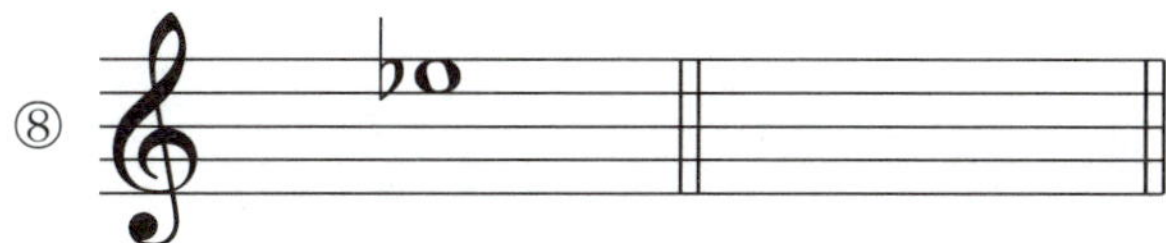

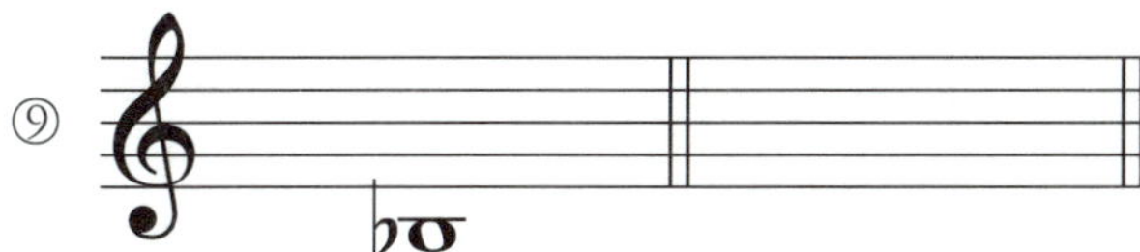

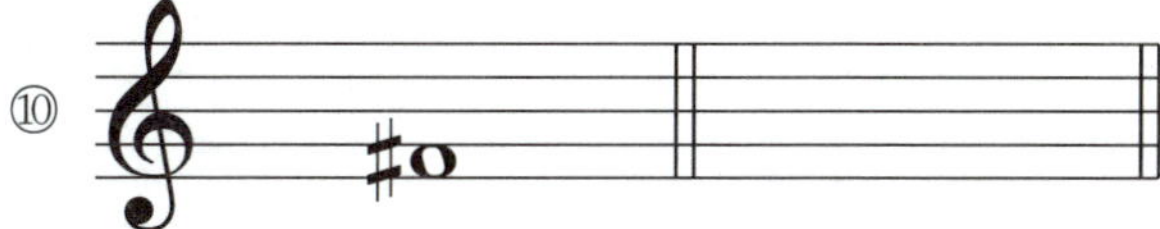

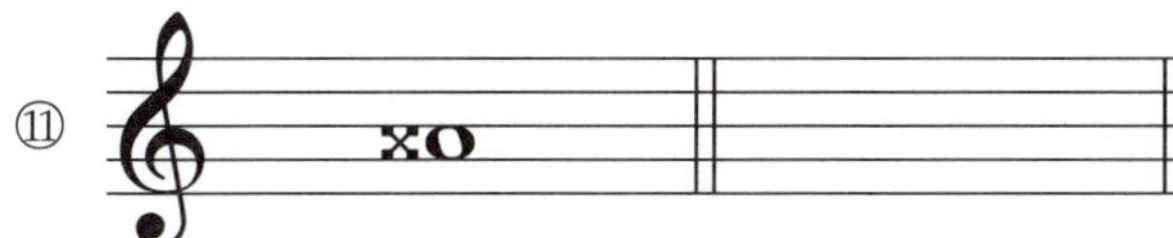

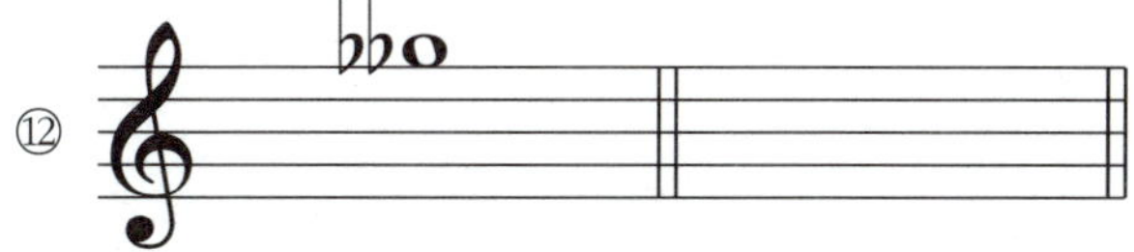

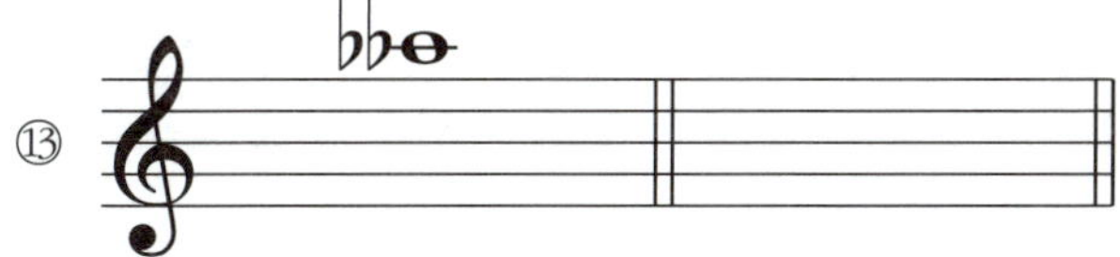

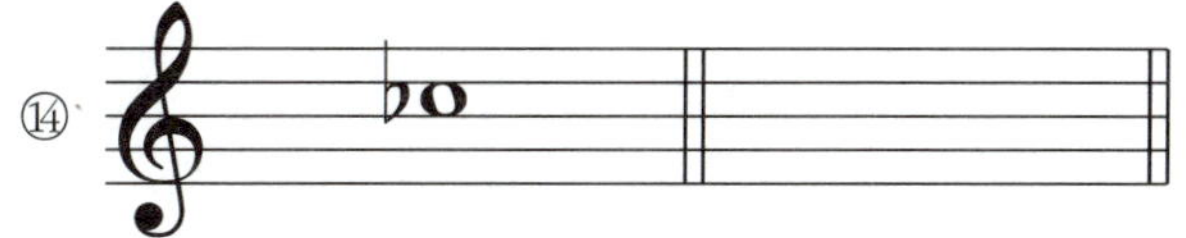

7. 조옮김과 조바꿈

1. 조옮김 (이조)

조옮김이란 말 그대로 조를 옮기는 것입니다. 조는 다르지만 계이름은 같답니다.
예를 들어 노래방에서 노래를 부르려고 하는데 나의 목소리와 키(key)가 안 맞으면 리모컨으로 키를 조정해서 노래를 부르잖아요. '키 조정 = 조옮김' 이라고 생각하면 편하겠죠?

POINT

1. 조옮김(이조, 移調, transposition)
2. 곡의 박자와 음정 등은 그대로 유지하면서 악곡 전체를 다른 조로 옮기는 것
3. 이조악기: 악보상에 나타난 음을 연주하면 실제 키(key)나
   음높이가 다르게 연주되는 악기로
   이조악기를 연주할 때는 조옮김한 악보가 필요합니다.

   예 색소폰, 클라리넷, 호른, 트럼펫 등...

◆ 바장조의 곡을 사장조로 조옮김

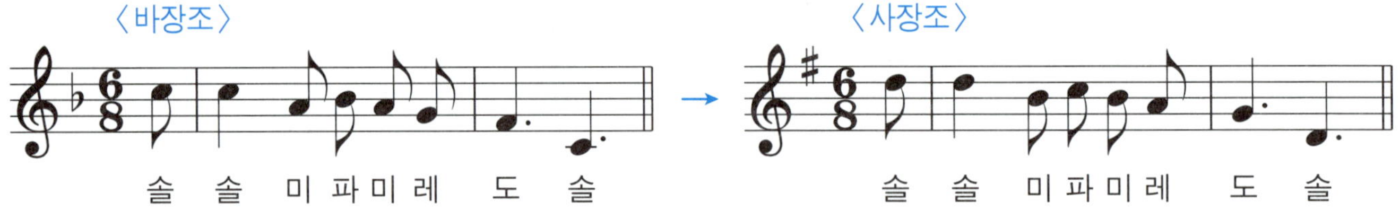

◆ 임시표가 있는 경우의 조옮김

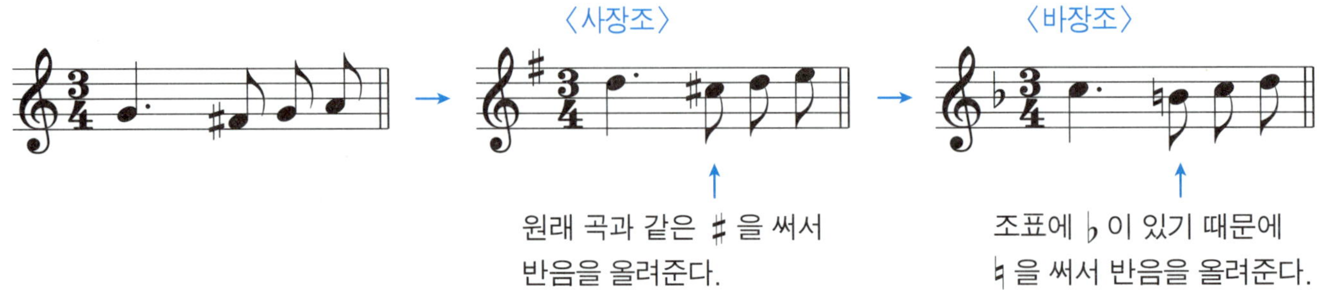

ㄹ. 조바꿈 (전조)

조바꿈이란 곡이 진행하는 도중에 조가 바뀌는 것을 말합니다.
일반적으로 관계조 안에서 조바꿈하여 가락의 흐름이 자연스럽게 되도록 하죠.

POINT

1. 조바꿈(전조, 轉調, transition, modulation)
2. 곡이 진행되고 있는 상황에서 곡에 변화를 주기 위해 임시표를 사용하여 조를
   바꾸거나 겹세로줄과 새로운 조표를 그려서 조를 바꾸는 방법이 있습니다.

◆ 겹세로줄에 의한 조바꿈

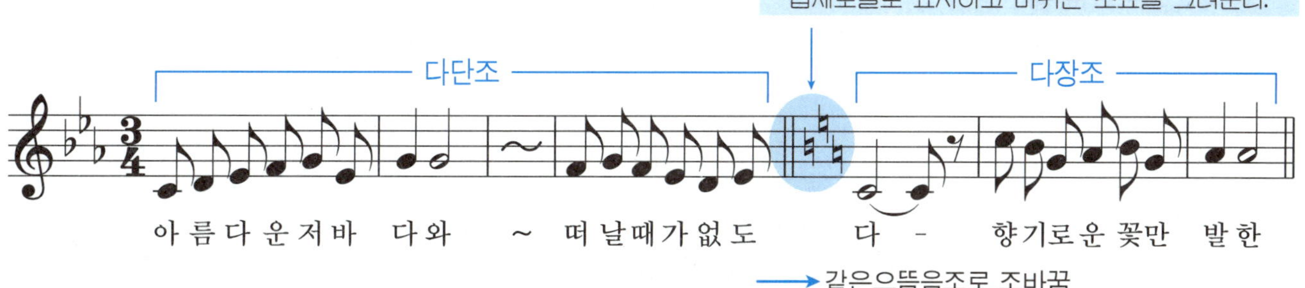

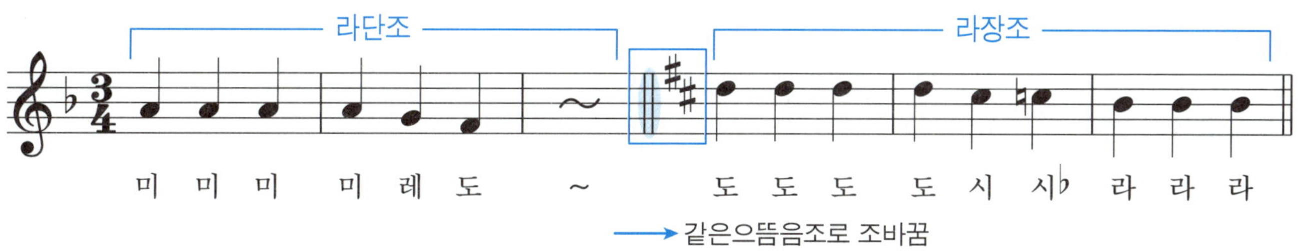

◆ 임시표에 의한 조바꿈

◉ 내림마장조로 조옮김을 하세요.

〈라장조〉

① 계이름 쓰기 → ② 음표머리 및 임시표 → ③ 기둥·꼬리·점 → ④ 확인

〈내림마장조〉

조옮김 하는 법

> ① 원조의 계이름을 적어 놓는다.
> ② 조옮김할 조에 맞는 조표와 박자표를 적는다.
> ③ 원조와 새로운 조의 계이름과 리듬이 같게 음표를 적는다.
> ④ 임시표(♮, ♭, ♯)가 있는 경우 조표에 주의하여 표시한다.

※ 다음 다장조의 곡을 라장조로 조옮김을 하세요.

〈라장조〉

1 김성태 곡 '즐거운 봄'입니다. 바장조로 조옮김을 하세요.

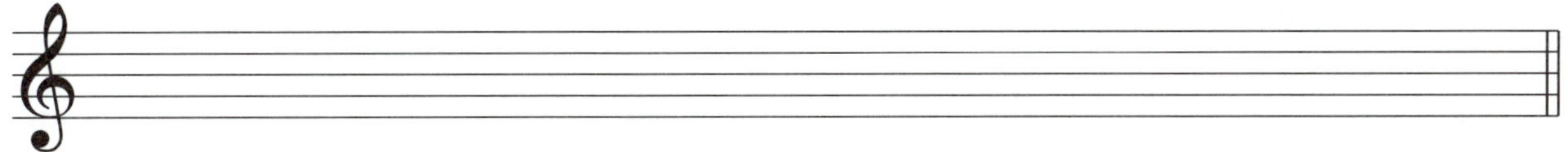

2 김대현 곡 '자장가'의 일부분입니다. 딸림조로 조옮김을 하세요.(바장조의 딸림조는?)

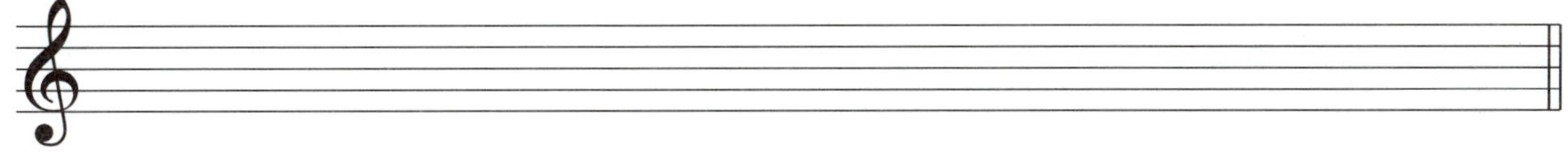

3 김동진 곡 '봄이 오면'의 일부분입니다. 라장조로 조옮김을 하세요.

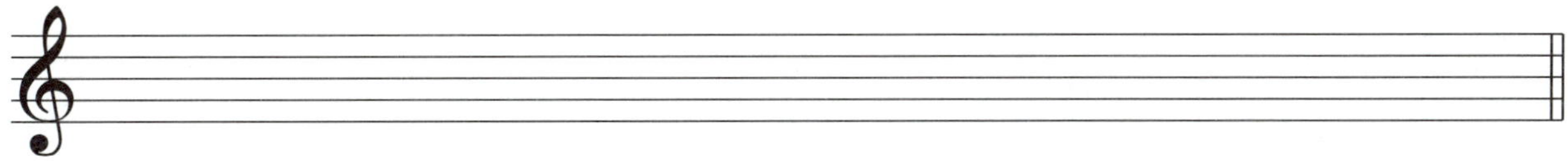

1 보헤미아 민요 '별을 보고'입니다. 어떤 관계조로 조바꿈이 되었는지 조이름을 쓰세요.

2 슈베르트 곡 '월계꽃'입니다. 이 곡의 나란한조는 무엇입니까?

[   ] 조

3 신귀복 곡 '얼굴'입니다. 이 곡의 나란한조는 무엇입니까?·······················(   )

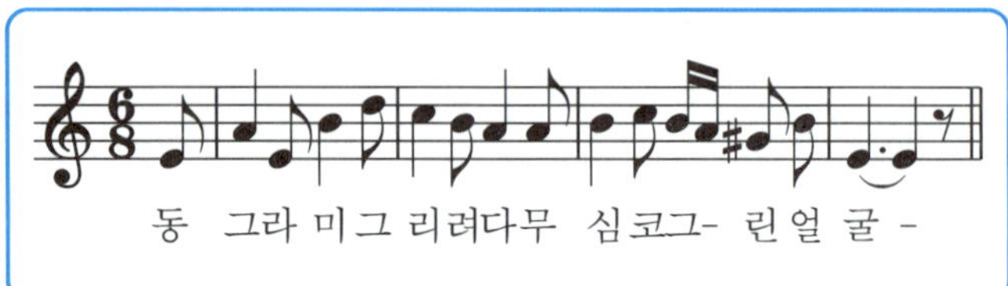

① 다단조   ② 마단조
③ 가장조   ④ 가단조
⑤ 다장조

[4~6] 에스파냐 민요 '고향 생각'입니다.

4 위 노래는 중간에 조바꿈 된 곡입니다. 2개의 조 이름을 쓰세요.

[   ] 조,   [   ] 조

5 위 두 조성의 관계는 무엇입니까? ··········(   )

① 같은으뜸음조   ② 나란한조
③ 버금딸림조   ④ 딸림조
⑤ 딴이름 한소리조

6 위 두 개의 조가 어떻게 변화되는지 마디별로 쓰세요.

㉠ (1 ~   )마디: [   ] 조

㉡ (~   )마디: [   ] 조

㉢ (~ 18)마디: [   ] 조

[1~2] 라이턴 곡 '나의 벗'입니다.

1 큰악절(8마디)별로 조바꿈이 된 곡입니다. 조성의 변화를 쓰세요.

[　　] 조 → [　　] 조 → [　　] 조

2 조바꿈된 두 조성은 서로 무슨 관계조입니까?

[　　] 조

3 나란한조는 원조(장조·단조)와 몇 도 관계입니까? ····························(　)

① 장3도　② 감3도　③ 증3도　④ 단3도

4 이강산 곡 '친구에게'입니다. 버금딸림조로 조옮김을 하세요.

[5~6] 질허 곡 '로렐라이'입니다.

5 위 곡의 조성은 어떻게 변합니까? ············(　)

① 라장조 → 가장조
② 라장조 → 가단조 → 라장조
③ 라장조 → 가장조 → 라장조
④ 라장조 → 사장조 → 라장조
⑤ 라장조 → 나단조 → 라장조

6 조바꿈된 두 조성은 서로 무슨 관계조입니까?
··(　)

① 딸림조　　　　　② 나란한조
③ 버금딸림조　　　④ 딴이름 한소리조
⑤ 같은으뜸음조

2. 음정(音程)Interval

음정

두 음 사이의 거리를 **음정**이라고 하며 '~**도**'라고 표시합니다.
음정은 성질에 따라 완전음정, 장음정, 단음정, 증음정, 감음정 등이 있습니다.
그리고 연주 방법에 따라 화성음정과 가락음정으로 나눕니다.

음정의 도수

두 음 사이의 거리를 도수로 나타냅니다. '~**도**'라고 하죠. 그 앞에 숫자를 붙이면 도수라고
말한답니다.
같은 높이에 있는 두 음은 '1도'라는 것. 꼭! 잊지 마세요. (^o^)
'1도'에서 음이 하나씩 벌어질 때마다 2도, 3도, 4도... 이렇게 음정의 도수를 나타냅니다.

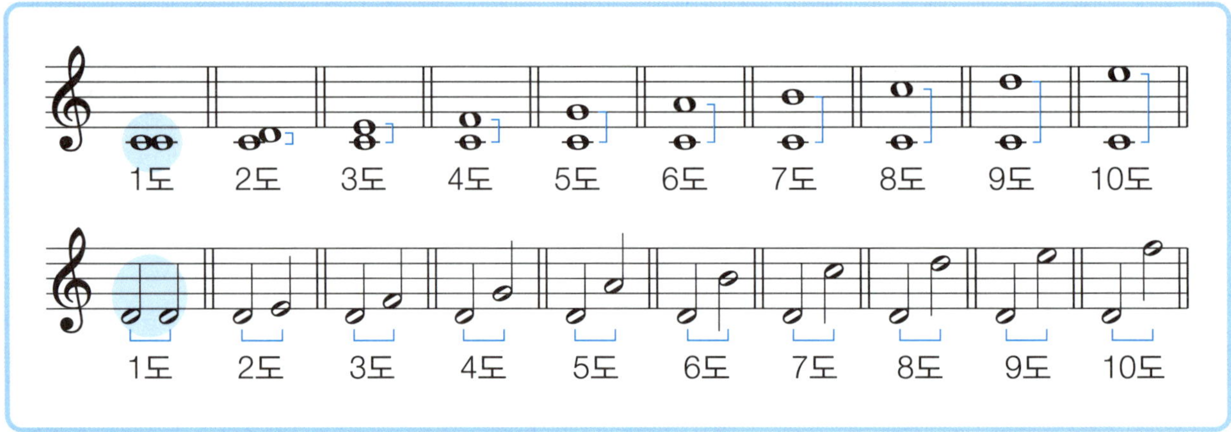

※ 음정의 도수를 세는 방법

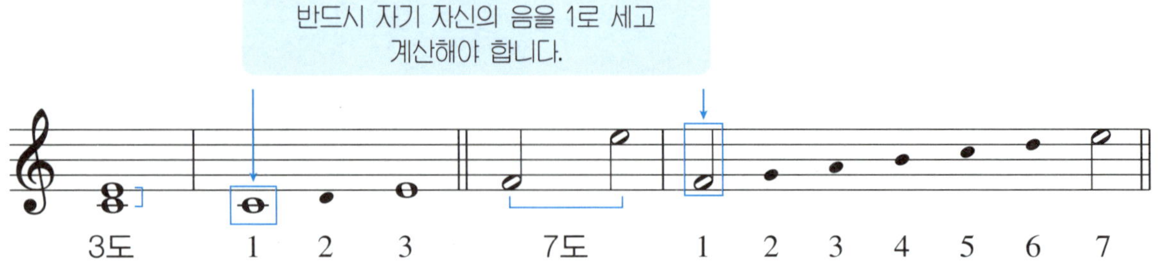

※ 정말 주의해야 할 것은 꼭! 자기 음부터 세야 한다는 것. 잊으면 안됩니다! (^o^)

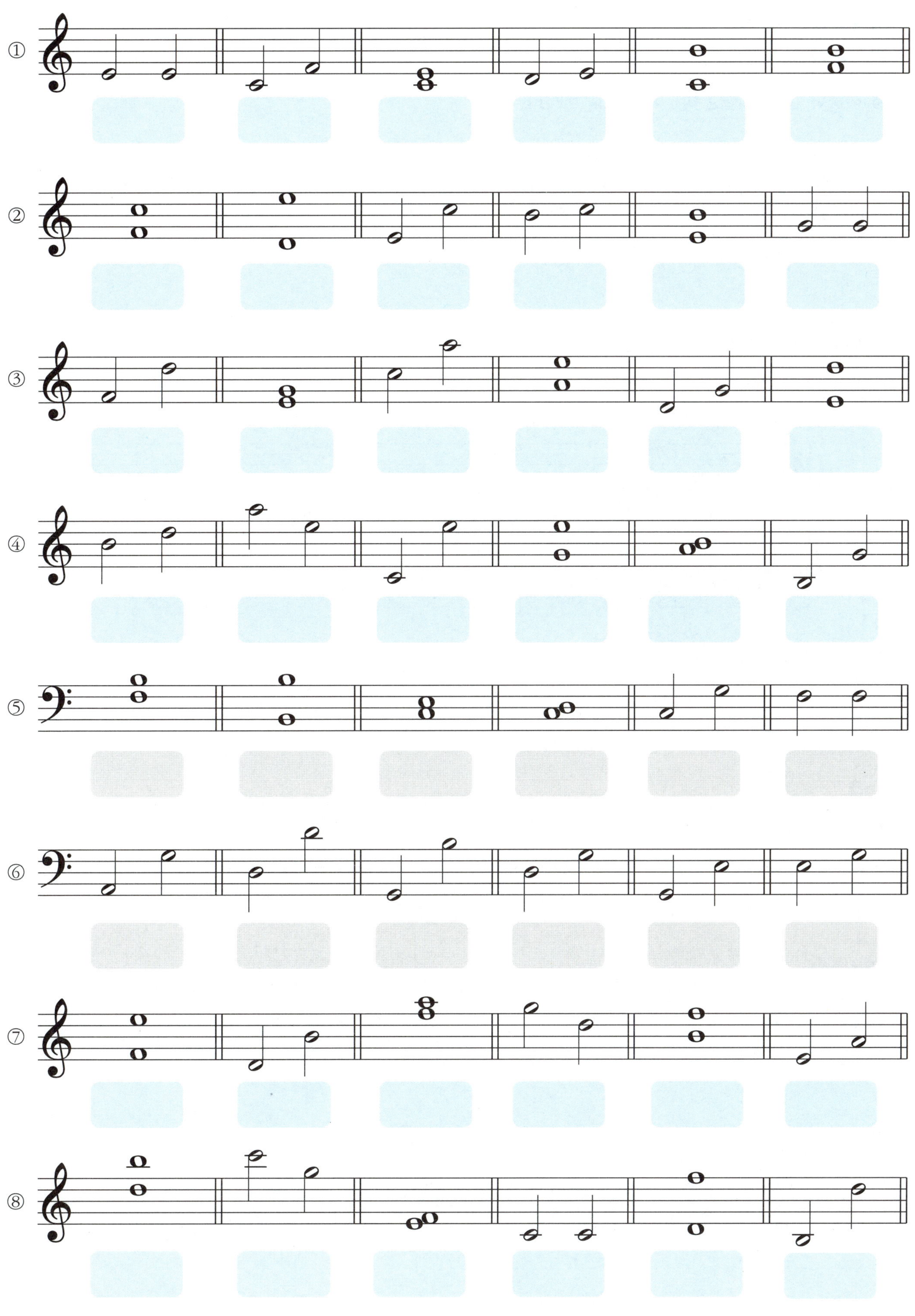

47

2 화성음정 / 가락음정

화성음정은 두 개 이상의 음정을 시간의 차이 없이 나타낸 음정이고,
가락음정은 시간의 차이를 두고 나타낸 음정이라고 생각하면 됩니다.

◉ 다음의 그림을 보고 비교해 보도록 합시다.

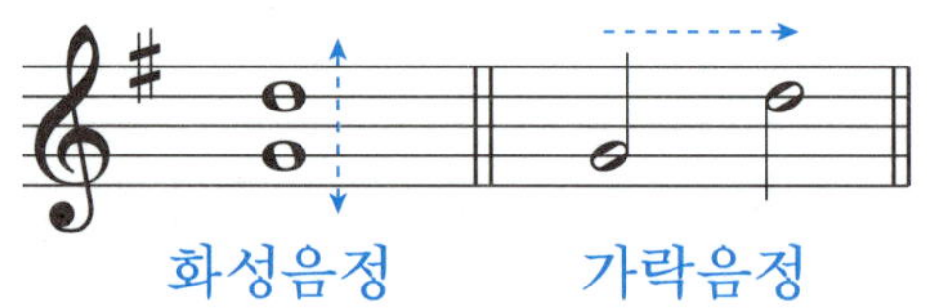

◉ 악보상으로 한번 더 비교해 봅시다.

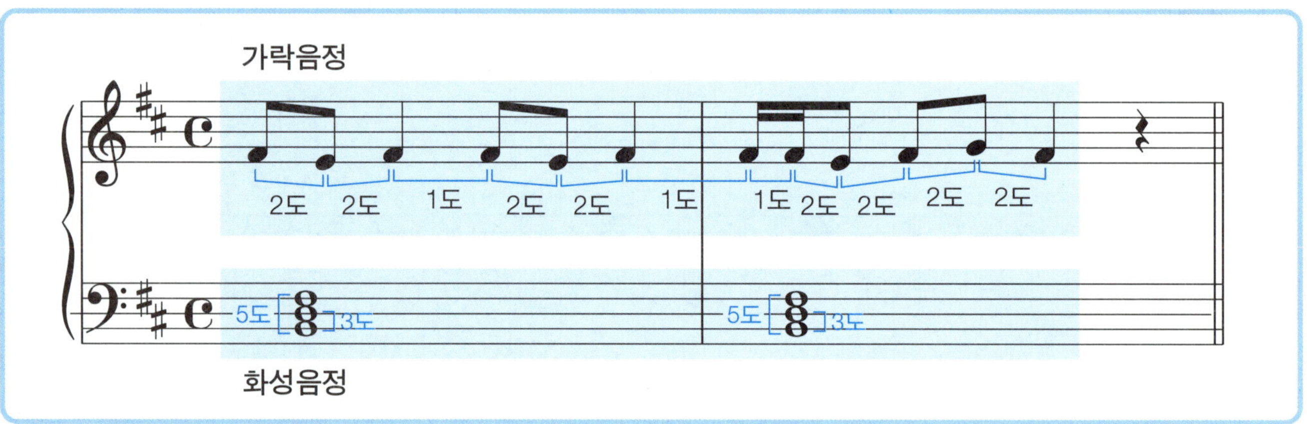

보충 자료

✹ 다음 악보에서 차례가기 음정은 '차', 뛰어가기 음정은 '뛰'를 쓰세요.

1 다음 악보를 보고 █ 안에 음정의 도수를 쓰세요.

2 맞는 답에 ◯표 하세요.

• 위 악보에서 높은음자리 보표의 음정은 (화성음정 / 가락음정) 입니다.

• 위 악보에서 낮은음자리 보표의 음정은 (화성음정 / 가락음정) 입니다.

• 두 음 사이의 거리를 (화성 / 가락 / 음정 / 리듬) 이라고 합니다.

◉ 다음 그림을 왼쪽부터 끊어지지 않게 쭉 그려 보세요.

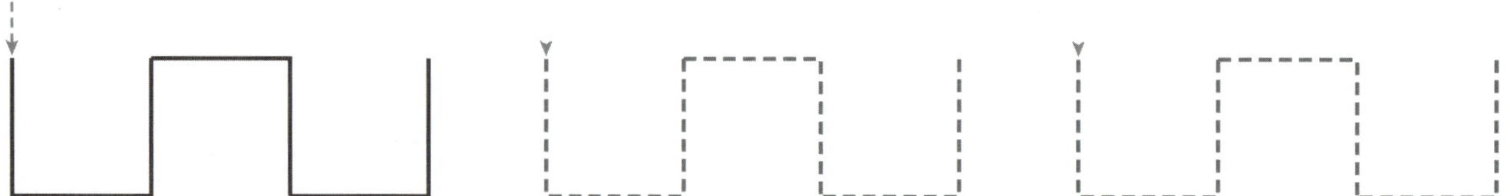

◉ 그럼, 이번에는 그림을 따라 그리면서 모서리마다 숫자를 넣어 보세요.

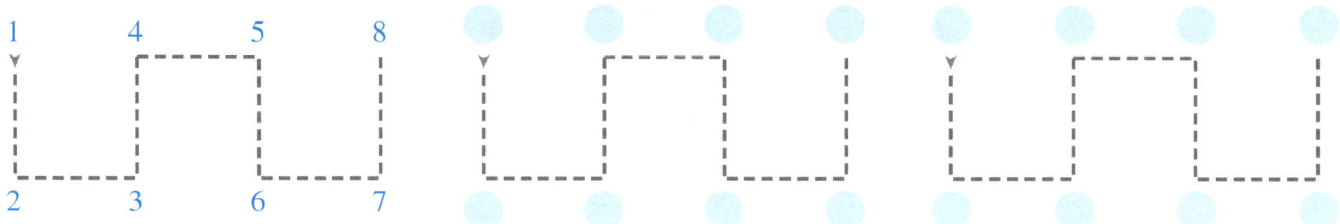

이제, 이 숫자만이 가질 수 있는 음정의 이름을 알려드릴테니 꼭 외워두세요.

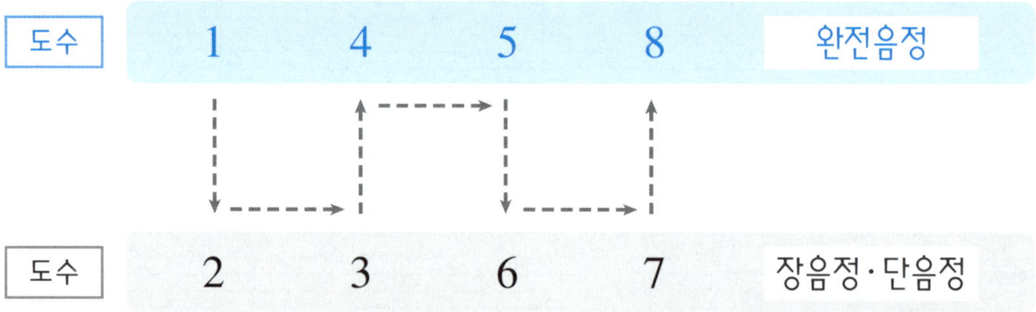

음정은 크게 **완전음정**(1·4·5·8도)과 **장·단음정**(2·3·6·7도)으로 나눕니다.

◉ 아래 예시를 보세요.

4도는 완전음정만이 가질 수 있는 숫자인데 장4도라고 했군요. 장음정은 4도의 음정을 가질 수 없답니다. 그래서 틀렸습니다.

3도는 장음정이나 단음정만이 가질 수 있는 숫자인데 '**완전**'을 붙였네요. 완전음정은 3도의 음정을 가질 수 없답니다. 그래서 틀렸어요.

1 다음 악보의 음정이 완전음정인 것에는 ◯ 표를, 장음정이나 단음정인 것에는 △ 표를 하세요.

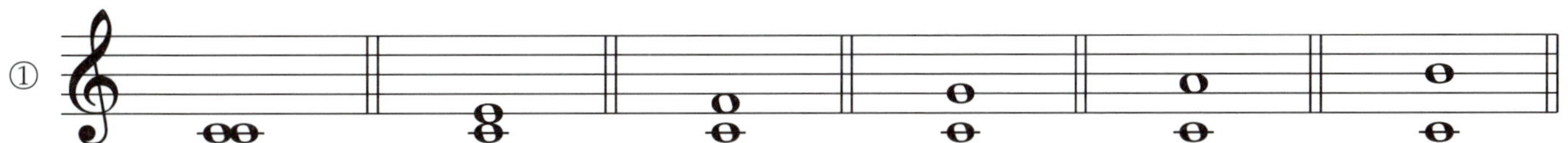

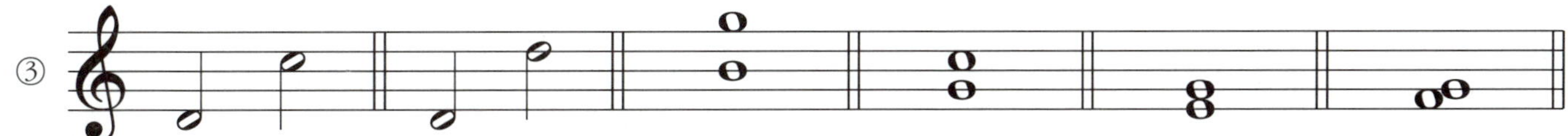

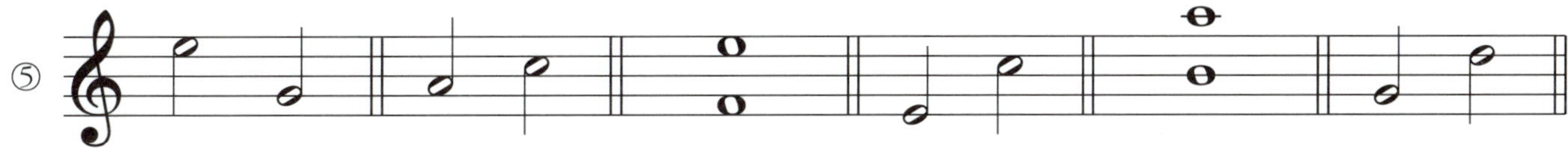

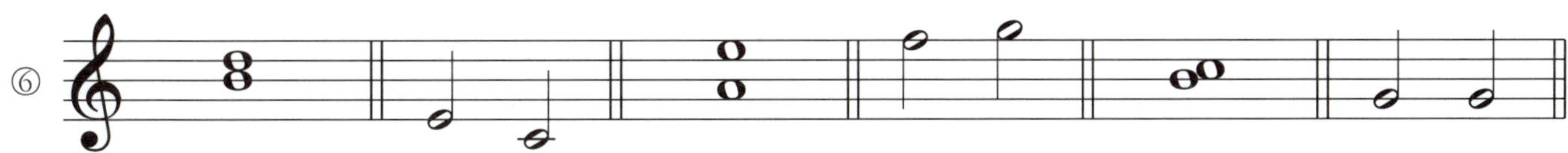

2 다음 ▨ 안에 맞는 도수를 쓰세요.

- 음정은 크게 완전음정(▨ · ▨ · ▨ · ▨ 도)과

  장·단 음정(▨ · ▨ · ▨ · ▨ 도)으로 나눕니다.

4

온음계적 음정

온음계적 음정이란 쉽게 말하면 ♯이나 ♭이 붙지 않은 상태의 음정입니다.
앞에서 배운 도수와 음정 이름을 다시 한번 복습해 보도록 하겠습니다.
완전음정은 1도, 4도, 5도, 8도이며, **장음정**과 **단음정**은 2도, 3도, 6도, 7도입니다.

아시죠? 그럼, 이번에는 **증음정**과 **감음정**을 정리해 보겠습니다.
'증' 하면 뭐가 생각나세요? 그래요. '증가하다' 맞아요.
'반음이 증가하다', 그런 뜻이에요.
그리고, '감' 하면 뭐가 생각나세요? 그렇죠. '감소하다', '반음이 감소하다' 이런 뜻입니다.
이해하셨으면 반드시!, 꼭!, 외우셔야 한답니다. ^^::

POINT

1. 완전음정 : 1도, 4도, 5도, 8도에 해당하는 음정

2. 장·단음정 : 2도, 3도, 6도, 7도에 해당하는 음정(장음정에서 반음 좁아짐→단음정)

3. 증음정 : 모든 도수의 음정을 다 포함하며, 완전음정과 장음정에서 반음 넓어짐 +

4. 감음정 : 모든 도수의 음정을 다 포함하며, 완전음정과 단음정에서 반음 좁아짐 −

※ 음정은 두 음 사이의 거리입니다. 그래서, 두 음 사이가 '넓어졌다, 좁아졌다' 라고 합니다.

증음정   증음정

+반음 ↑ ↓ −반음   −반음 ↓ ↑ +반음

| 완전음정
(1·4·5·8도) | 장음정
(2·3·6·7도) |

+반음 ↑ ↓ −반음   −반음 ↓ ↑ +반음

감음정   단음정

−반음 ↓ ↑ +반음

감음정

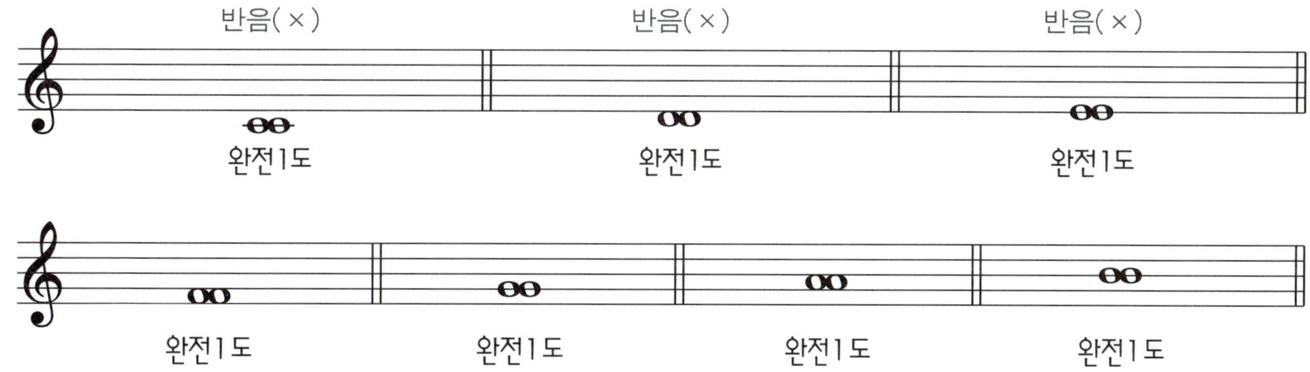

※ 장2도, 장3도에 '미~파', '시~도' 중 하나가 포함되면,
　거리가 좁아져서 단음정이 됩니다.

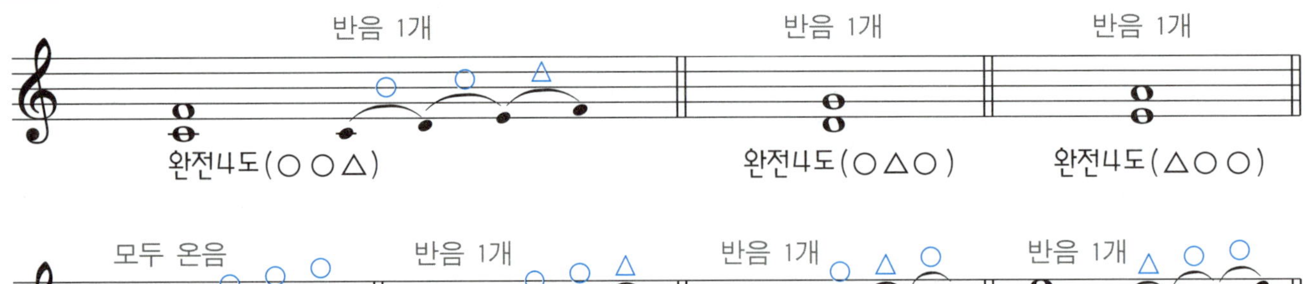

※ 완전4도는 ○○△인데 ○○○이므로 △넓어짐 증4도
(△이 ○로 변했죠? ○ = △ + △ 이므로 △넓어진거 맞죠!)

※ 완전5도는 ○○○△ 인데 ○○△△ 이므로 △좁아짐 감5도
(○이 △로 변했죠? △ = ○ - △ 이므로 △좁아진거 맞죠!)

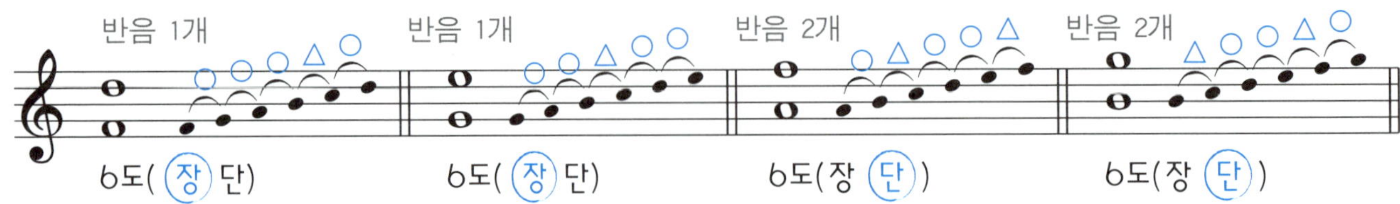

※ 미~파, 시~도 중 하나만 포함되면 (반음 1개) 장6도
미~파, 시~도 모두 포함되면 (반음 2개) 단6도

※ 미~파, 시~도 중 하나만 포함되면 (반음 1개) 장7도
　미~파, 시~도 모두 포함되면 (반음 2개) 단7도

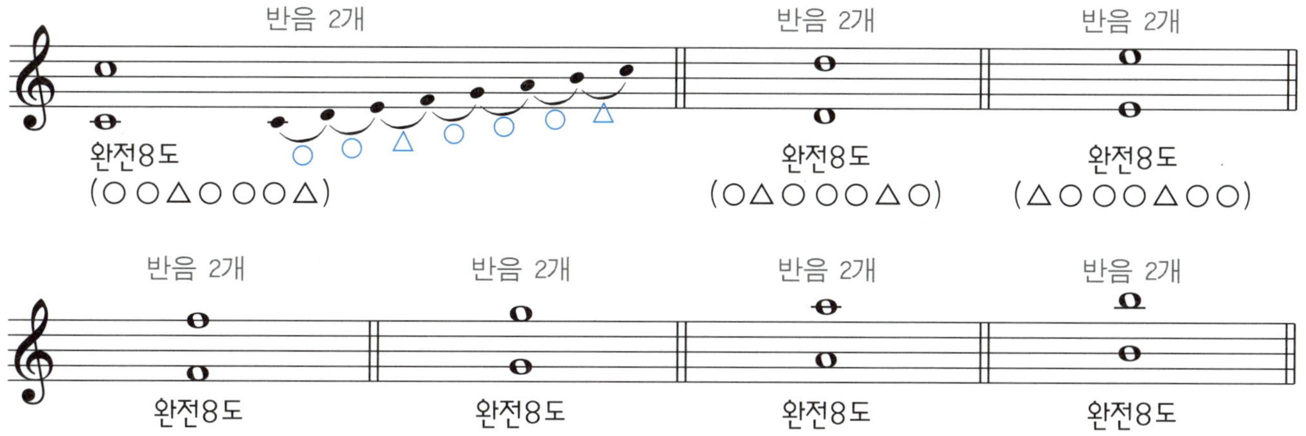

※ 이해하셨다면 꼭 외우셔야 합니다.

POINT

'미~파'와 '시~도' 사이는 반음입니다.

음정	1도, 2도, 3도	4도, 5도, 6도, 7도	8도
반음 수	반음 없음	반음 1개	반음 2개

완전음정 : 1, 4, 5, 8도 ⇨ 기본 온음과 반음 수
장음정 : 2, 3, 6, 7도 ⇨ 기본 온음과 반음 수
단음정 : 장음정에서 반음 좁아짐 −
증음정 : 모든 도수의 음정 ⇨ 완전음정과 장음정에서 반음 넓어짐 +
감음정 : 모든 도수의 음정 ⇨ 완전음정과 단음정에서 반음 좁아짐 −

1. 먼저 음정의 도수를 적고 ⇨ 해당하는 음정의 이름군을 '찜'해두세요.

2. 온음과 반음의 개수를 세어 음정의 성질을 정하세요.
   (온음과 반음의 개수가 잘 생각이 안난다면 '도'부터 시작하는 음정이 기본이니 그
   음정과 비교하면서 풀어 보세요) ※주의: '파~시'→ 증4도, '시~파'→ 감5도

✺ 다음 음정의 도수를 쓰고, 음정의 성질에 ◯표 하세요.

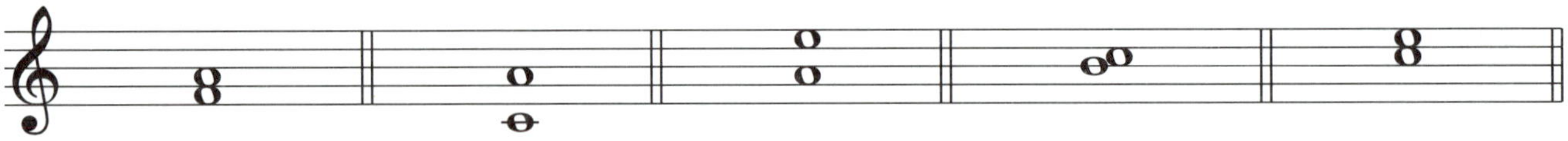

① (3)도   ( )도   ( )도   ( )도   ( )도

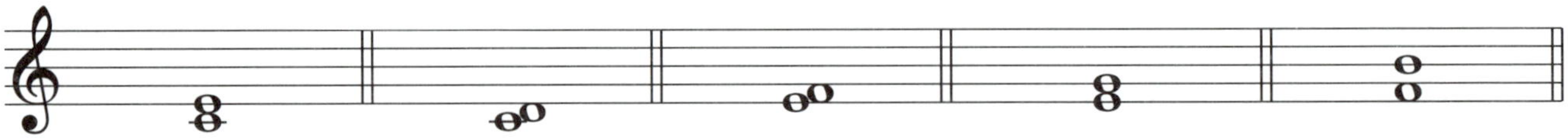

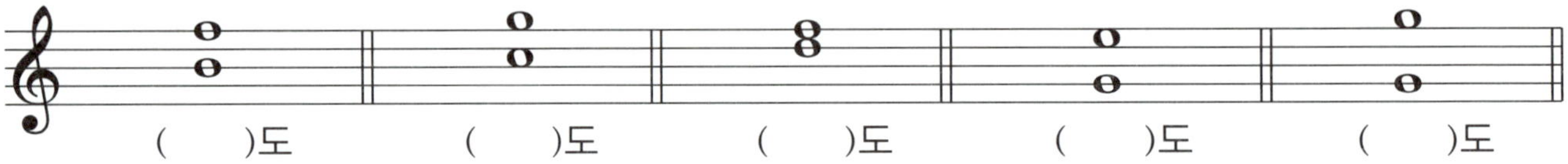

② ( )도   ( )도   ( )도   ( )도   ( )도

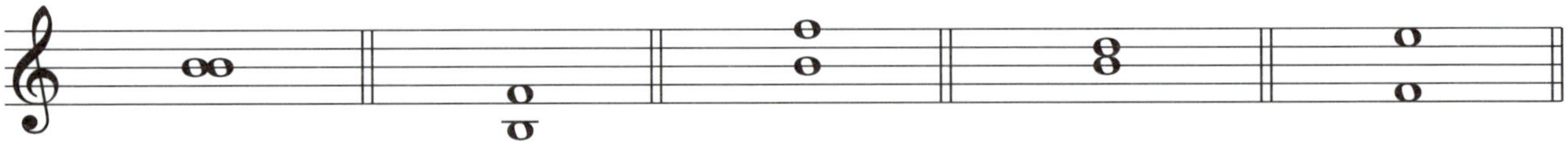

③ ( )도   ( )도   ( )도   ( )도   ( )도

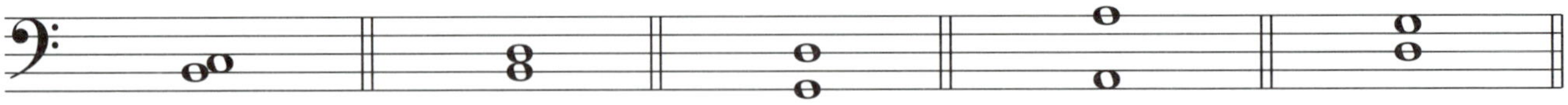

④ ( )도   ( )도   ( )도   ( )도   ( )도

⑤ ( )도   ( )도   ( )도   ( )도   ( )도

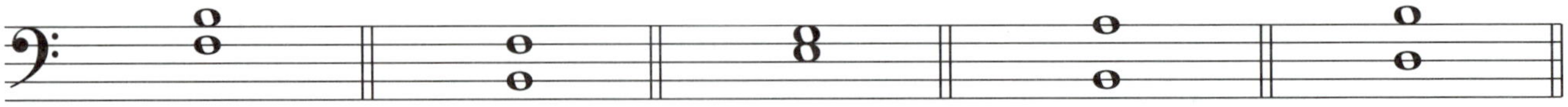

⑥ ( )도   ( )도   ( )도   ( )도   ( )도

TEST-13

1. 먼저 음정의 도수를 적고 ▷ 해당하는 음정의 이름군을 적어 보세요.

2. 온음과 반음의 개수를 세어 음정의 이름군에서 음정의 성질을 정하세요.

3. 이 모든 것을 정리해서 깨끗하게 적으세요. '완전5도', '장3도' 이렇게요.

4. 음정 문제는 확인을 2번 이상 해야 합니다. 특히 실수가 많아요.

※ 주의: '파~시' → 증4도, '시~파' → 감5도

1 다음 음정의 도수를 쓰세요.

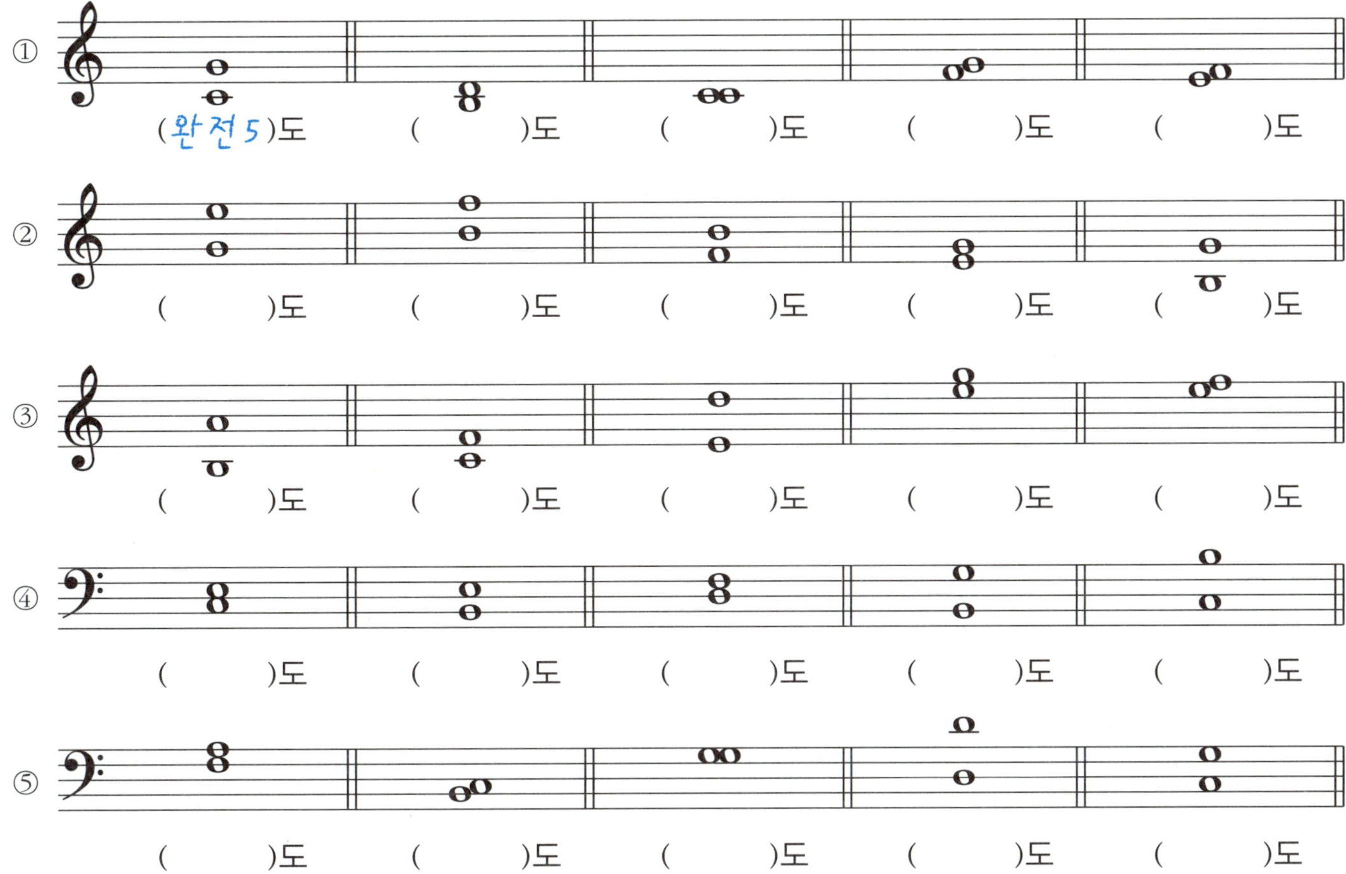

2 주어진 음 위로 지시한 음정을 만드세요.

1 다음 중 완전음정은 어느 것입니까? ………( )

① 2도 ② 3도 ③ 5도 ④ 6도 ⑤ 7도

2 다음 음정의 반음 수가 <u>다른</u> 것은 어느 것입니까? ………………………………………( )

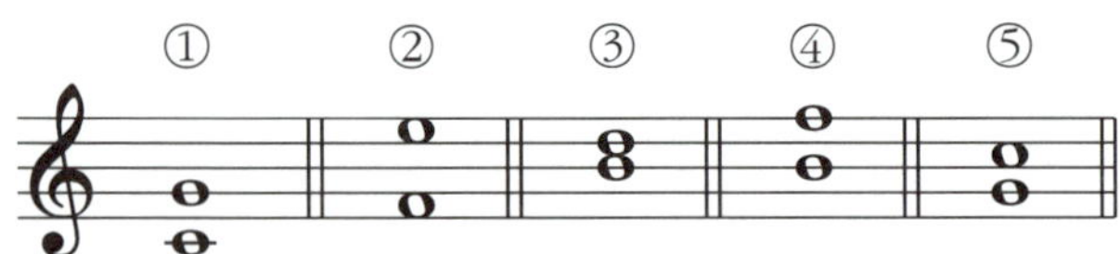

3 다음 화성음정을 바르게 연결한 것은 어느 것입니까? ……………………………………( )

① 단6도 – 장6도   ② 장3도 – 장3도
③ 단3도 – 단3도   ④ 단3도 – 장3도

4 다음 중 음정이 다른 하나는 어느 것입니까? ……………………………………………( )

5 다음 중 음정이 맞는 것은 어느 것입니까? ( )

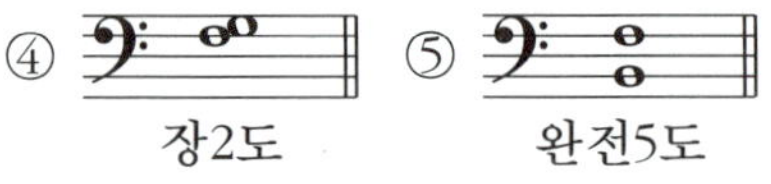

6 다음 중 음정의 성질이 <u>다른</u> 하나는 어느 것입니까? …………………………………………( )

7 다음의 음정은 무엇입니까? ………( )

① 장6도   ② 단6도
③ 완전6도   ④ 감6도
⑤ 증6도

8 ▢ 안에 맞는 음정 이름을 쓰세요.

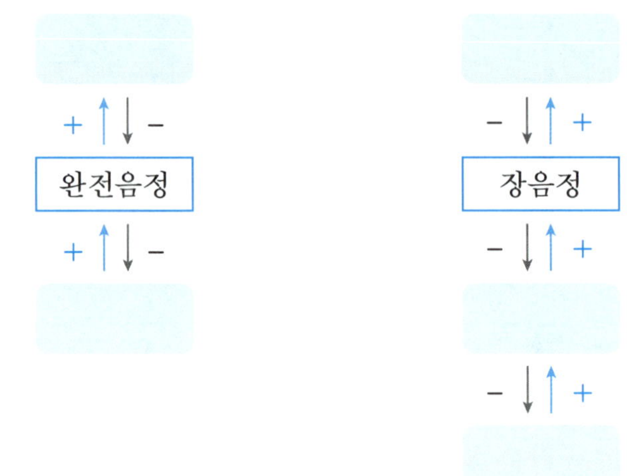

9 ▢ 안에 맞는 답을 차례로 쓴 것은? ………( )

완전 4도는 반음이 ㉠ 개 있어야 되는데 모두 온음이어서 거리가 넓어져 ㉡ 음정이 됩니다.

① 1, 증   ② 2, 증   ③ 1, 장
④ 1, 단   ⑤ 1, 감

10 맞는 것끼리 줄로 이으세요.

완전음정 •   • 2, 3, 6, 7도

장 · 단음정 •   • 1, 4, 5, 8도

1. 1도, 8도는 어떤 위치에서든지 항상 **완전음정**입니다.
2. 4도, 5도는 '파~시' (증4도)와 '시~파' (감5도)를 주의합니다.

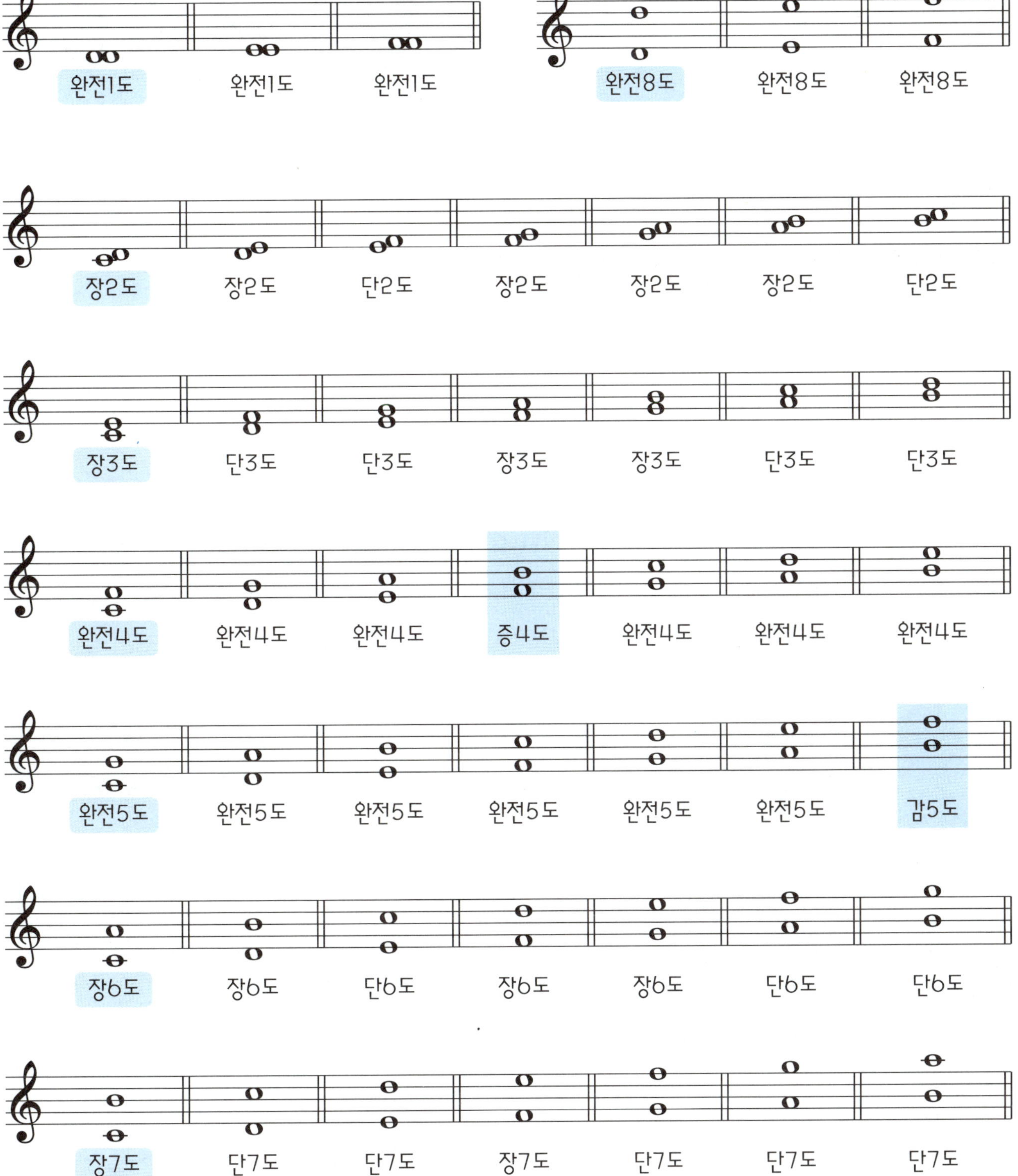

반음계적 음정

반음계적 음정은 변화표(♯, ♭)가 붙여진 음정이라고 생각하면 쉽답니다.

반음계적 음정에서는 ♯이나 ♭을 붙였을 때 건반 사이의 거리가 좁아지거나 넓어지는 것에 따라 음정의 성질이 변합니다.

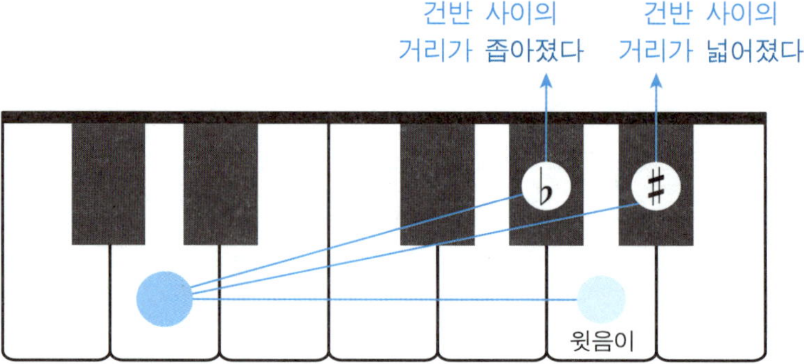

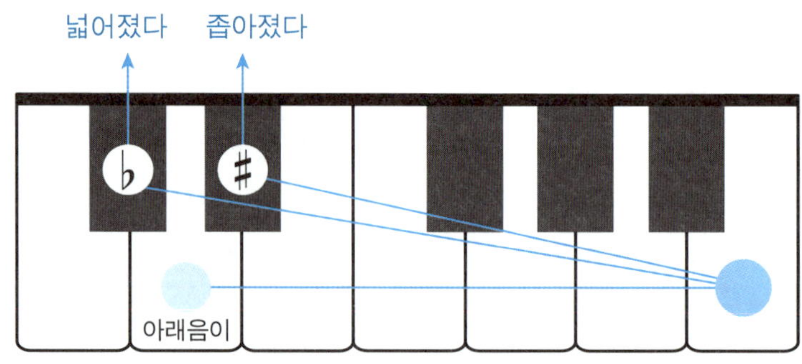

당연히, 건반 사이의 거리가 좁아지면 단화음이나 감화음으로, 넓어지면 장화음이나 증화음이 되겠죠?

그럼, 이번에는 악보상으로 어떻게 풀어나가면 되는지 함께 문제를 풀어보려고 합니다.

우선 문제를 풀기 전에 **POINT**를 한번 읽어 보세요.

POINT

1. 먼저 음정의 도수를 적으세요.

2. ♯이나 ♭이 없다고 생각하고(손으로 가려서도 됩니다), 온음과 반음의 개수를 세어 음정의 성질을 적으세요.

3. 그런 다음 아래부터 ♯이나 ♭을 따져서 다시 적고 또, 위의 ♯이나 ♭을 따져서 다시 고쳐 적으면 쉽습니다.

◉ 자! 그럼, 이번에는 악보를 보고 이해해 보세요.

음정 문제는 차근차근 풀면 답이 나오는 수학과 같은 것이기 때문에 문제를 여러 번 풀면서 방법을 터득하는 것이 중요합니다.

음정 이름 옆에 그린 그림은 ♯일 때 까만 눈금이 위로 한 칸(=반음) 올라가게 되고, ♭일 때는 까만 눈금이 아래로 한 칸(=반음) 내려가게 됩니다.
전체적으로 까만 눈금 영역이 한 칸(=반음) 넓어지면 반음 넓어진 것이고, 까만 눈금 영역이 한 칸(=반음) 좁아지면 반음 좁아진 것으로 이해하시면 편해요.
아! 윗음에 ♯, ♭ 이 붙어있으면 위의 까만 눈금을,
아래음에 ♯, ♭ 이 붙어있으면 밑의 까만 눈금을 움직여 주면 됩니다.

◉ 자! 그럼, 한번 해 봅시다.

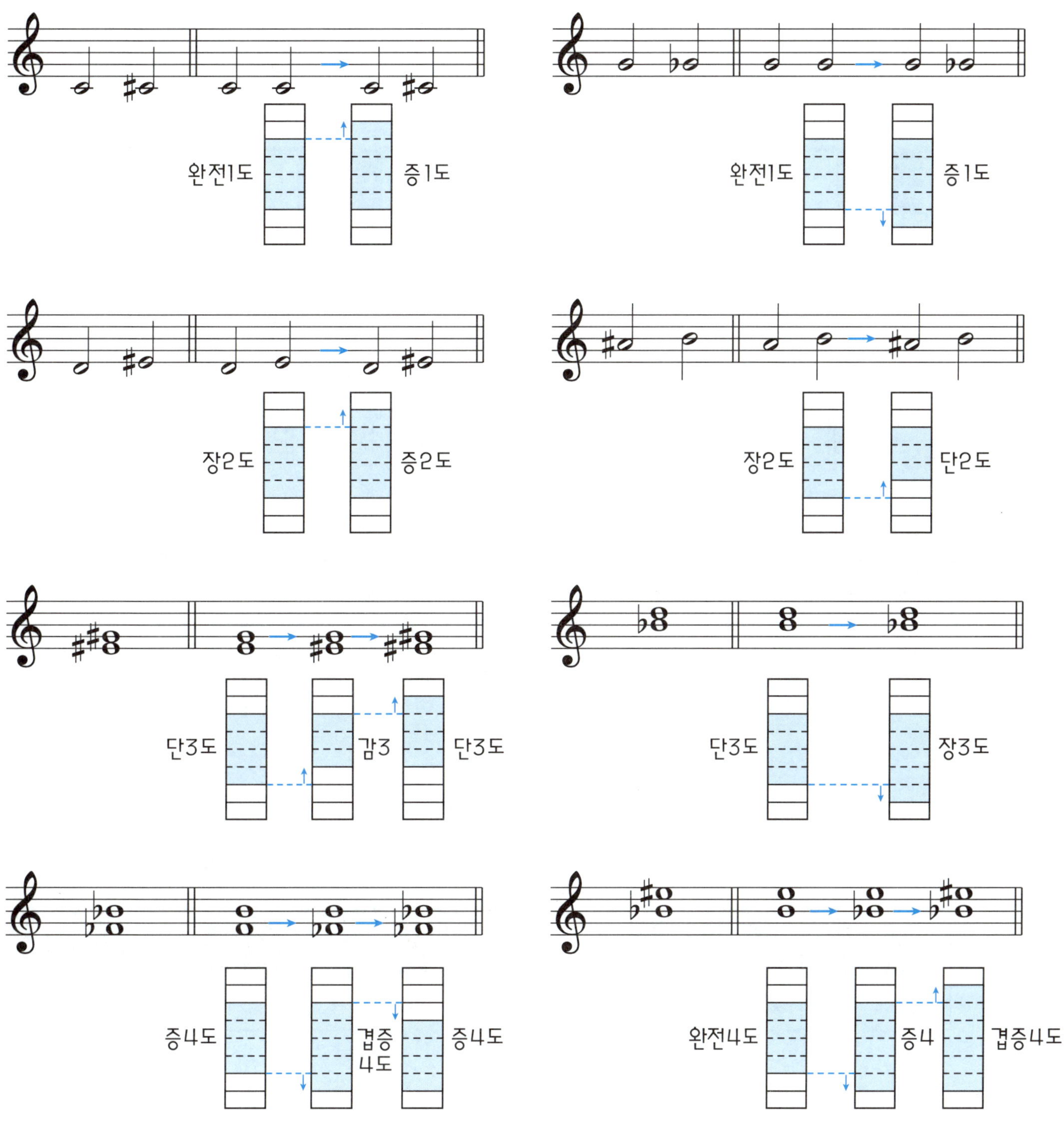

● 건반과의 관계

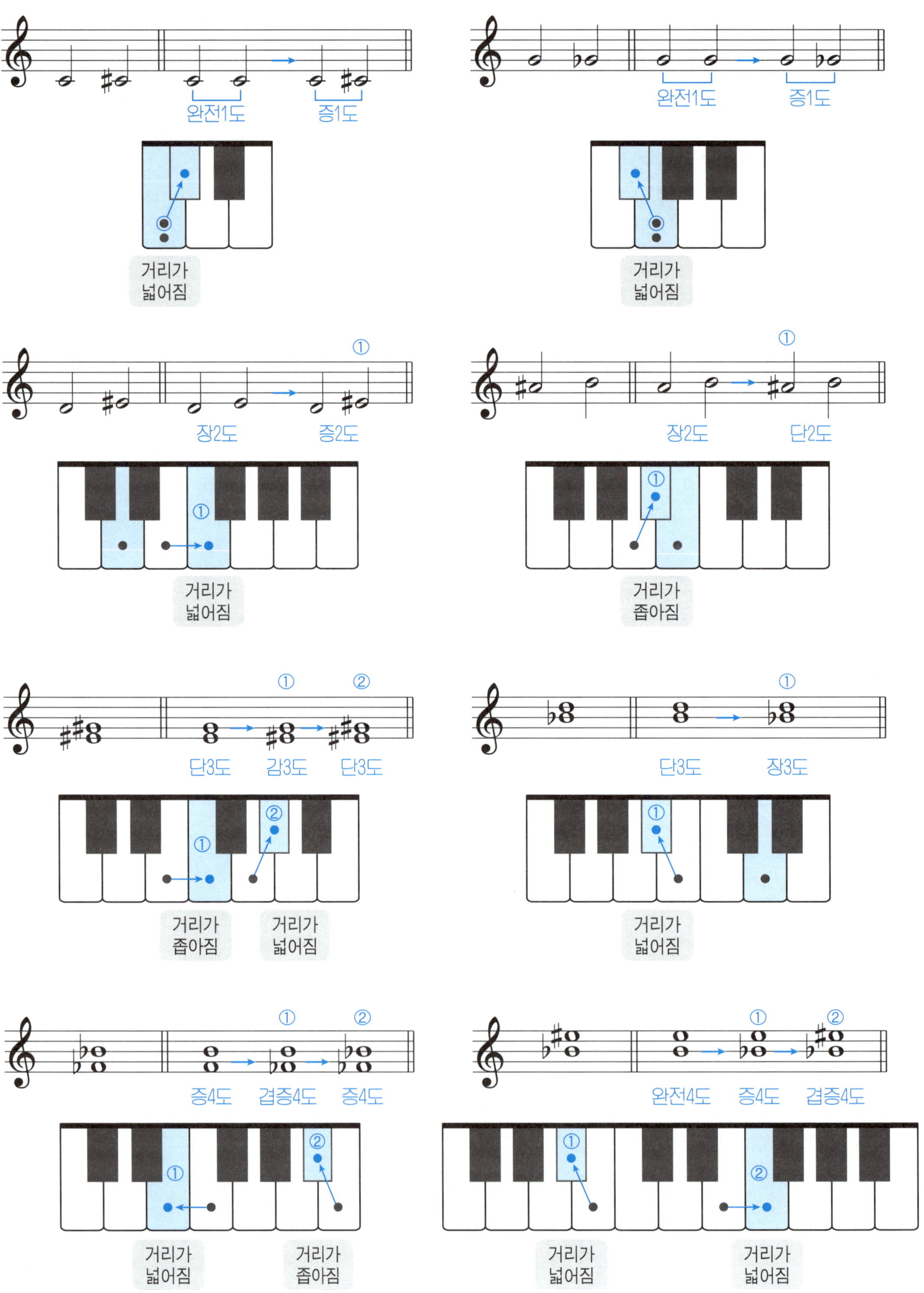

완전1도
증1도
거리가 넓어짐

완전1도
증1도
거리가 넓어짐

①
장2도
증2도
①
거리가 넓어짐

①
장2도
단2도
①
거리가 좁아짐

①
②
단3도
감3도
단3도
①
②
거리가 좁아짐
거리가 넓어짐

①
단3도
장3도
①
거리가 넓어짐

①
②
증4도
겹증4도
증4도
①
②
거리가 넓어짐
거리가 좁아짐

①
②
완전4도
증4도
겹증4도
①
②
거리가 넓어짐
거리가 넓어짐

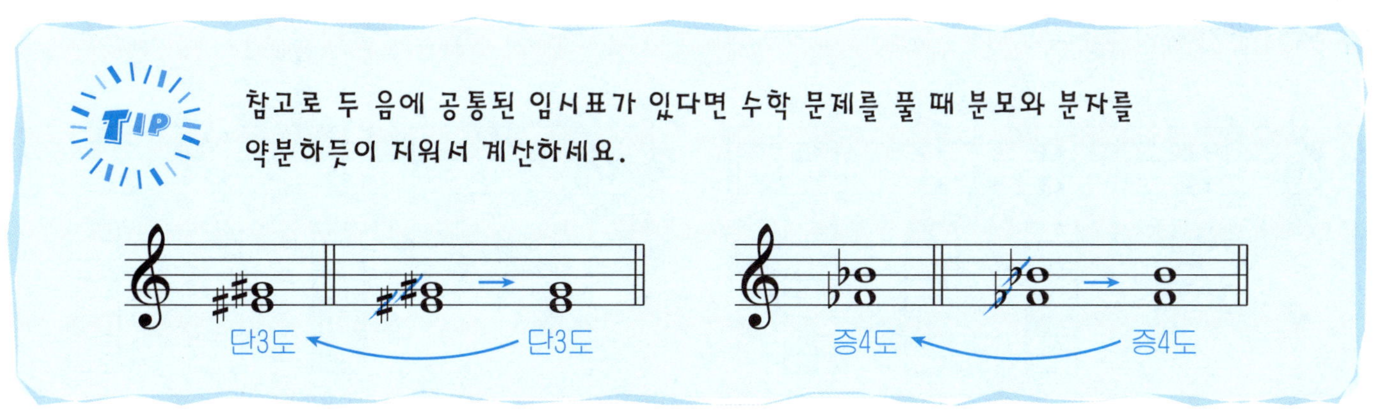

훨씬 간편하죠! 음악도 수학 문제와 같이 약분할 수 있다는 것을 기억하세요.
그리고 그동안 배우지 못한 음정 이름이 나왔네요.
겹증… 그럼, 겹증과 겹감에 대해서 한번 살펴보겠습니다.

겹증음정 / 겹감음정

'**겹증**'(double augmented)이란 뜻을 영문으로 이해하시면 편할거예요. 반음이 2개 늘어난 것입니다.
예를 들어, 장음정에서 반음이 넓어지면 증음정인데, 여기서 더 넓어지면 겹증이 된다는 거겠죠?
그러니까 증음정에서 반음이 넓어지면 '겹증', 또 더 넓어지면 '겹겹증' 이렇게 된답니다.
'**겹감**'(double diminished)도 마찬가지로 감음정에서 반음이 좁아지면 '겹감', 또 더 좁아지면 '겹겹감'
이렇게 된답니다.

※ 겹증 = 중증   겹감 = 중감

✸ 문제풀이를 보고, 아래 나온 문제를 스스로 풀어 보세요.

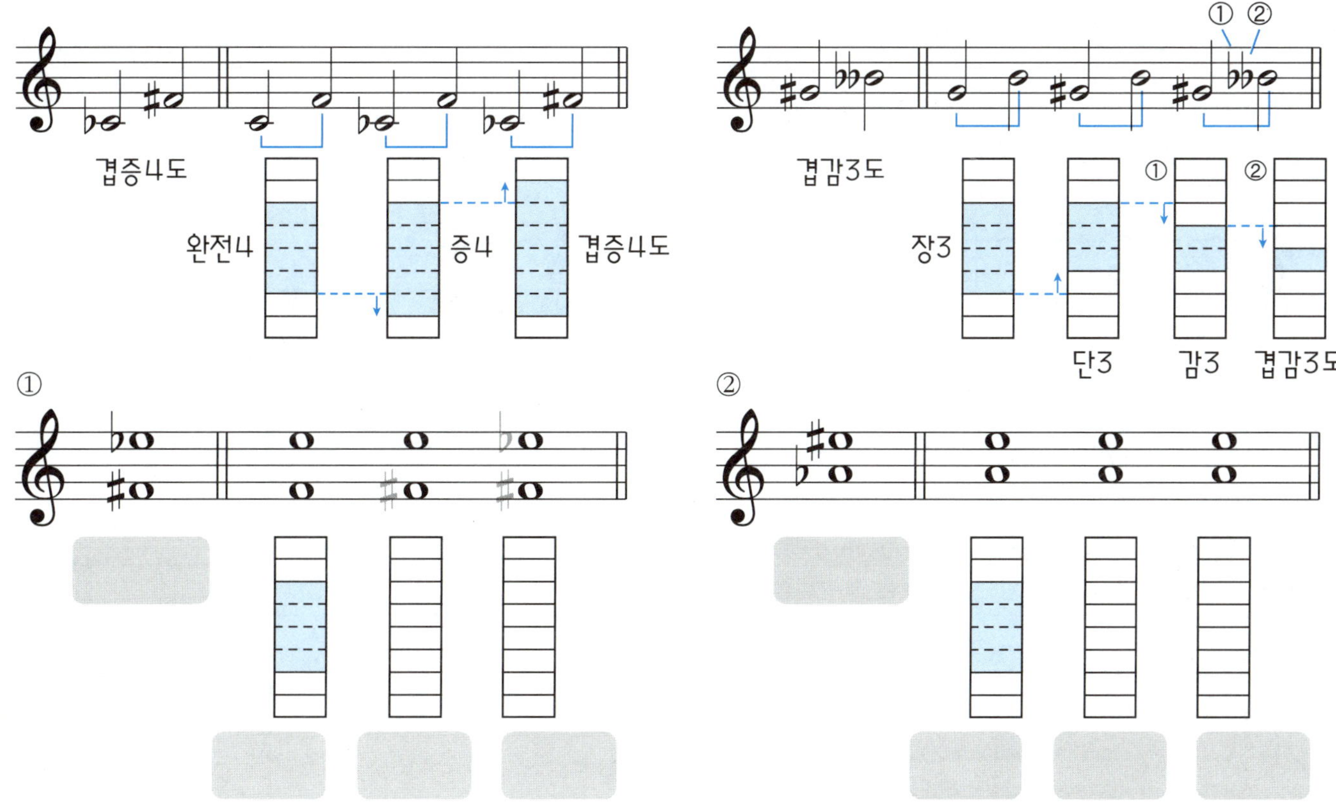

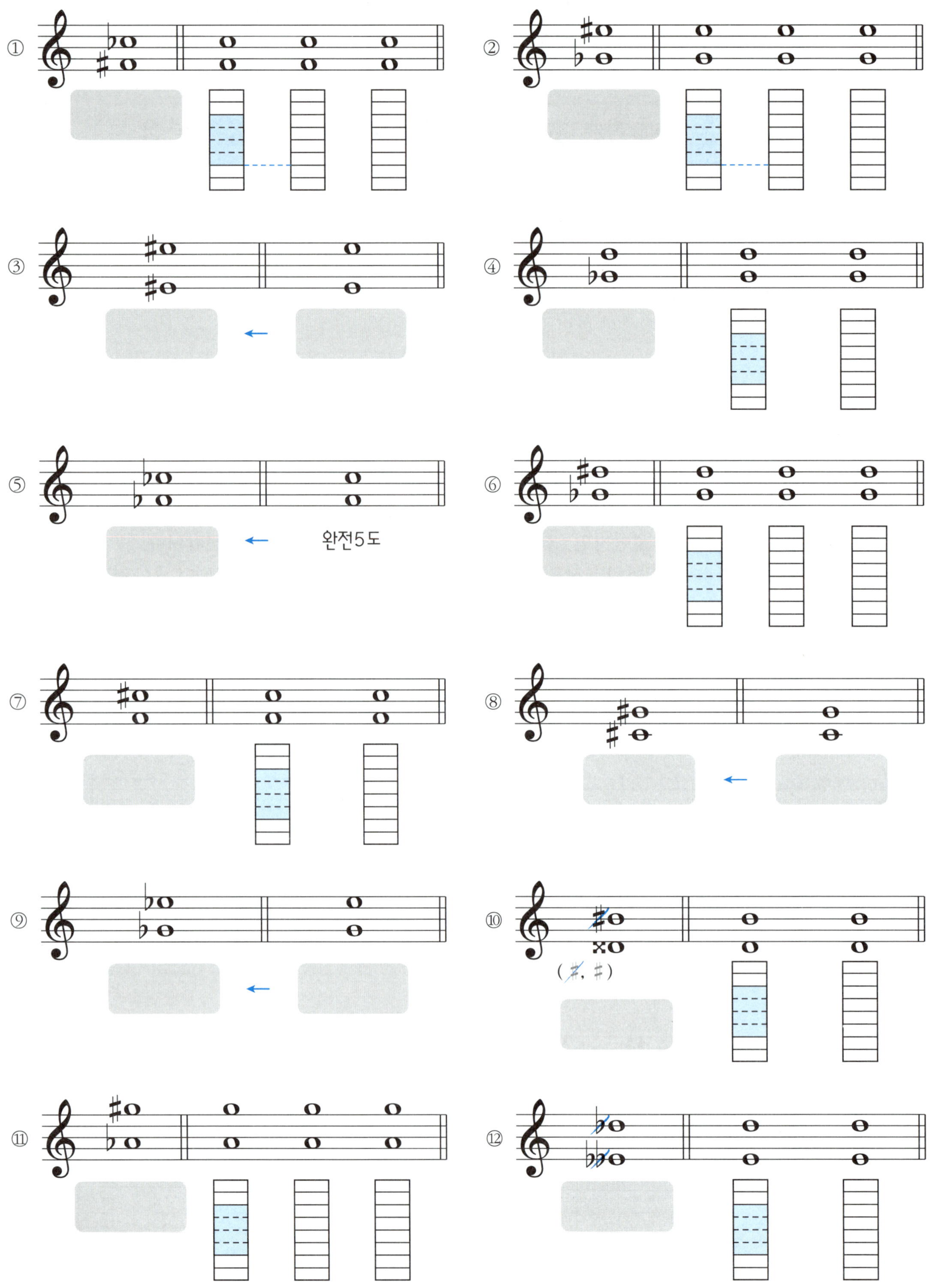

64

1 다음 두 음의 음정을 쓰세요.

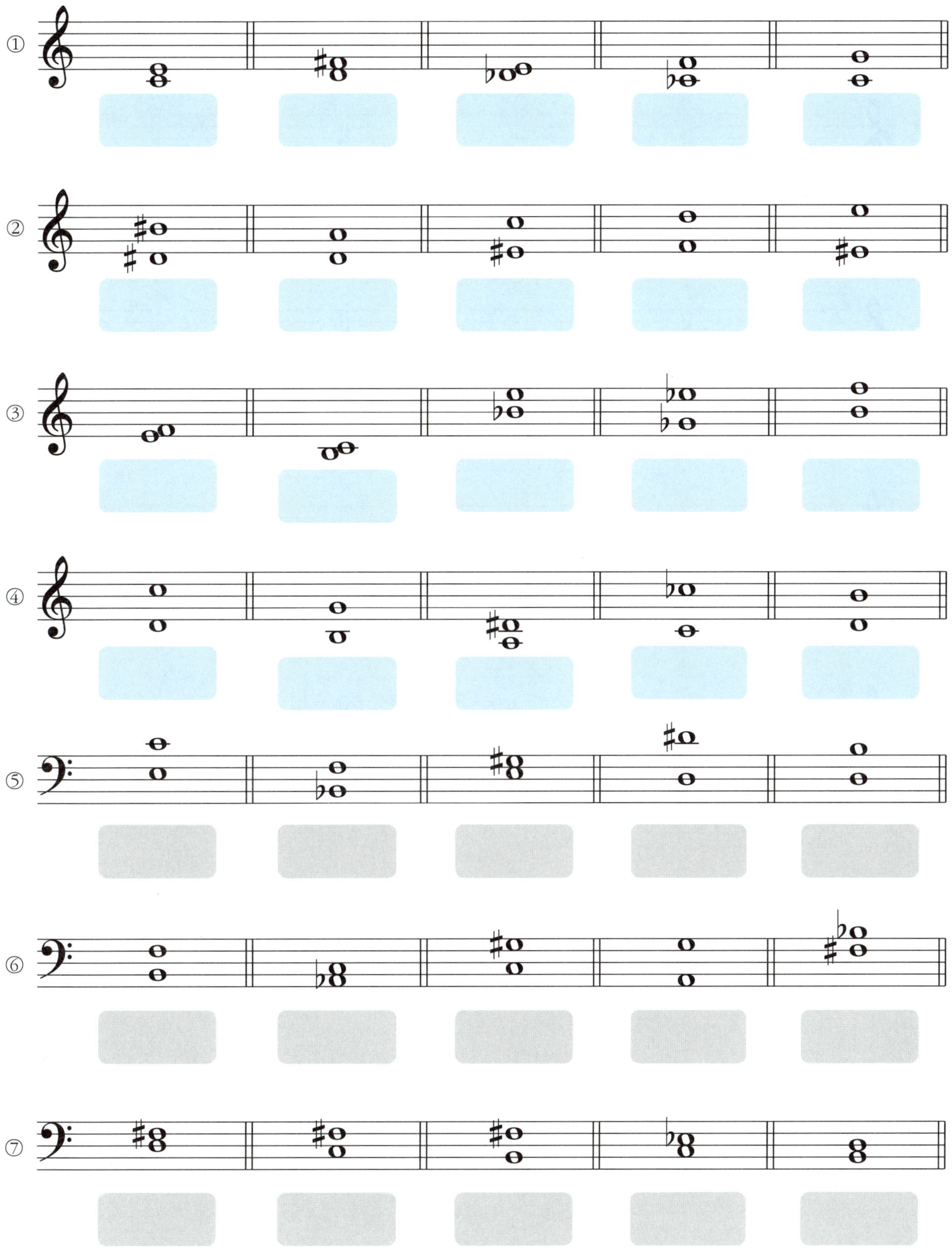

2 다음 두 음의 음정을 쓰세요.

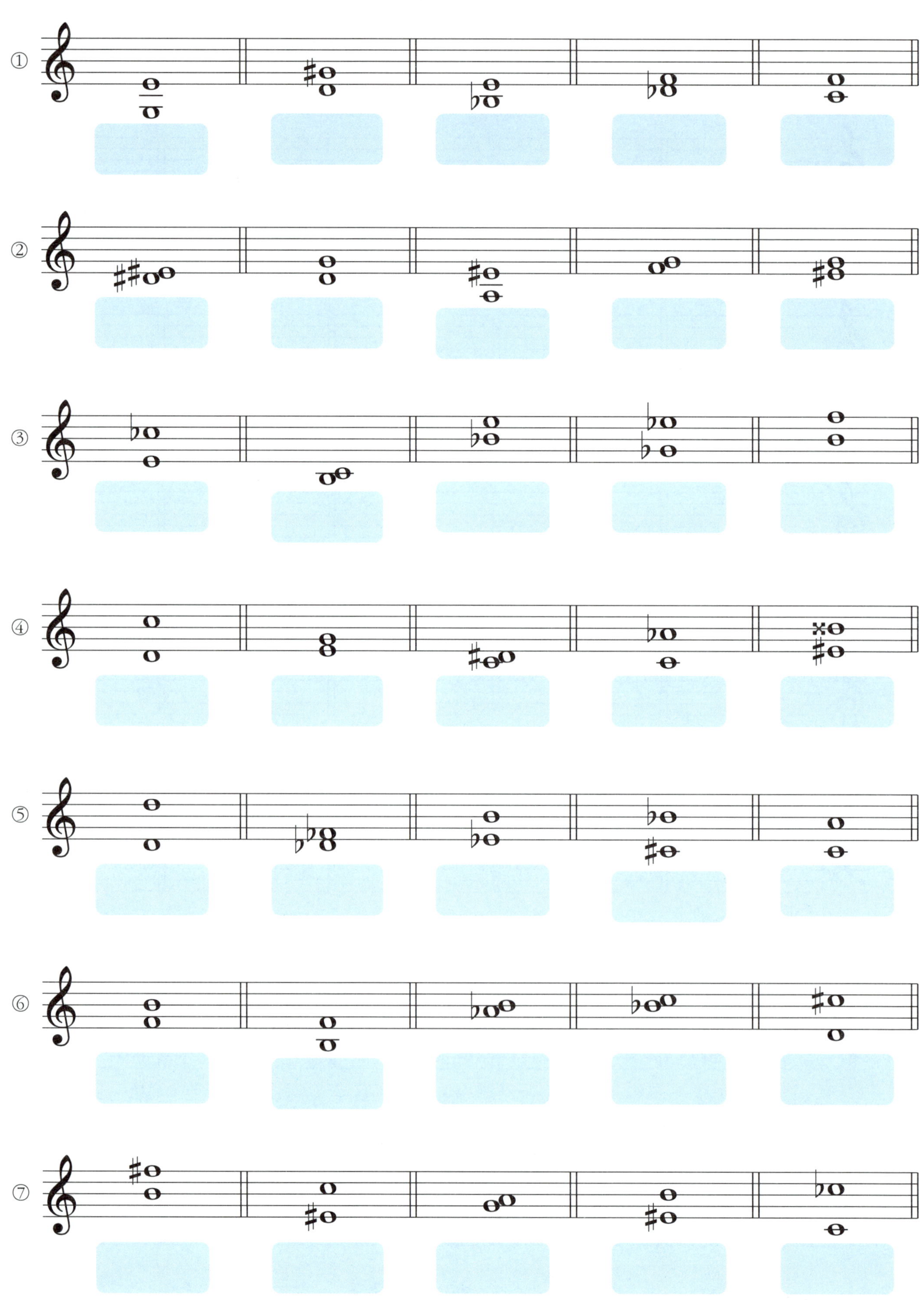

3 선생님이 문제를 내 주실 거예요. 풀어 보세요.

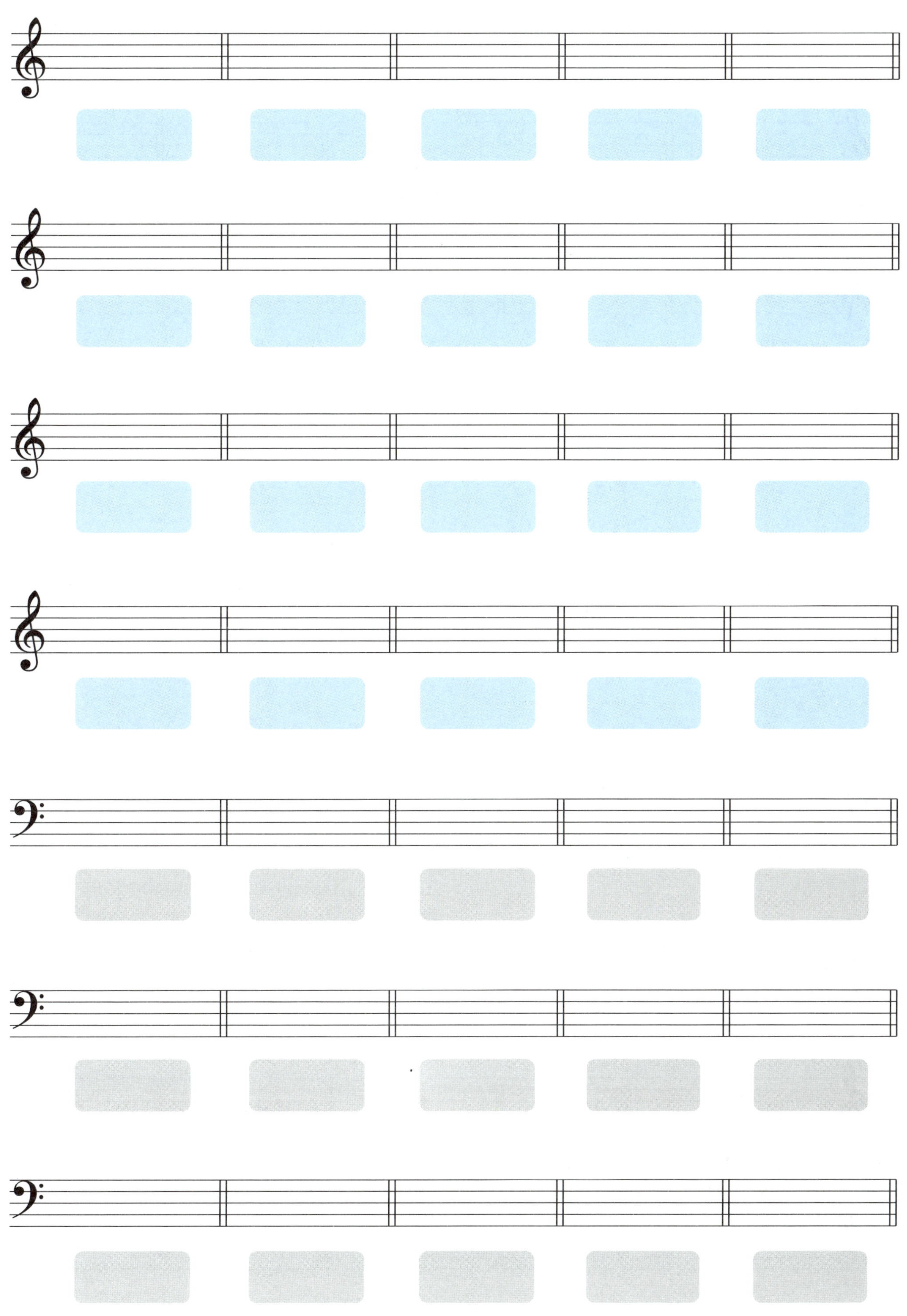

1 주어진 음 위로 지시한 음정을 만드세요.

2 주어진 음 아래로 지시한 음정을 만드세요.

3 선생님이 문제를 내 주실 거예요. 풀어 보세요.

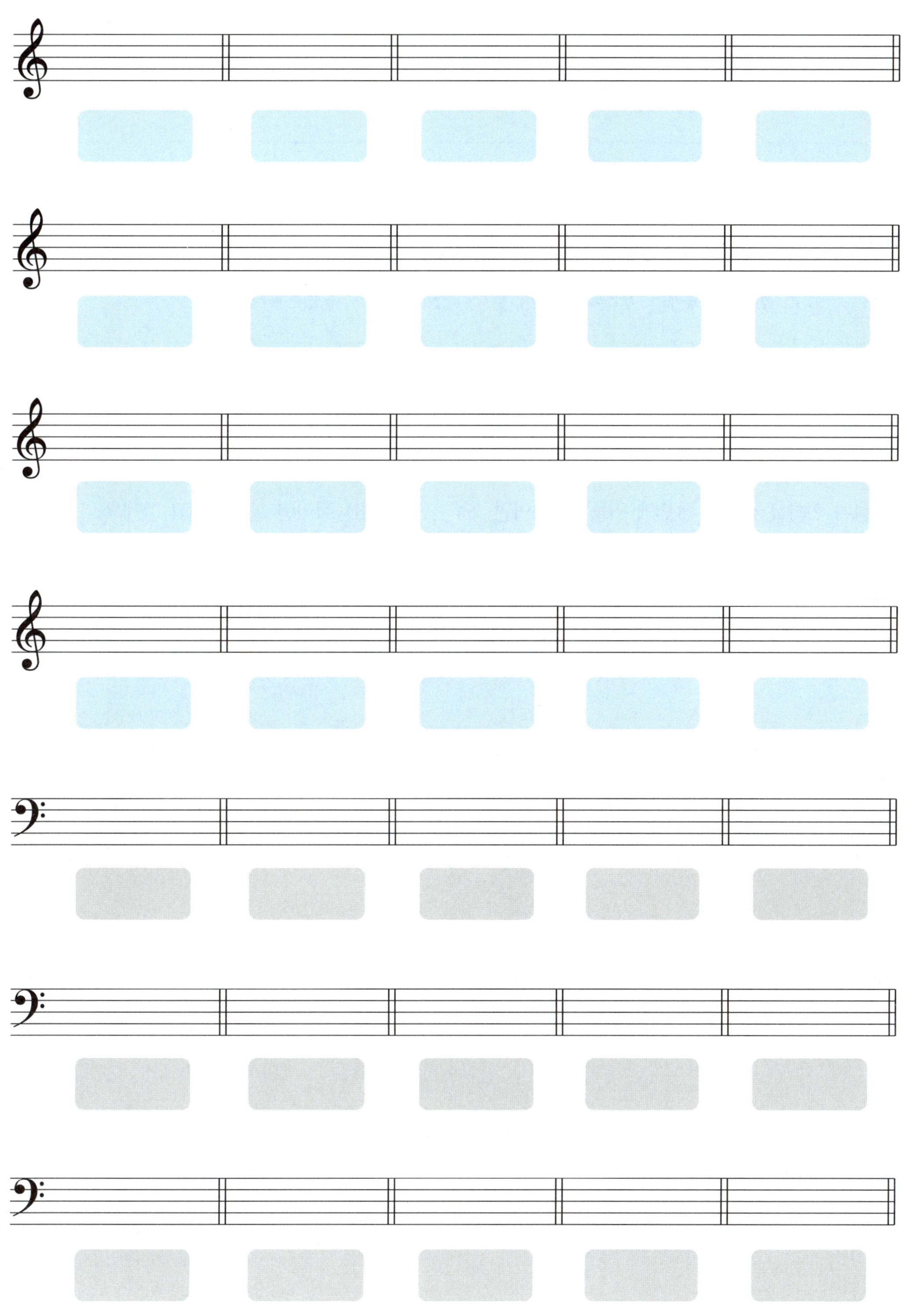

6. 어울림음정 / 안어울림음정

음을 연주할 때 소리나는 것은 음의 진동을 통해서 우리에게 전달되는 것입니다.
음정을 연주하다 보면 아름답게 들리는 어울림음정과
불안하고 시끄럽게 들리는 안어울림음정이 있습니다.

POINT

1. 어울림음정
   - 완전 어울림음정: 완전1도, 완전4도, 완전5도, 완전8도
   - 불완전 어울림음정: 장3도, 단3도, 장6도, 단6도
2. 안어울림음정 – 장2도, 단2도, 장7도, 단7도, 모든 증음정과 감음정

☀ 음정의 이름을 적고, ☐ 안에 어울림음정이면 '어', 안어울림음정이면 '안' 이라고 쓰세요.

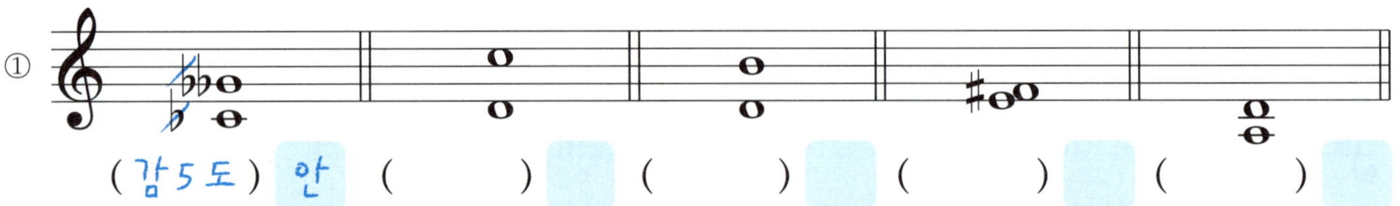

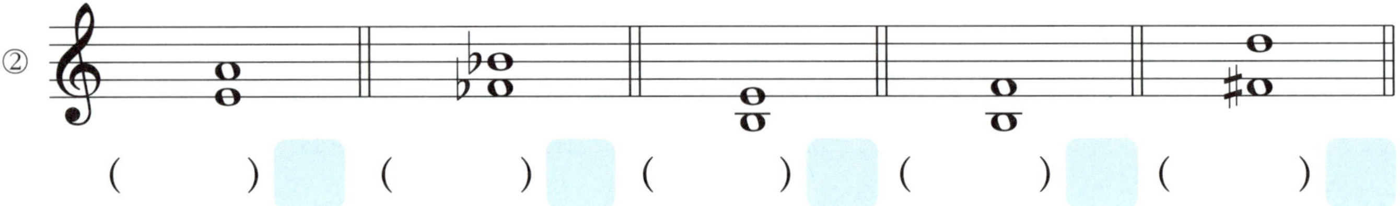

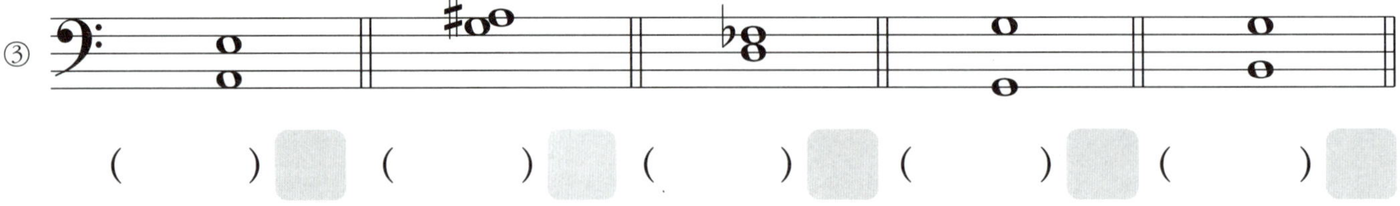

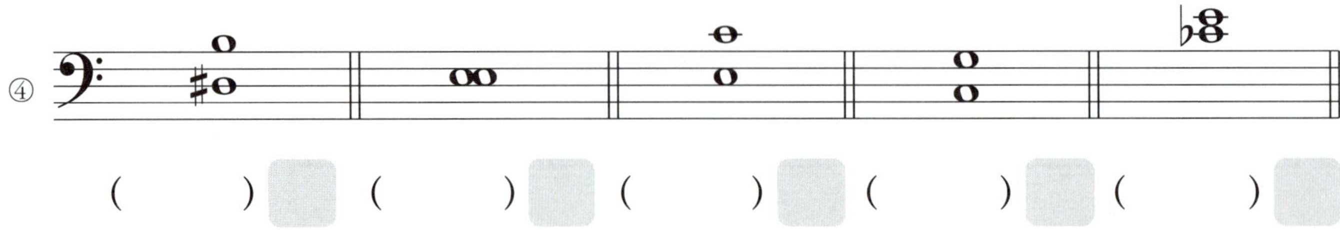

자리바꿈음정

두 음 중 한 음을 한 옥타브 위로 올리거나 아래로 내리는 것을 음정의 **자리바꿈**이라고 합니다.
말 그대로 자리를 바꾼 음정입니다.
아래 성부를 위나 아래로 올린다는 가정하에 나오는 음정 값을 내는 것인데 일일이 그렇게 하지
않고도 공식만으로 빨리 풀 수 있습니다.

POINT

1. *9 − 원음정 = 자리바꿈음정*
2. *성질의 변화: 완전 ⇔ 완전, 장 ⇔ 단, 증 ⇔ 감, 겹증 ⇔ 겹감*

◉ 실제로 자리를 바꿔서 풀어보면 다음과 같습니다.

이 문제를 공식으로 풀면,
장6도의 자리바꿈음정은? : 9 − 6 = 3, 장 ⇒ 단. 그러므로 **단3도**

어때요! 딱 떨어지죠? 공식을 꼭 외워두세요.

✴ 원음정의 성질과 도수를 적고, [ ]안에는 자리바꿈음정의 도수와 성질을 적으세요.

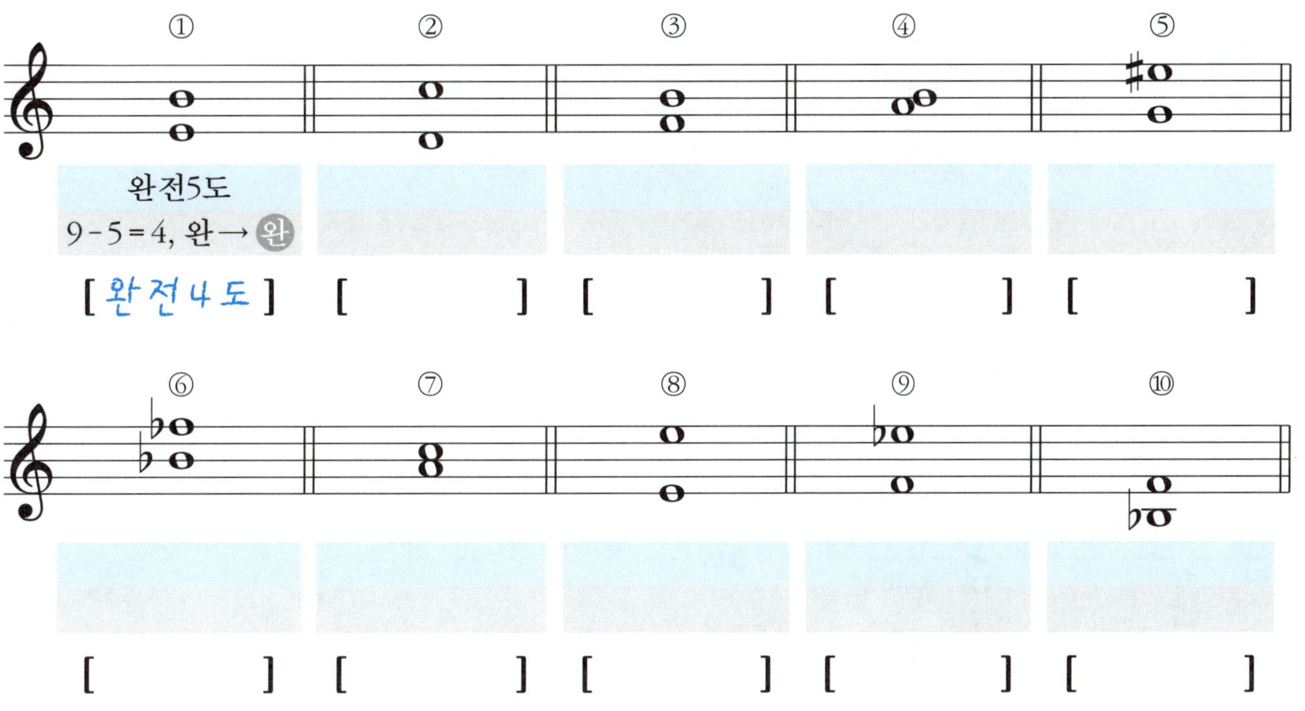

8 홑음정 / 겹음정

우리가 지금까지 배운 것은 '홑음정' 입니다.
그럼 이번에는 겹음정 계산 방법을 풀어 보도록 하겠습니다.

POINT

겹음정의 계산 방법

1. **홑음정**: 두 음의 거리가 8도까지의 음정을 말합니다.
2. **겹음정**: 두 음의 거리가 9도 이상일 때의 음정을 말합니다.
3. 도수는 원음정의 도수 그대로 적습니다.
4. 옥타브를 넘어선 음정이므로 두 음 중 어느 한 음을 한 옥타브 위나 아래로
   옮겨서 음정의 성질을 밝힙니다.

실제로 자리를 한 옥타브 옮겨서 풀어보면 다음과 같습니다.

TIP

1. 원음정의 도수를 따져서 적어둡니다.
2. 두 음 중 어느 한 음을 옥타브 위나 아래로 움직입니다.
3. 자리를 한 옥타브 옮긴 음정의 성질을 계산합니다.
4. 한 옥타브 옮긴 음정의 성질과 원음정의 도수를 합쳐서 적습니다.

✹ 겹음정의 성질과 도수를 적으세요.

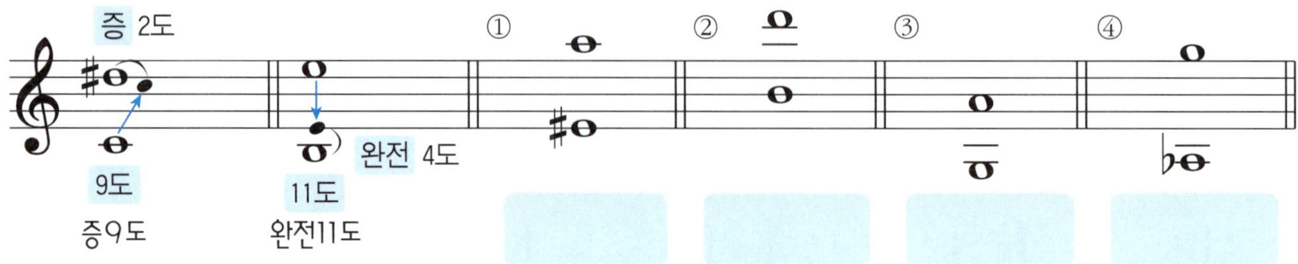

반음계적음정 문제풀 때

1. 먼저 음정의 도수를 적으세요. (주의: '파~시' → 증4도, '시~파' → 감5도)
2. ♯ 이나 ♭ 이 없다고 생각하고(손으로 가려도 됩니다) 온음과 반음의 개수를 세어 음정의 성질을 적으세요.
3. 두 음에 같은 임시표(♯ 또는 ♭)가 있다면 같은 임시표끼리 하나씩 지워주세요.
4. 위 2번 혹은 3번을 다 마쳤으면 남아있는 임시표를 계산합니다. 아래부터 ♯ 이나 ♭ 을 따져서 원래 적었던 성질과 도수를 고쳐 적습니다.
5. 그런 다음 나머지 임시표를 따져서 다시 고쳐 적습니다.
6. 다시 한번 확인합니다.

어울림음정 / 안어울림음정

1. 어울림음정 ┌ 완전 어울림음정: 한 음처럼 어울림(완전1, 4, 5, 8도 음정)
              └ 불완전 어울림음정: 풍부하게 어울림(장·단3, 6도 음정)
2. 안어울림음정 – 장·단2, 7도 음정, 모든 증음정, 감음정

자리바꿈음정 계산 방법

1. 9 – 원음정 = 자리바꿈음정
2. 성질의 변화: 완전 ⇔ 완전, 장 ⇔ 단, 증 ⇔ 감, 겹증 ⇔ 겹감

겹음정 계산 방법

1. 원음정의 도수를 따져서 적어둡니다.
2. 두 음 중 어느 한 음을 옥타브 위나 아래로 움직입니다.
3. 자리를 한 옥타브 옮긴 음정의 성질을 계산합니다.
4. 한 옥타브 옮긴 음정의 성질과 원음정의 도수를 합쳐서 적습니다.

[1~4] 글루크 곡 '봄빛 속에서' 입니다.
　　　악보를 보고 물음에 답하세요.

1　㉠의 음정을 쓰세요.

　　　　　　　　　　　도

참고　아래 음부터 세어 보세요.
　　　반음 1개 ⇒ 장　　　반음 2개 ⇒ 단

2　㉠의 자리바꿈음정을 쓰세요.

　　　　　　　　　　　도

참고　9 - 원음정 = □, 장 ⇔ 단

3　위 곡은 2성부로 되어 있습니다. 노래할 때 화음이 어떻게 들릴까요? ·····················(　)

① 한 음처럼 어울려서 들린다.
② 불안하고 시끄럽게 들린다.
③ 풍부한 어울림으로 들린다.
④ 불협화음 소리로 들린다.

4　위 악보에서 장화음은 몇 번 나옵니까? ···(　)
① 4번　　② 5번　　③ 6번　　④ 7번

참고　장음정 ⇒ 2, 3, 6(반음1), 7(반음1)도
　　　단음정 ⇒ 2(반음), 3(반음1), 6(반음2), 7(반음2)도

[5~6] 신귀복 곡 '얼굴'의 일부분입니다.
　　　악보를 보고 물음에 답하세요.

5　㉠ ~ ㉣의 음정을 쓰세요.

㉠　　　　　　　도　　㉡　　　　　　　도

㉢　　　　　　　도　　㉣　　　　　　　도

6　㉠ ~ ㉣의 자리바꿈음정을 쓰세요.

㉠　　　　　　　도　　㉡　　　　　　　도

㉢　　　　　　　도　　㉣　　　　　　　도

참고　9 - 원음정 = □, 완전 ⇔ 완전, 장 ⇔ 단, 증 ⇔ 감

7　다음 중 어울림음정이 아닌 것은 어느 것입니까?
···(　)

① 완전1도　　　　② 단3도
③ 완전4도　　　　④ 장6도
⑤ 장7도

참고　장·단 2, 7도　/　증·감음정

8　다음 두 음의 음정을 쓰세요.

㉠　　　　　　　도

㉡　　　　　　　도

참고　조표는 모든 음에 영향을 줍니다.

[1~2] 다음은 '검은 고양이 네로'의 일부분입니다.
　　　　악보를 보고 물음에 답하세요.

1 위 악보에 표시한 음의 음정을 맞게 나열한 것은 어느 것입니까? ······················(　)

① 증1도-단2도-단3도-장2도-완전4도-단2도
② 증1도-장2도-단3도-단2도-증4도-단2도
③ 완전1도-단2도-단3도-장2도-완전4도-단2도
④ 완전1도-장2도-단3도-단2도-증4도-단2도

2 위 악보에서 차례가기 음정만으로 이루어진 마디는 어디입니까? ·····················(　)

① 첫째 마디　　　　② 둘째 마디
③ 셋째 마디　　　　④ 넷째 마디

[3~4] '즐거운 봄'과 '노래는 즐겁다'의 일부분입니다.
　　　　악보를 보고 물음에 답하세요.

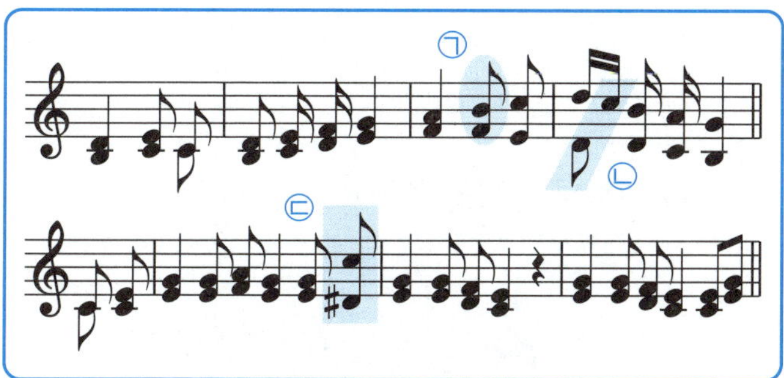

3 ㉠, ㉡, ㉢의 음정을 쓰세요.

㉠ 　　　　　도　　㉡ 　　　　　　도

㉢ 　　　　　도

4 위 두 악보에서 가장 많이 나오는 음정은 어느 것입니까? ·····················(　)

① 장6도　　② 단6도　　③ 장3도
④ 단3도　　⑤ 장7도

[5~9] 스코틀랜드 민요 '아름다운 나의 벗'입니다.
　　　　악보를 보고 물음에 답하세요.

5 ㉠과 같은 성질과 도수를 가진 음정은 몇 번 나옵니까?(㉠은 제외)　　　　　　　번

6 ㉠의 자리바꿈음정은 어느 것입니까?······(　)

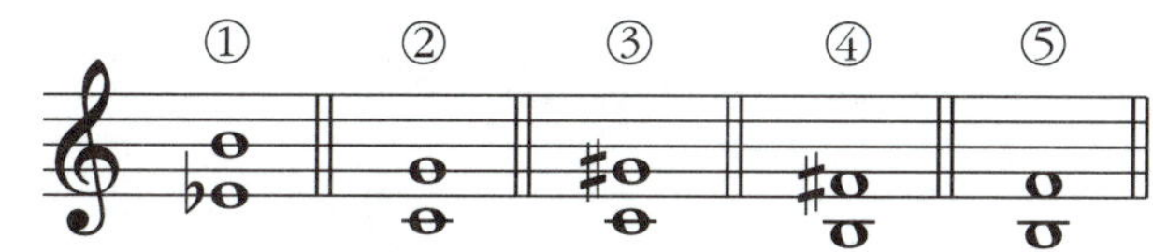

7 ㉡의 음정을 쓰세요.　　　　　　　　도

8 ㉢의 음정을 쓰세요.　　　　　　　　도

9 ㉢과 같은 음정이 되도록 주어진 음 위에 그리세요.

1 정윤환 곡 '무지개'입니다. 이 악보에 나오는 안어울림음정은 어느 것입니까? ·················( )

   ① 증4도, 증5도   ② 증4도, 감5도
   ③ 장6도, 단6도   ④ 장3도, 감5도
   ⑤ 장7도, 증5도

참고   장·단 2, 7도 / 증·감음정

2 다음 중 음정이 <u>다른</u> 하나는 어느 것입니까?
·····················( )

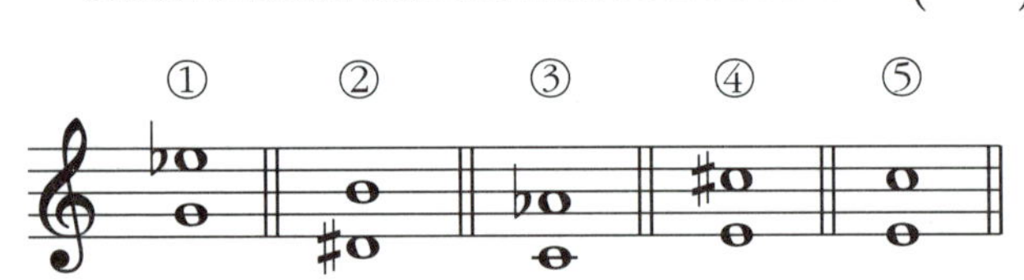

3 다음 두 음 사이의 음정을 쓰세요.

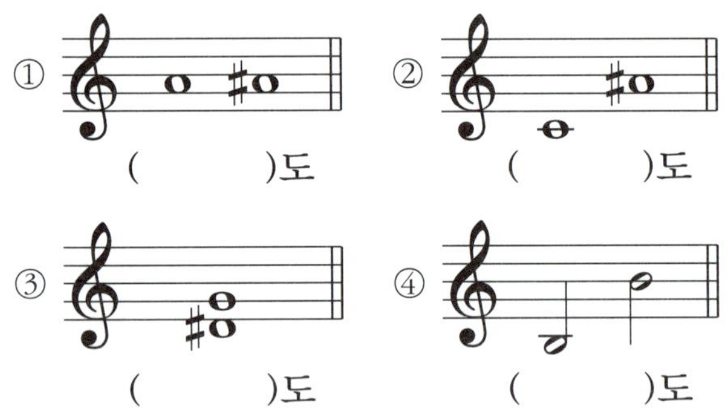

4 다음 중 홑음정이 <u>아닌</u> 것은 어느 것입니까?
·····················( )

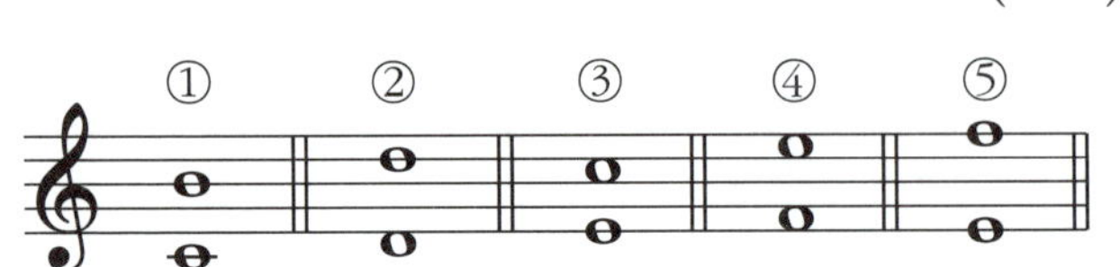

5 나운영 곡 '아! 가을인가'의 끝부분입니다. 뛰어가기 음정만으로 진행하는 마디는 어디입니까?
·····················( )

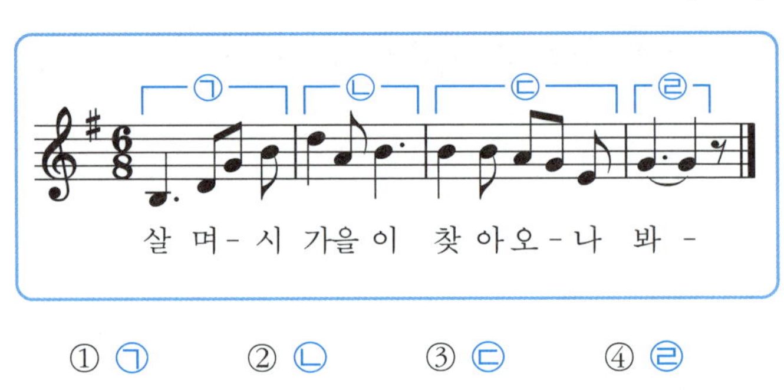

  ① ㉠   ② ㉡   ③ ㉢   ④ ㉣

6 다음 음정을 자리바꿈한 후 음정의 이름을 쓰세요.

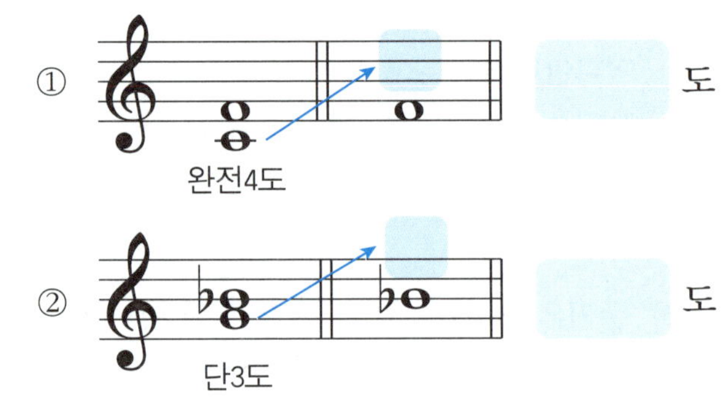

  ①   도
  ②   도

7 다음 악보의 음정을 쓰세요.

(   )도 → (   )도 → (   )도

8 다음 겹음정의 이름을 쓰세요.

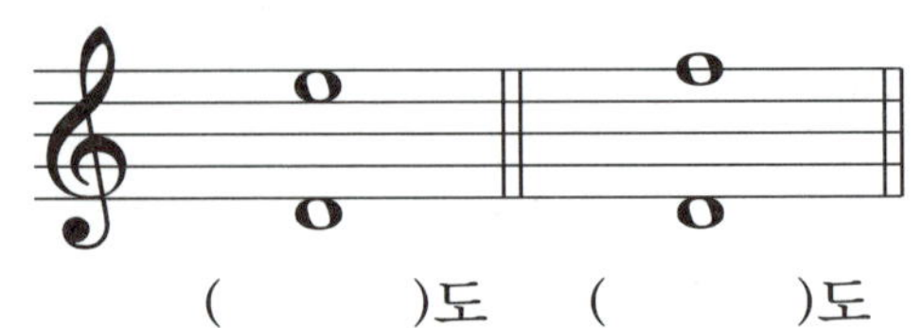

(   )도   (   )도

1 현제명 곡 '그 집 앞'의 처음부분입니다. 완전4도 위의 조로 조옮김 하세요.

① 원조의 으뜸음을 그린다.　　② 완전4도 위의 음을 그린다.　　③ 완전4도 위의 음이름이 새로운 조의 으뜸음이다.

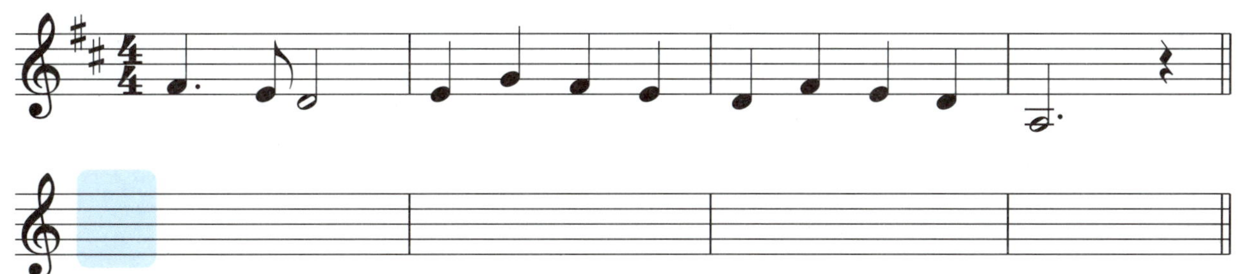

2 다음 두 음의 자리바꿈음정을 쓰세요.

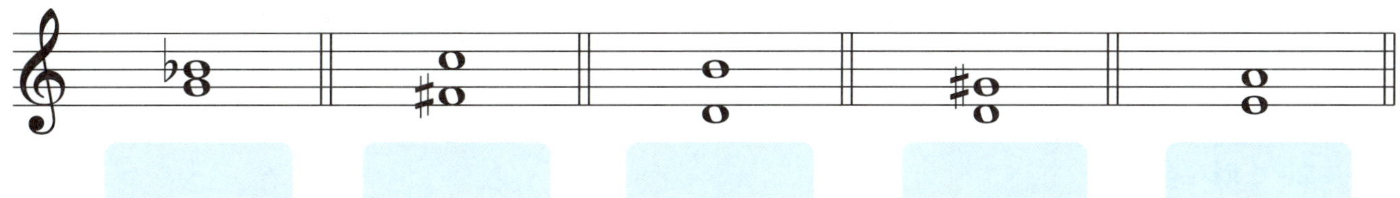

3 다음 두 음의 음정을 쓰세요.

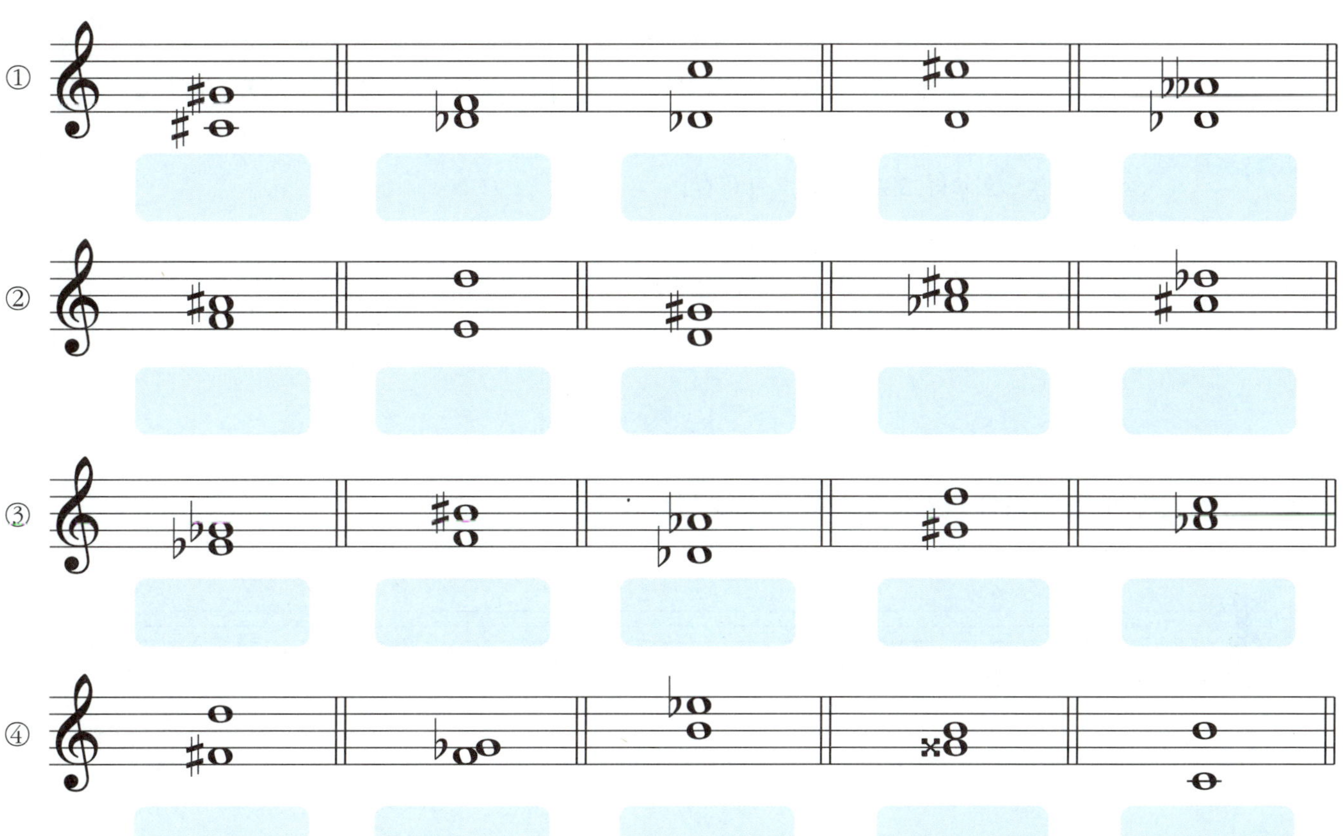

3. 화음(和音)Chord

화음

화음

화음(chord)이란 높이가 다른 2개 이상의 음이 어울려서 나는 소리를 말합니다.
그리고 화음이 음악적으로 연결되는 것을 화성(harmony)이라고 합니다.

3화음

3화음은 3개의 음을 3도 간격으로 쌓아올린 화음으로 근음(밑음),
3음, 5음으로 구성되어 있습니다.

※ 4개의 음을 3도 간격으로 쌓아올린 화음은 '7화음' 이라고 합니다.

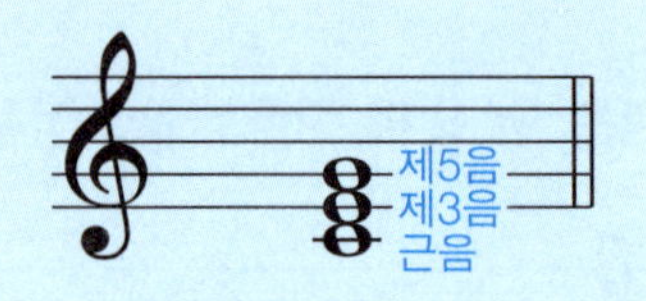

화성의 구성음

근음(밑음), 3음, 5음, 7음 등 화음의 구성음들은 자리가 바뀌어도 자기 이름은 바뀌지 않는답니다.

POINT

근음(밑음): 뿌리음으로 '밑음'이라고도 합니다. 그 조의 화음을 결정하는 음으로, 조상이 없으면 우리가 없듯이 근음이 없으면 그 위에 줄줄이 달린 새끼 음들은 존재할 수가 없답니다. 그만큼 근음은 아주 중요한 음이랍니다.

3음: 근음으로부터 3도 위의 음입니다.

5음: 근음으로부터 5도 위의 음입니다.

7음: 근음으로부터 7도 위의 음입니다.

◉ 다장조 음계의 각 음마다 번호를 붙이면 다음과 같습니다.

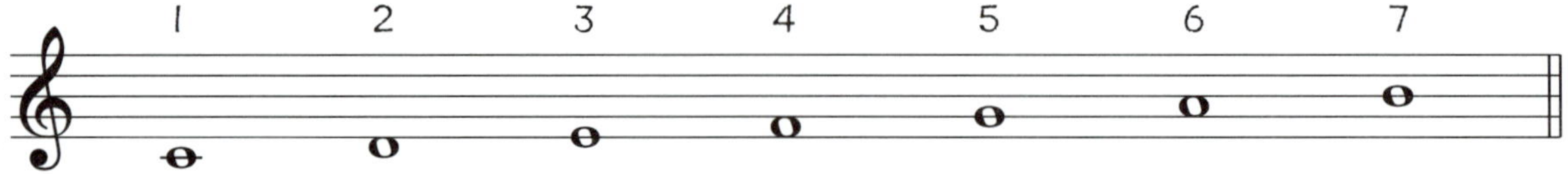

이 음들은 그 조의 화음을 결정하는 근음(밑음)이 됩니다.

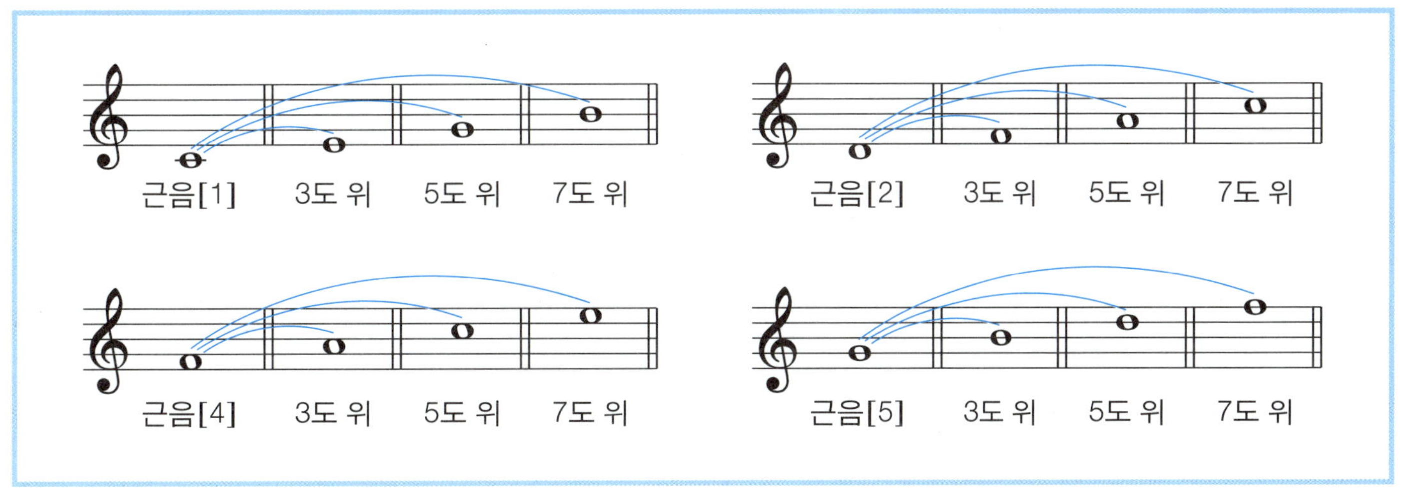

이렇게 흩어져 있는 음들을 한곳에 정리하여 화음으로 쌓으면 이렇습니다.
(여기서는 7음을 뺐습니다. 뒤에서 다루기 위해서요.)

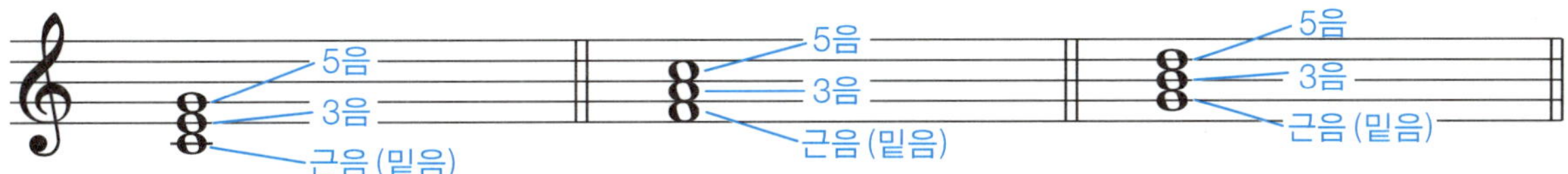

✸ 다음 [ ]안에 근음, 3음, 5음을 적어 보세요.

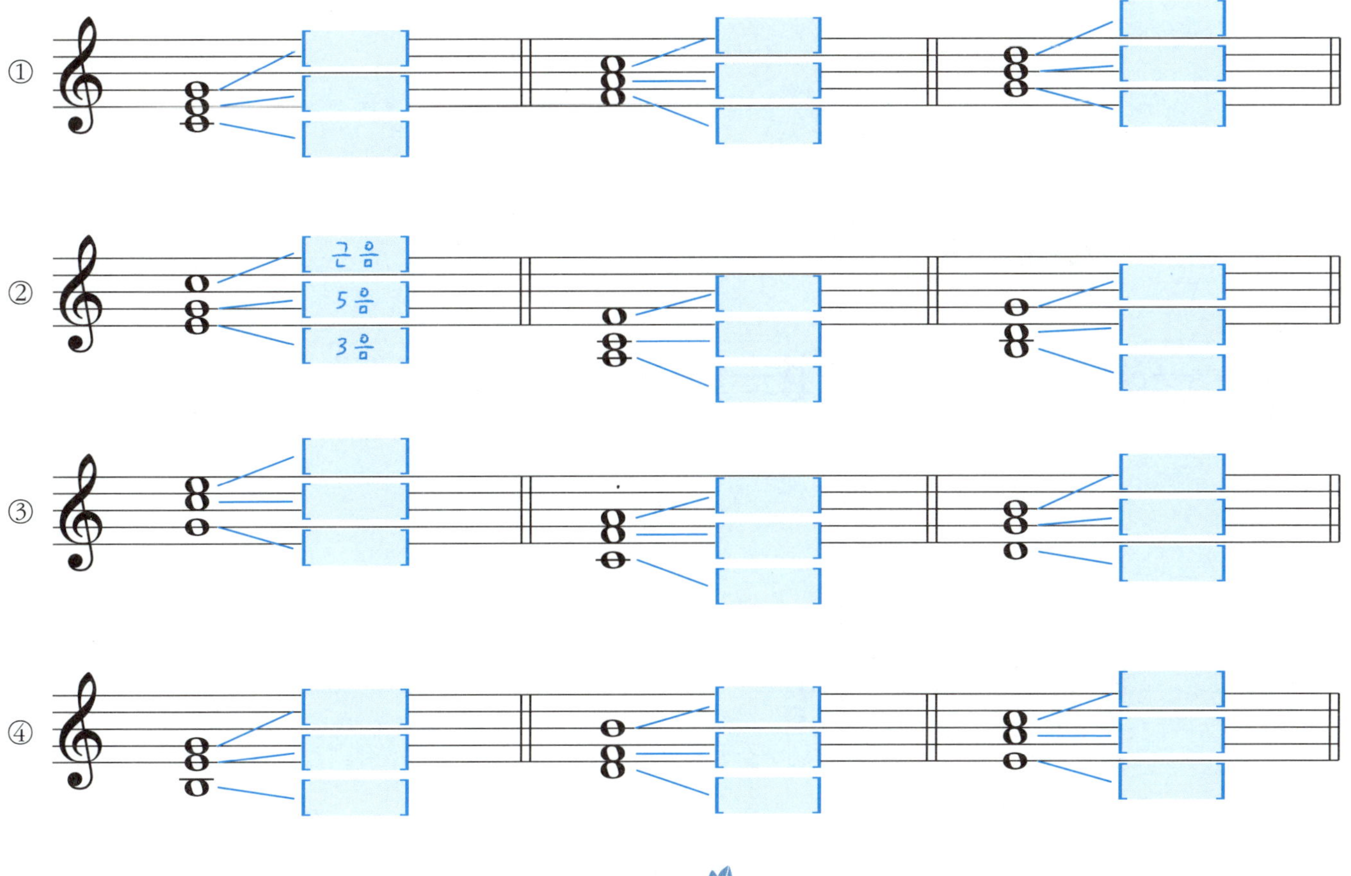

화음의 종류(성질)

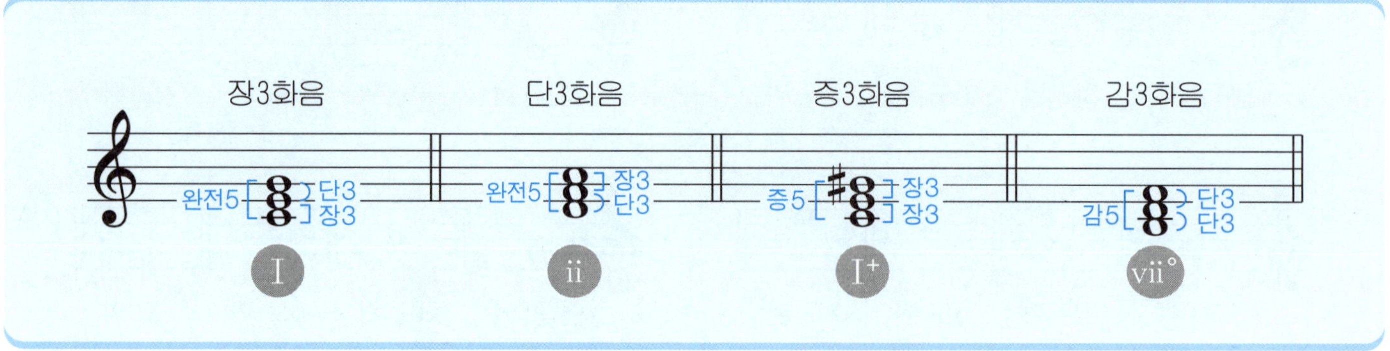

① 장3화음 : 장3도 + 완전5도   근음과 3음 사이의 음정은 장3도이며,
근음과 5음 사이의 음정은 완전5도입니다.

② 단3화음 : 단3도 + 완전5도   근음과 3음 사이의 음정은 단3도이며,
근음과 5음 사이의 음정은 완전5도입니다.

③ 증3화음 : 장3도 + 증5도   근음과 3음 사이의 음정은 장3도이며,
근음과 5음 사이의 음정은 증5도입니다.

④ 감3화음 : 단3도 + 감5도   근음과 3음 사이의 음정은 단3도이며,
근음과 5음 사이의 음정은 감5도입니다.

✹ 다음 ⬜ 안에 화음의 종류를 써 보세요.

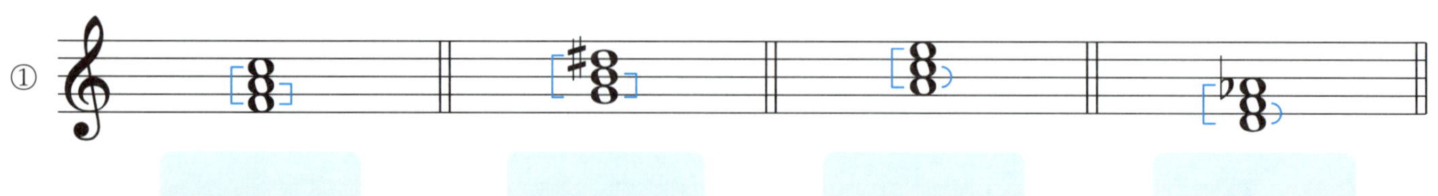

이제 화음의 성질을 나타내는 화음 기호를 알아볼까요?

화음은 로마 숫자로 나타내며, **화음 기호**는 소문자와 대문자 혹은 옆에 기호(°, ⁺)를 붙여
그 화음의 성질을 나타냅니다.

POINT

장3화음의 화음 기호는 대문자(I , IV, V)를 쓰고,

단3화음의 화음 기호는 소문자(i , ii, vi)를 씁니다.

증3화음의 화음 기호는 대문자의 오른쪽 위에 ⁺(III⁺)를 붙여서 나타내고,

감3화음의 화음 기호는 소문자의 오른쪽 위에 °(vii°)를 붙여서 나타냅니다.

◉ 음계에서 쓰이는 화음 기호를 살펴 보세요.

◆ 장음계

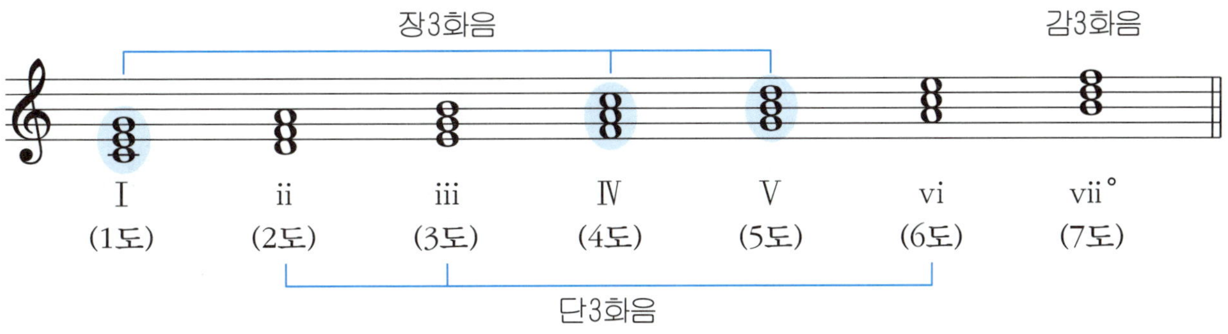

◆ 화성단음계   ※ 단음계는 7음을 반음 올린 화성단음계를 주로 사용함

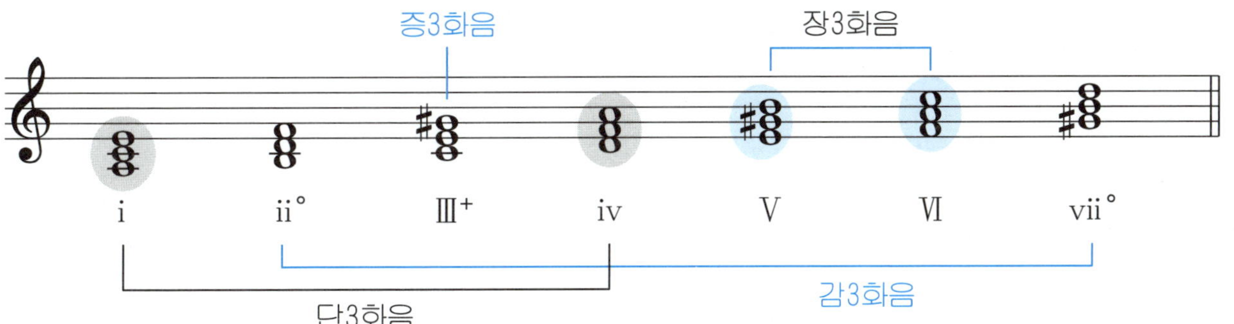

TEST-21

1 장3화음은 '장', 단3화음은 '단', 증3화음은 '증', 감3화음은 '감'으로 적어 보세요.

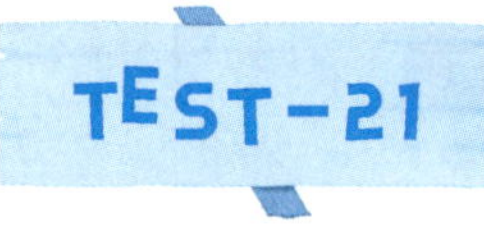

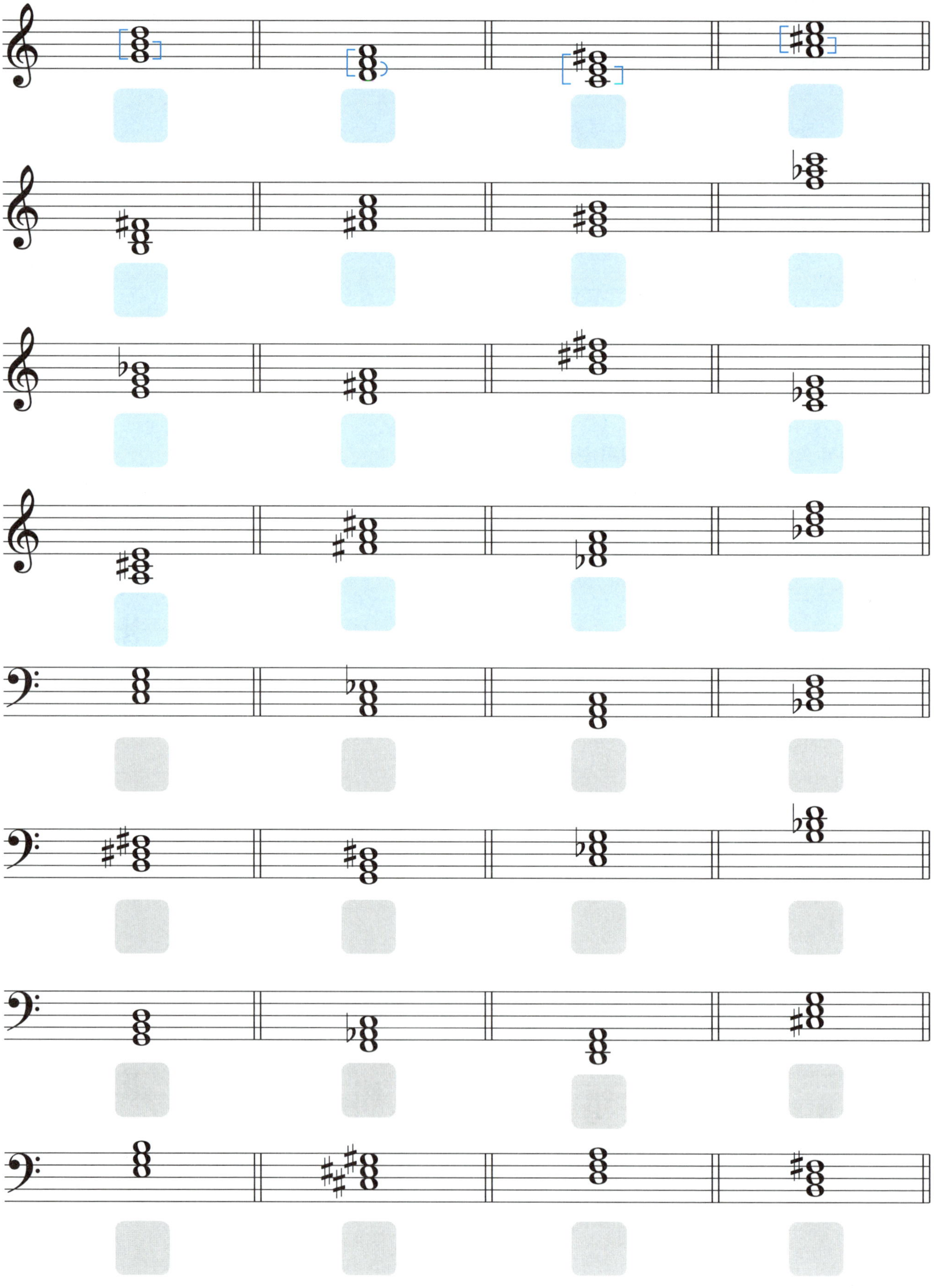

①
②
③
④
⑤
⑥
⑦
⑧

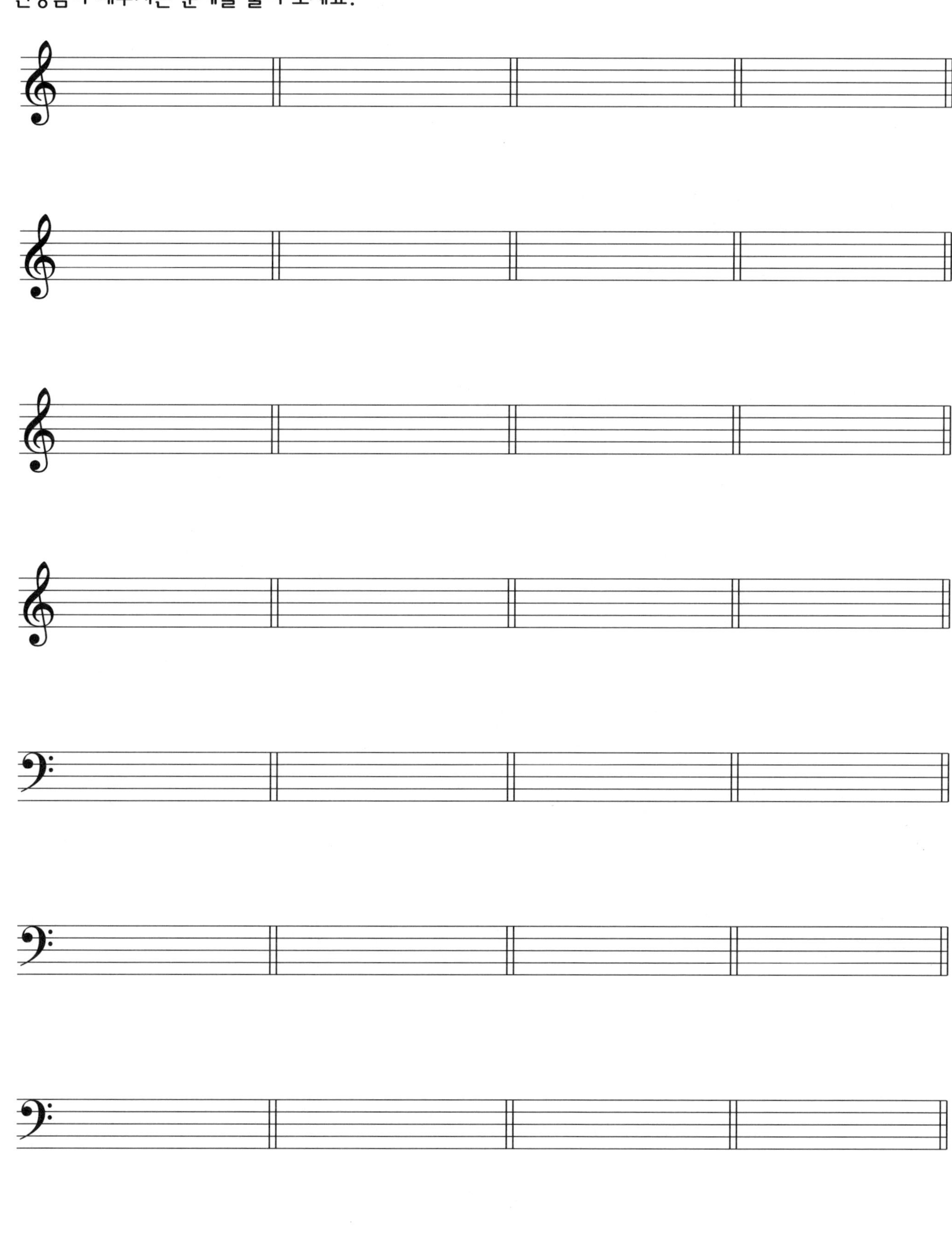

2 주요 3화음

주요 3화음은 각 음계에서 으뜸음, 으뜸음을 기준으로 5도 위의 딸림음, 5도 아래의 버금딸림음을 근음(밑음)으로 하여 만든 3화음입니다.

POINT
1. 장조의 주요 3화음 : I (으뜸), IV (버금딸림), V (딸림) ⇒ 모두 장3화음
2. 단조의 주요 3화음 : i (으뜸), iv (버금딸림) ⇒ 단3화음, V (딸림) ⇒ 장3화음

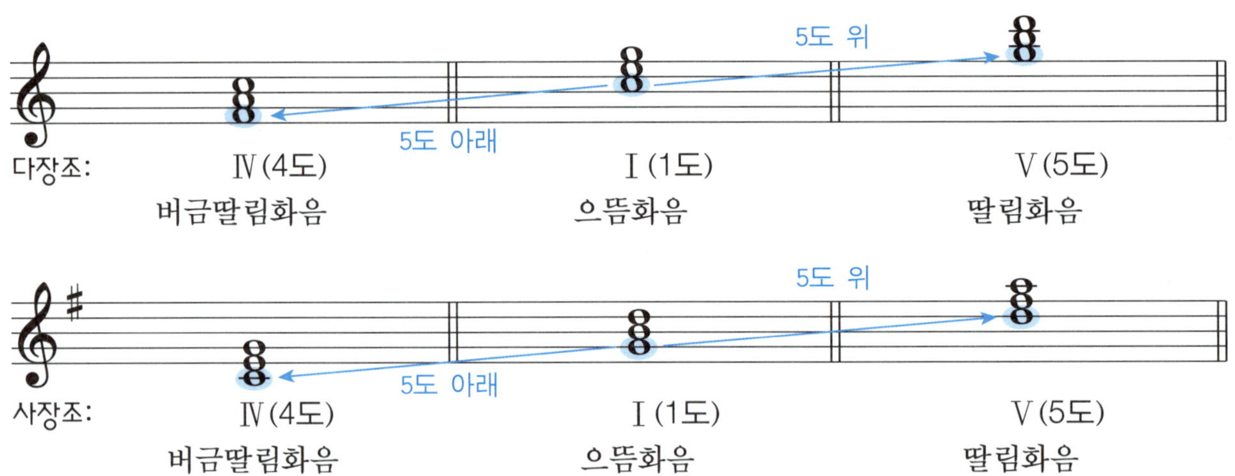

✸ 위 예시처럼 장조의 주요 3화음을 그려 보세요.

◉ 이번에는 스케일(음계)을 이용하여 찾아 보겠습니다.

각 장·단조의 음계에서 3도씩 쌓아 3화음을 만들었을 때, Ⅰ·ⅰ도 화음(으뜸화음),
Ⅳ·ⅳ도 화음(버금딸림화음), Ⅴ도 화음(딸림화음)을 주요 3화음이라고 합니다.

◆ 장조의 주요 3화음

◆ 단조의 주요 3화음

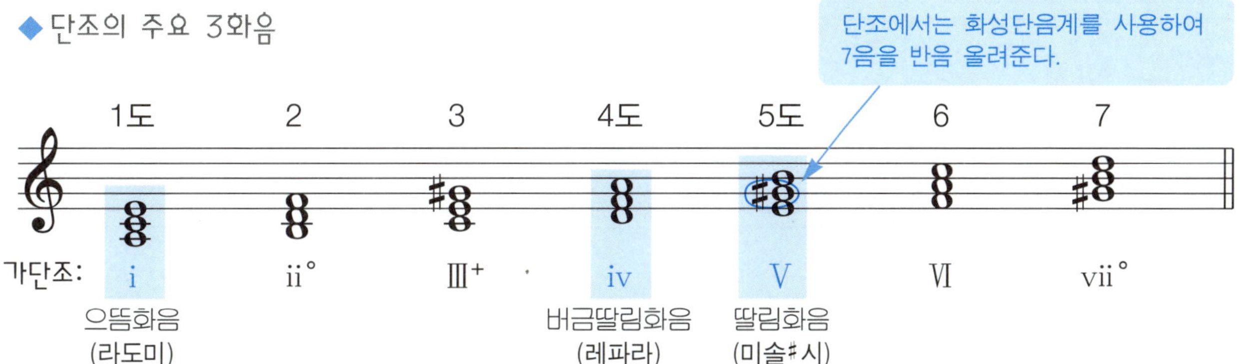

✺ 각 조의 장음계와 화성단음계를 그린 후, 주요 3화음과 화음 기호를 쓰세요.

① 장조:

단조:

✹ 각 조의 장음계와 화성단음계를 그린 후, 주요 3화음과 화음 기호를 쓰세요.

② 장조:

단조:

③ 장조:

단조:

④ 장조:

단조:

⑤ 장조:

단조:

각 조의 장음계와 화성단음계를 그린 후, 주요 3화음과 화음 기호를 쓰세요.

⑥

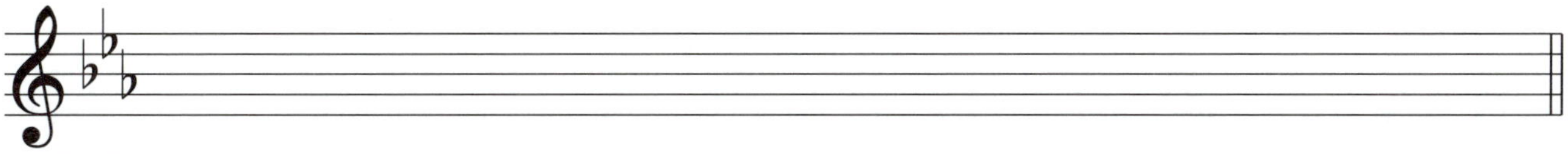

장조 :

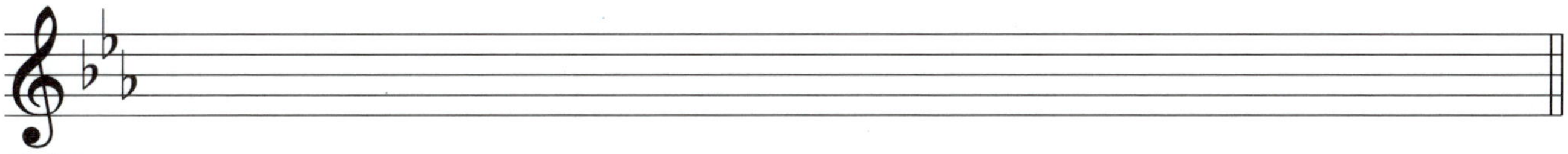

단조 :

⑦

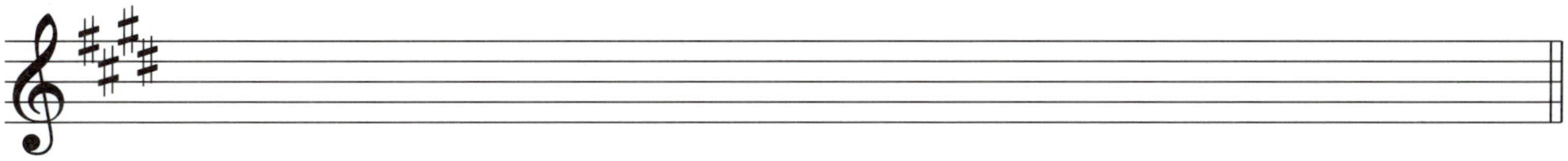

장조 :

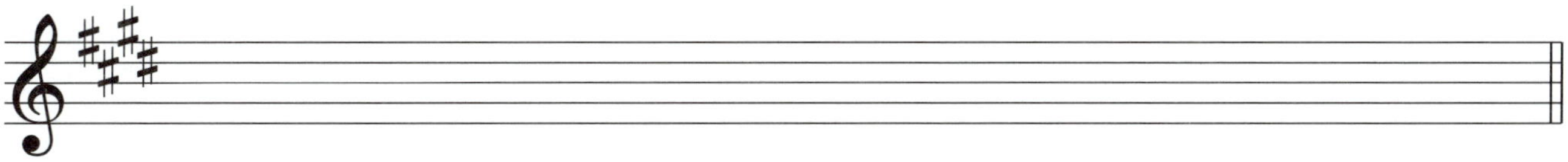

단조 :

⑧

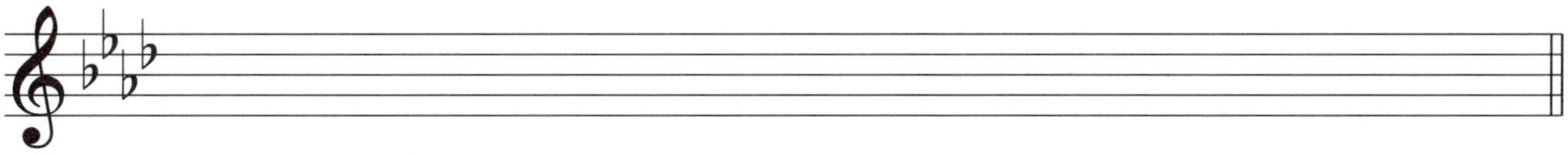

장조 :

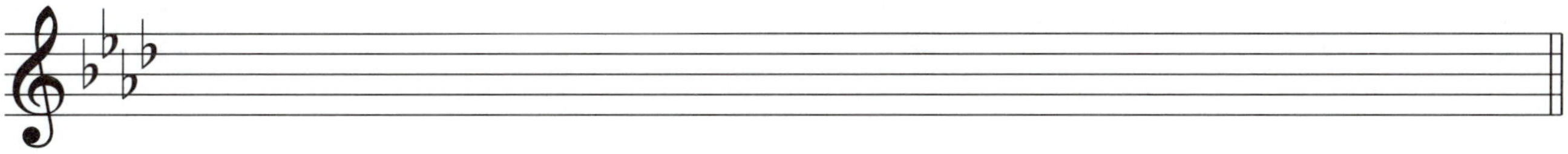

단조 :

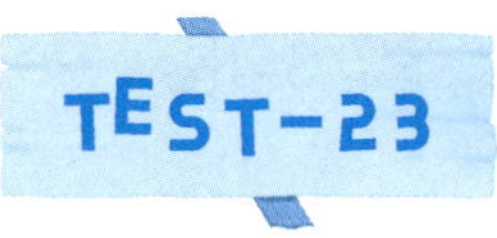

1 다음은 각 조의 주요 3화음입니다. 조이름을 쓰고, 몇 도 화음인지 화음 기호를 쓰세요.

2 다음은 각 조의 으뜸화음입니다. 맞는 조이름을 쓰세요.

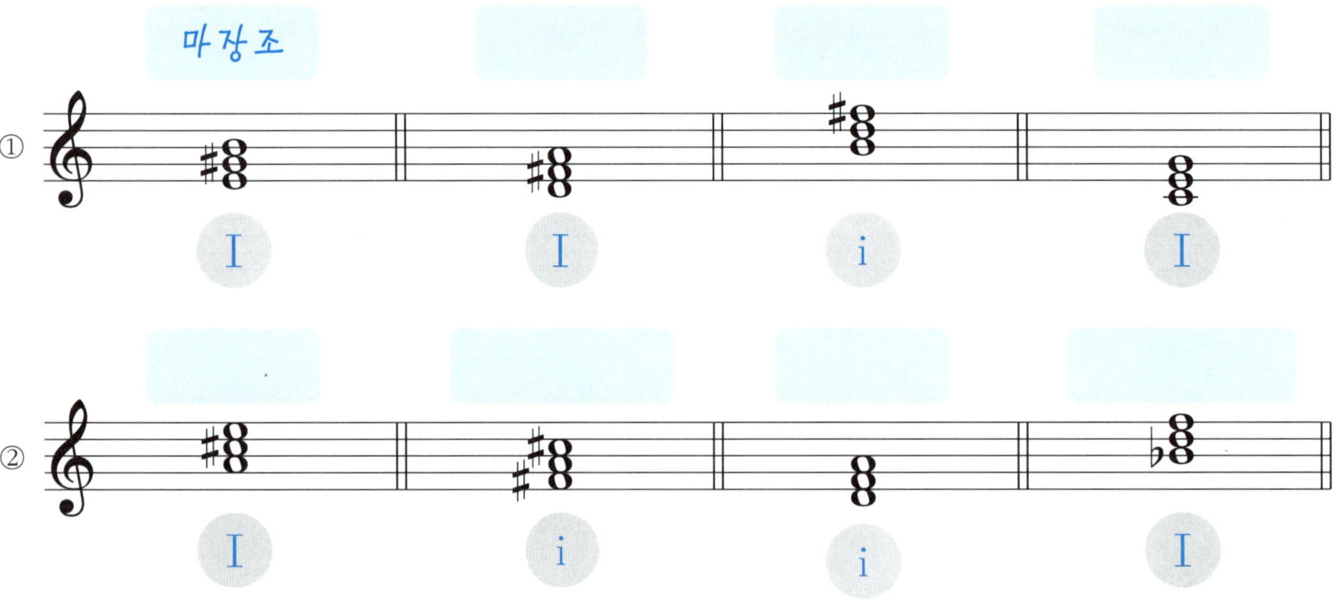

3 화성단음계에서 주요 3화음의 계이름을 쓰세요.

i –　　,　　,　　　　　　iv –　　,　　,　　　　　　V –　　,　　,

4 조표에 맞게 주요 3화음을 그리세요. (단조일 때 화성단음계 사용)

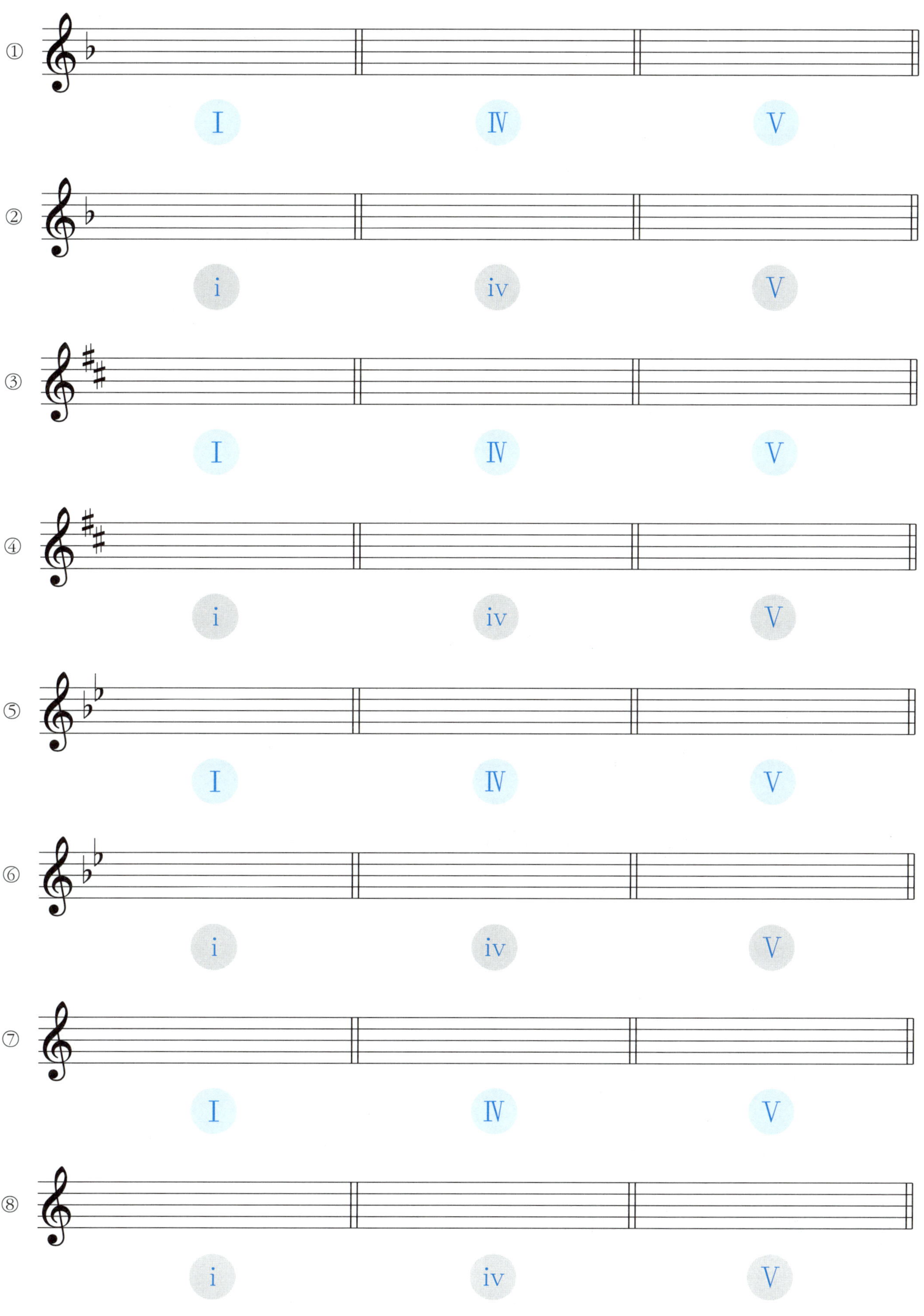

부 3화음(버금 3화음)은 주요 3화음을 제외한 나머지 화음들로, 주요 3화음을 대신하는 대리화음
역할을 하기도 합니다.

위의 예처럼 부 3화음은 2, 3, 6, 7도 화음입니다.
※ 부 3화음을 버금 3화음이라고도 하고, 7도 화음은 감3화음으로 따로 분류하기도 합니다.

자! 그럼, 부 3화음의 대리화음 역할을 살펴보겠습니다.
우선, 대리화음이란 말 그대로 대신 쓰여지는 것이기 때문에 3개의 음 중, 2음이 공통인 것은 당연하
고 중요한 음이 들어갔느냐에 따라 1차 대리화음과 2차 대리화음으로 나눕니다.

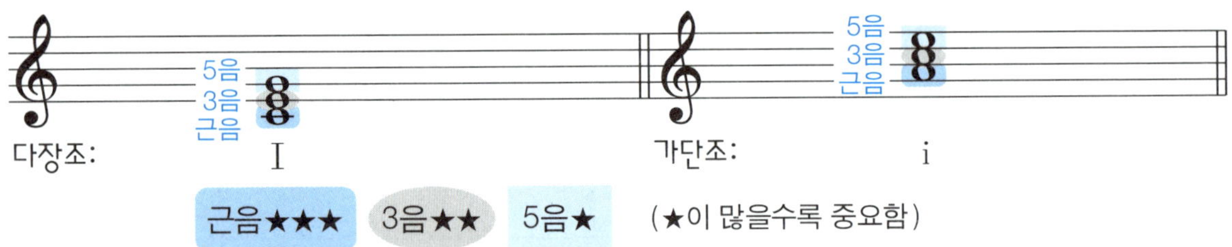

◉ 중요한 음일수록 ★을 많이 줬습니다. 당연히 ★이 많을수록 1차 대리화음이겠죠? ^^

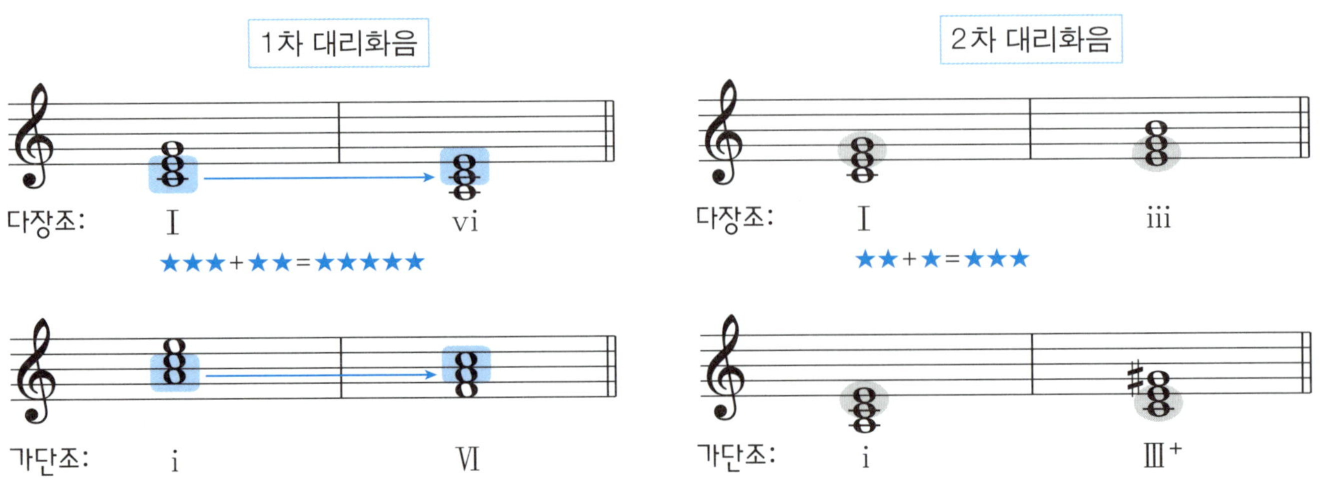

✹ 앞의 설명과 같은 방법으로 1차 대리화음과 2차 대리화음을 찾아 보세요.

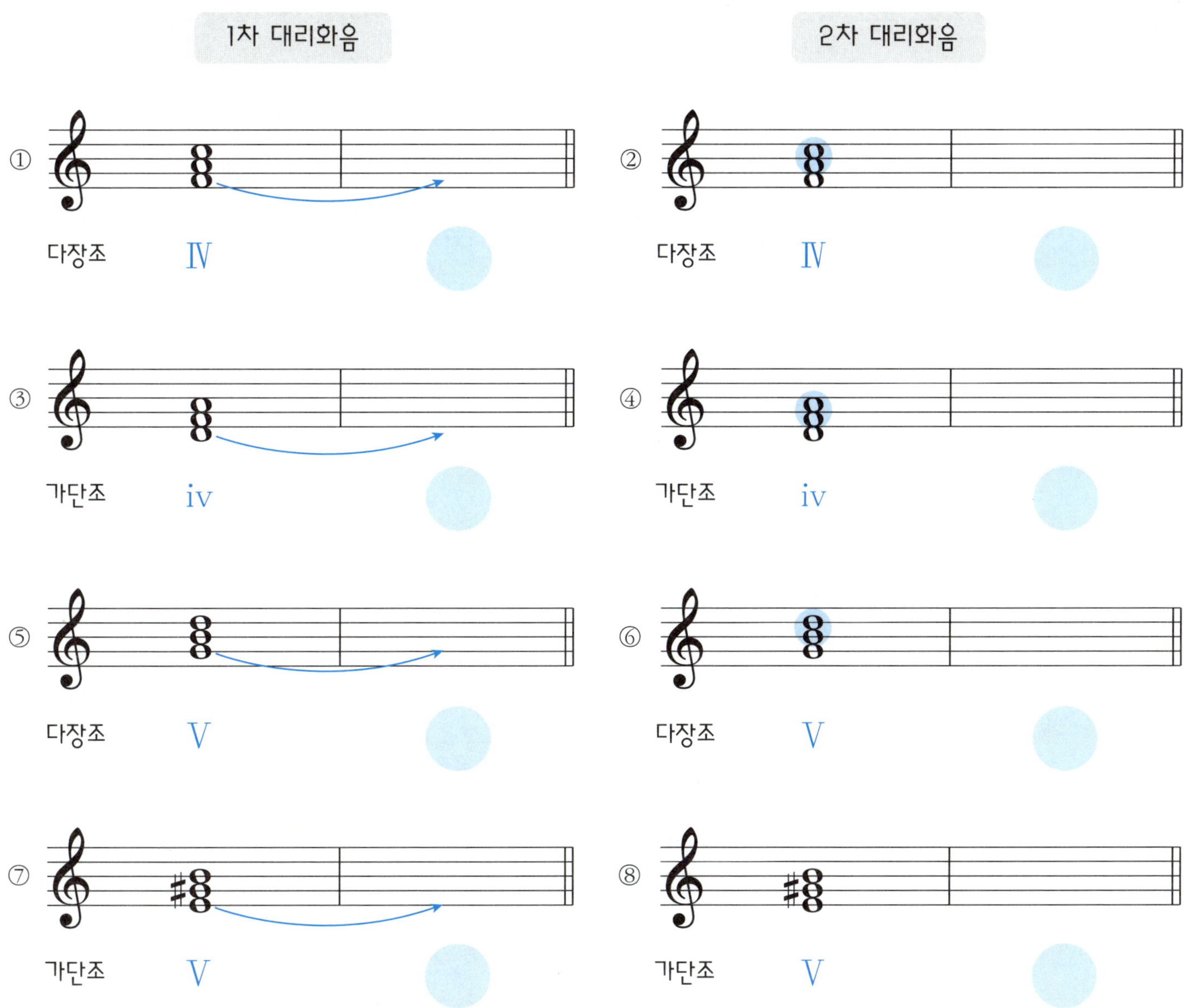

✹ 위 내용을 아래 표에 정리하고, 1차 대리화음은 외워 두세요.

①

장조의 주요 3화음	1차 대리화음
Ⅰ (으뜸화음)	
Ⅳ (버금딸림화음)	
Ⅴ (딸림화음)	

②

단조의 주요 3화음	1차 대리화음
i (으뜸화음)	
iv (버금딸림화음)	
Ⅴ (딸림화음)	

3화음의 자리바꿈

3화음은 기본적으로 3도 간격으로 3개의 음을 쌓은 것으로, 그 **기본위치**를 바꿔놓은 것은 **자리바꿈**된 것입니다.

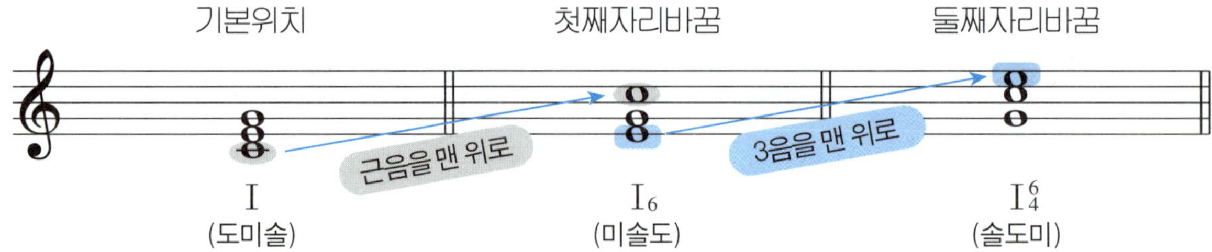

자리바꿈의 화음 기호는 이렇게 만들어집니다.

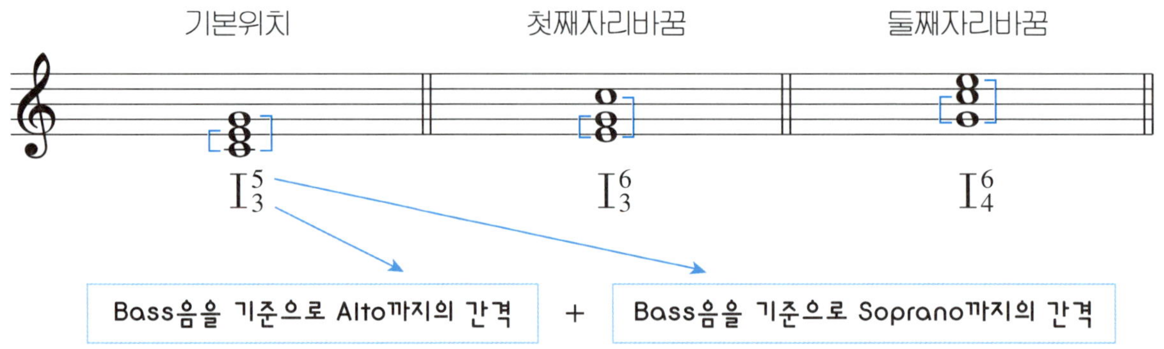

화음 기호 옆에 숫자로 적으면 자리바꿈에 대한 표시가 됩니다.
그러나 실제로 화음 기호를 쓸 때는 3, 5 **숫자**는 **생략**하고 쓴답니다.

✸ 다장조의 3화음입니다. 화음 기호(로마 숫자)를 쓰세요.

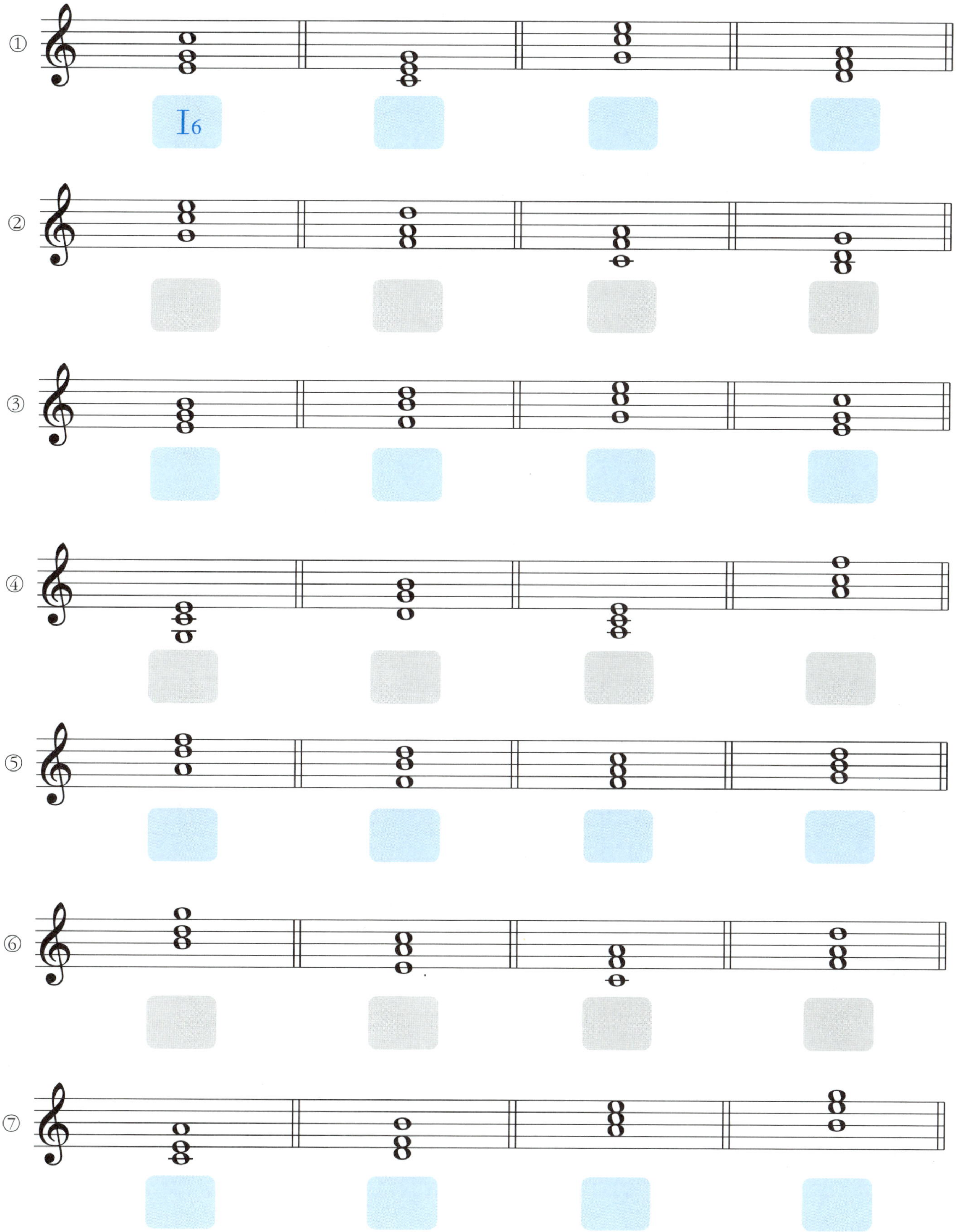

① I₆

②

③

④

⑤

⑥

⑦

딸림7화음은 딸림화음에 근음으로부터 단7도 위의 음을 하나 더 쌓은 것을 말합니다.

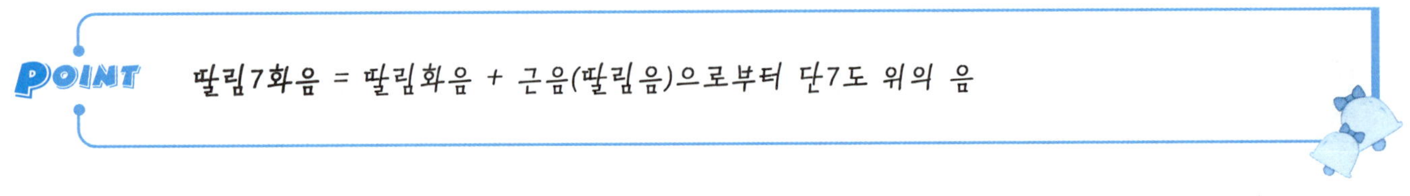

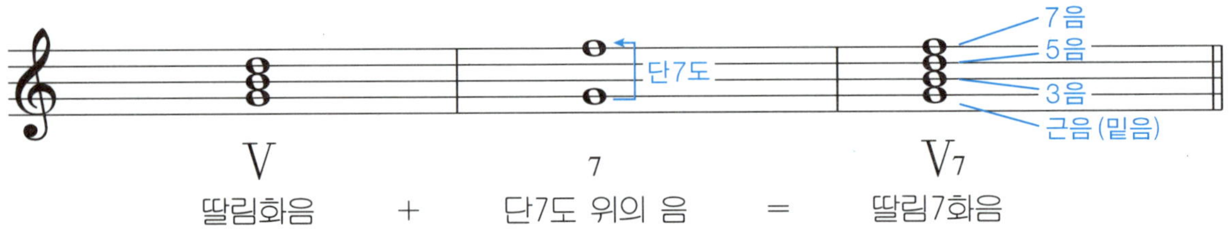

조표에 맞게 위와 같이 딸림7화음을 만들어 보세요.

TEST-25

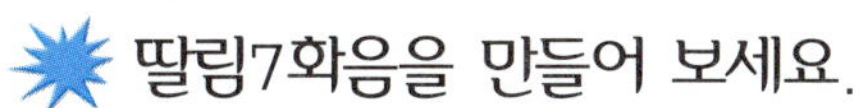

딸림7화음을 만들어 보세요.

TIP
1. 딸림음 찾기 ⇒ 딸림음 위로 3, 5, 7음 쌓기
2. 단조에서는 딸림7화음의 3음을 반음 올리기(화성단음계 사용)

①
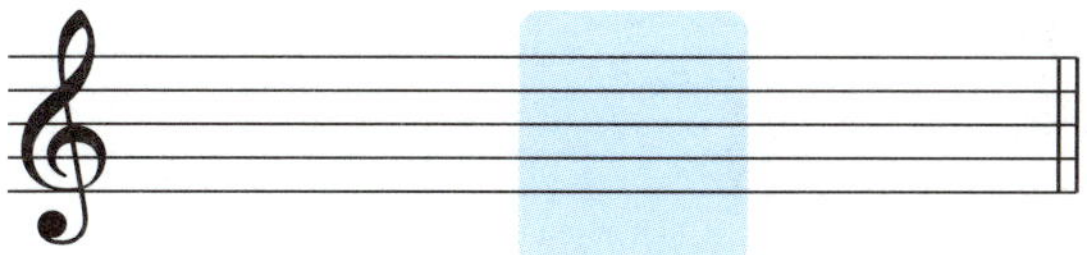
장조 V_7

②
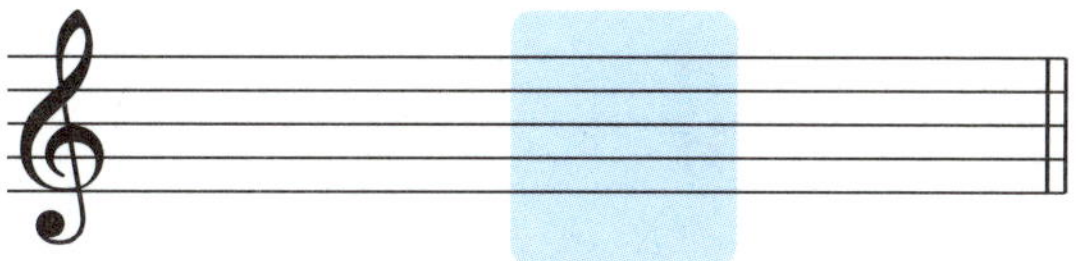
단조 V_7

③
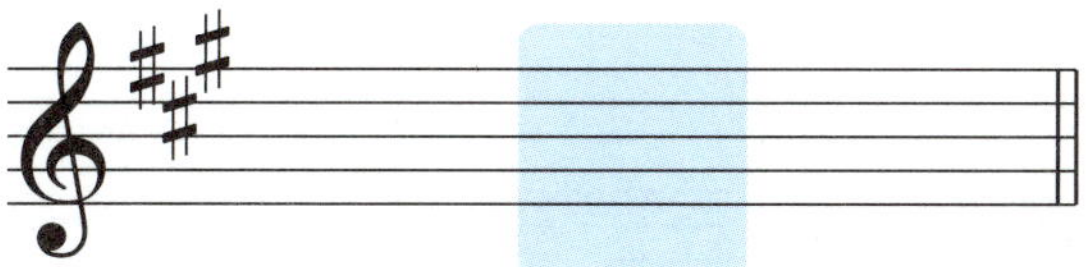
장조 V_7

④
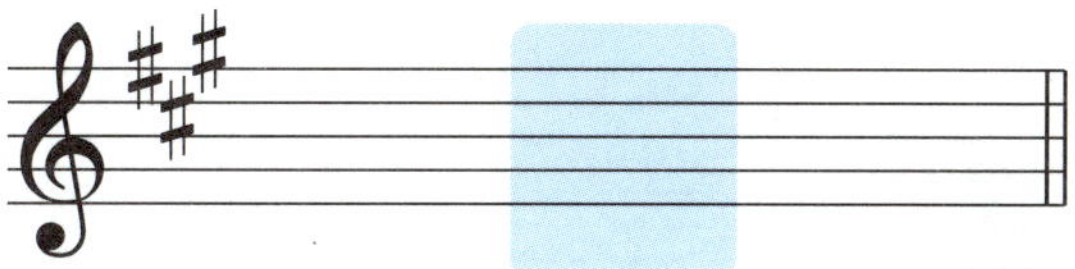
단조 V_7

⑤
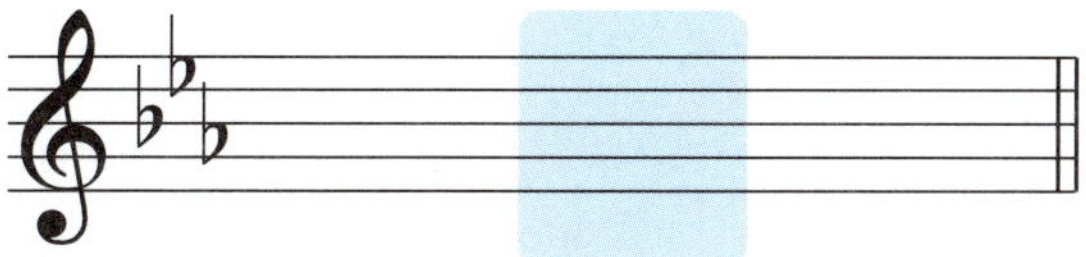
장조 V_7

⑥
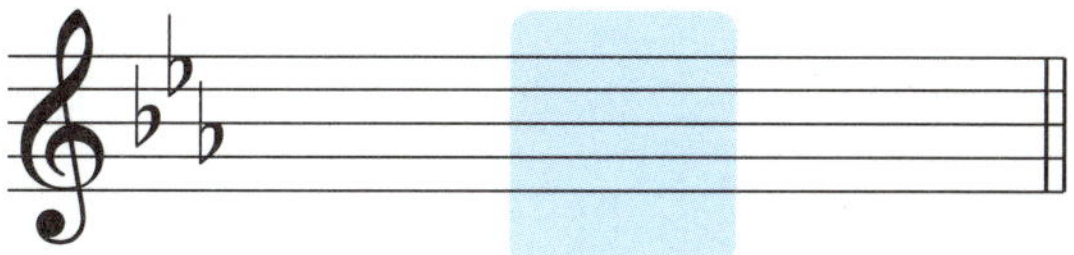
단조 V_7

⑦
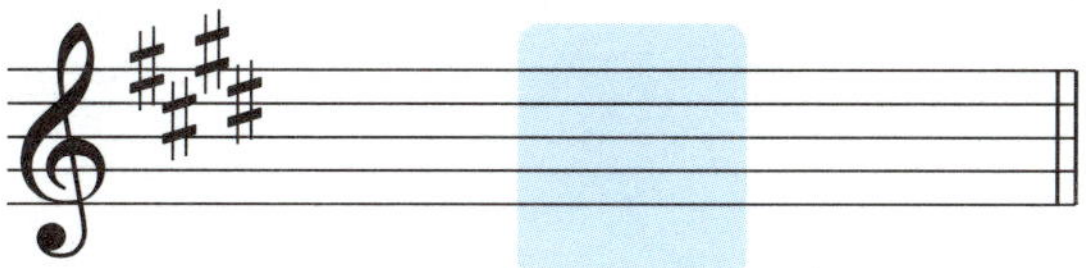
장조 V_7

⑧
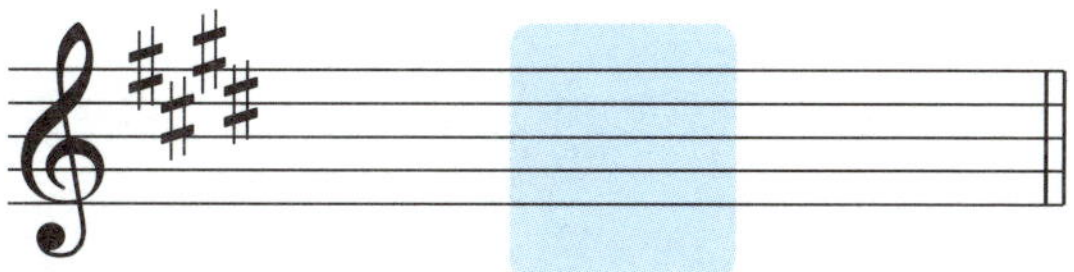
단조 V_7

⑨
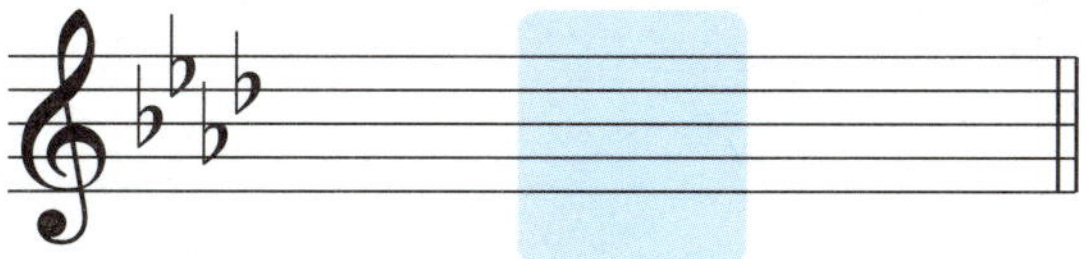
장조 V_7

⑩
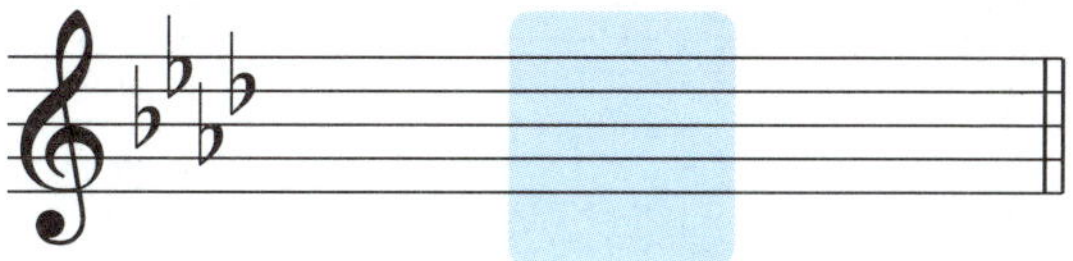
단조 V_7

⑪
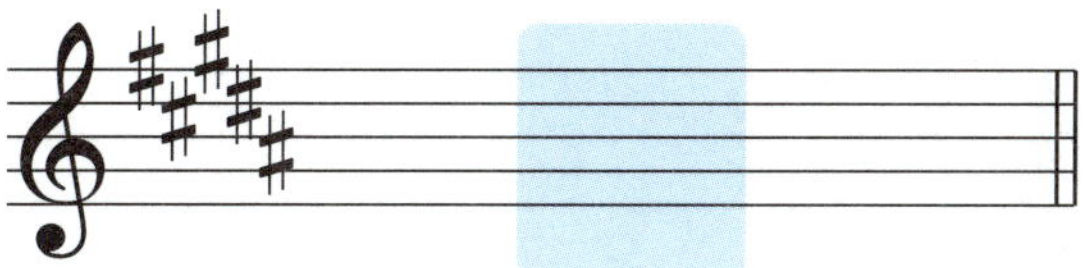
장조 V_7

⑫
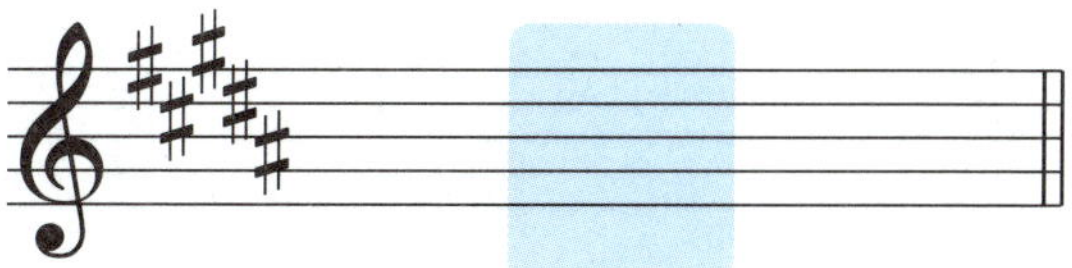
단조 V_7

딸림7화음의 해결법

POINT
1. 딸림7화음의 3음은 2도 올려서 해결 (계이름 '시'는 '도'로)
2. 딸림7화음의 7음은 2도 내려서 해결 (계이름 '파'는 '미'로)

✸ 예시를 보고, 아래 빈칸을 채워 보세요.

① 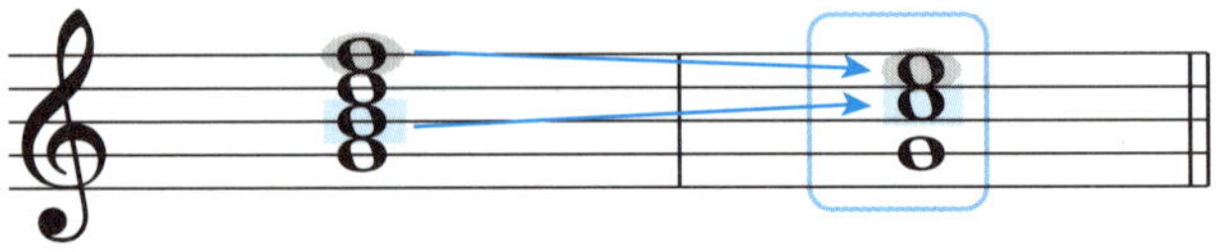 다장조: V_7 I_4^6

② 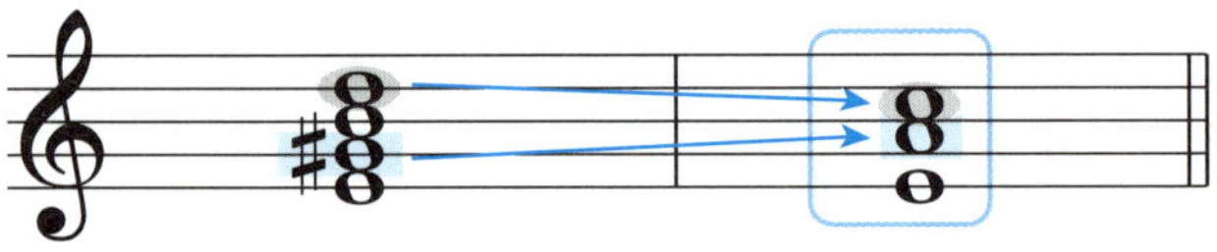 가단조: V_7 i_4^6

③ 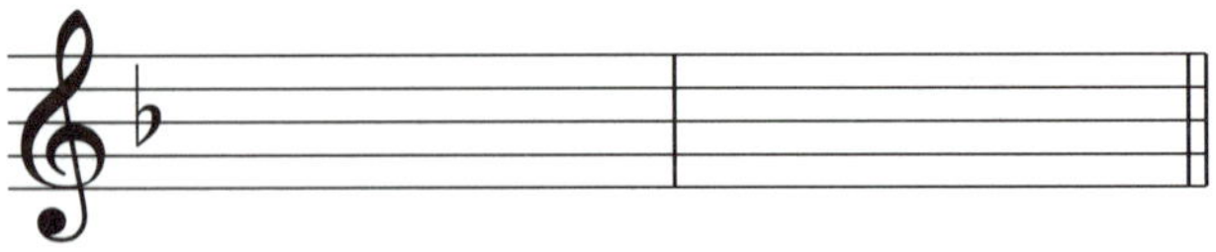 장조:

④ 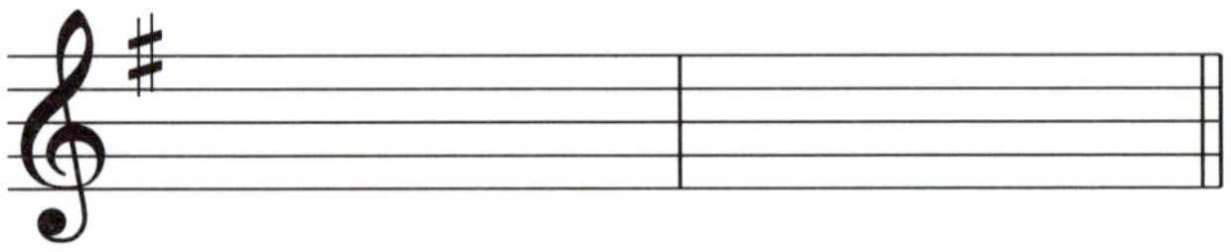 장조:

⑤ 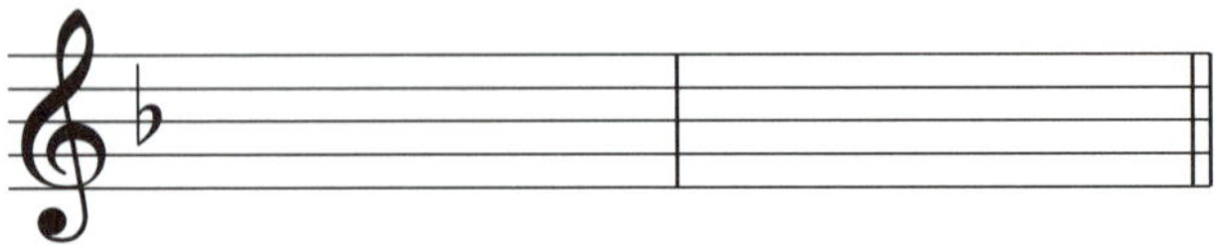 단조:

⑥ 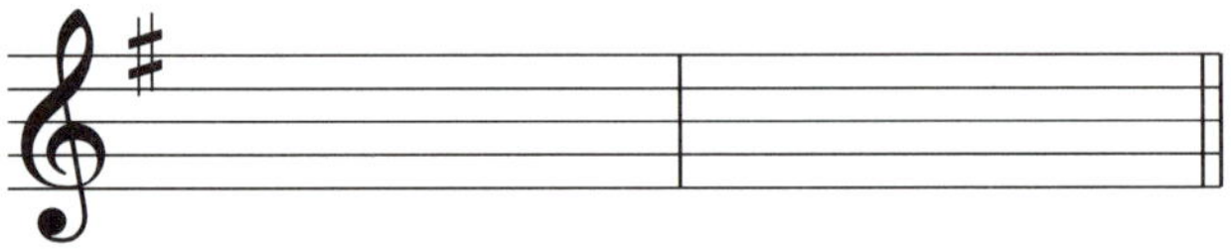 단조:

⑦ 장조:

⑧ 장조:

⑨ 단조:

⑩ 단조:

POINT

1. 딸림7화음은 4개의 음으로 이루어졌습니다.
2. 한 개의 음을 생략한다면 딸림7화음의 5음을 생략하는 것이 좋습니다.

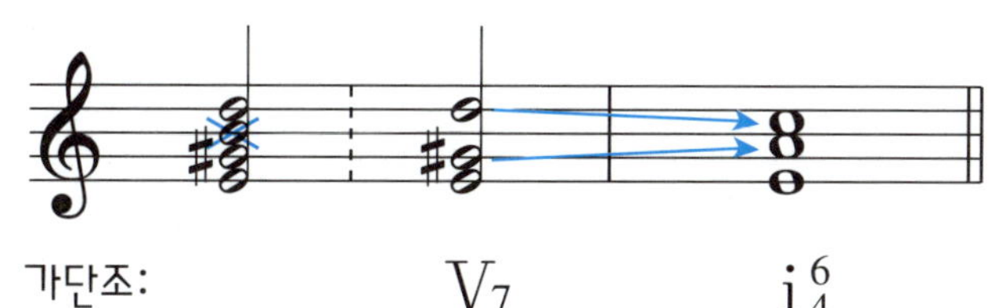

딸림7화음의 5음을 생략한 후, 그 다음 I_4^6(i_4^6)화음으로 해결해 보세요.

① 장조: V_7 I_4^6

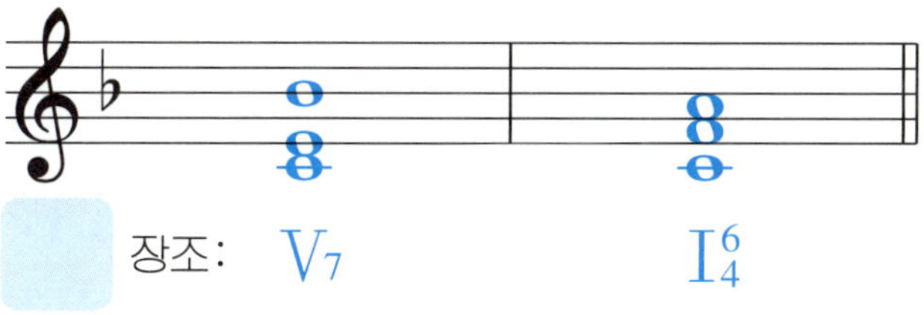

② 장조:

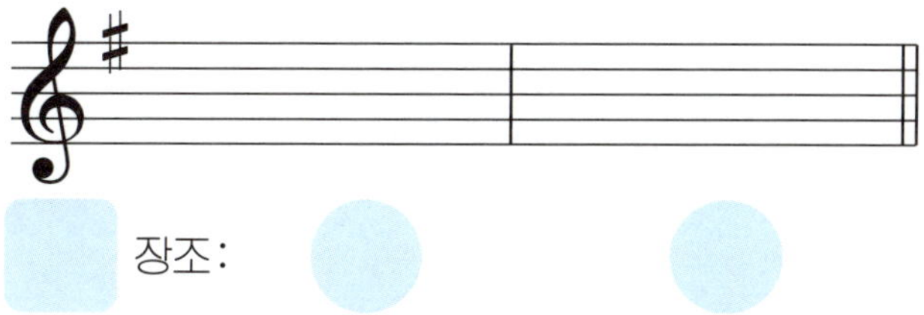

③ 단조:

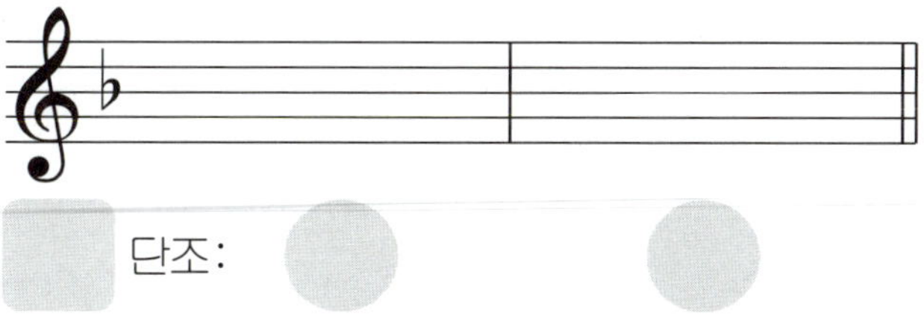

④ 단조:

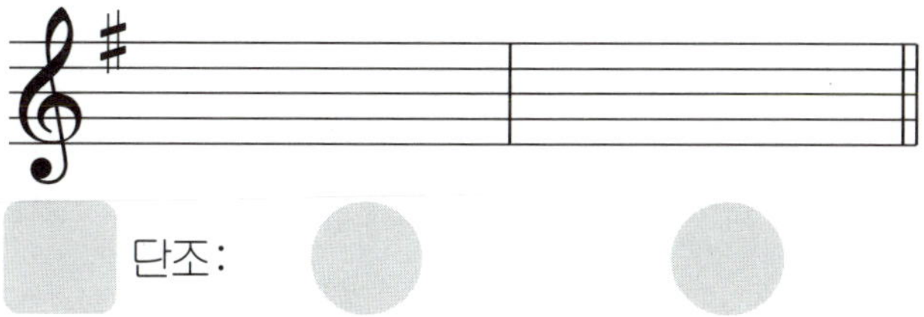

⑤ 장조:

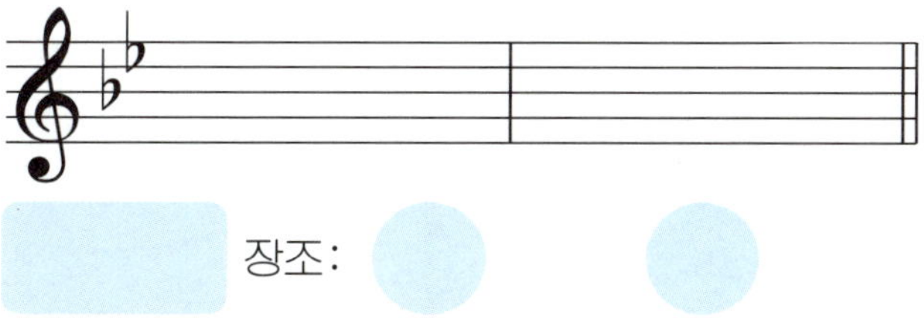

⑥ 장조:

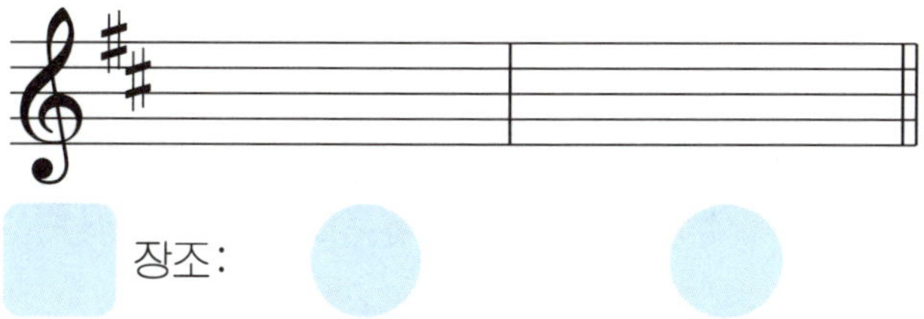

⑦ 단조:

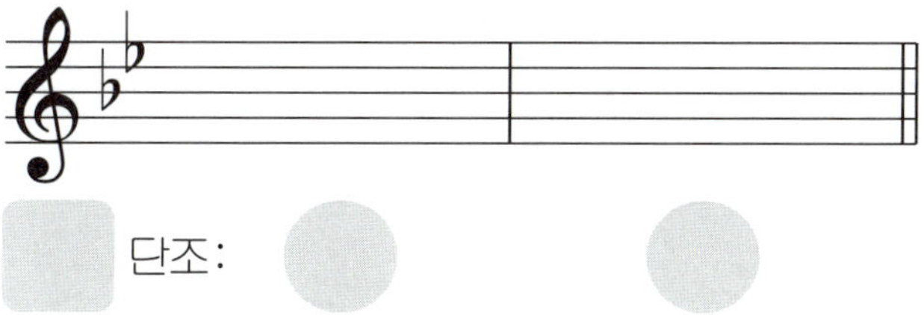

⑧ 단조:

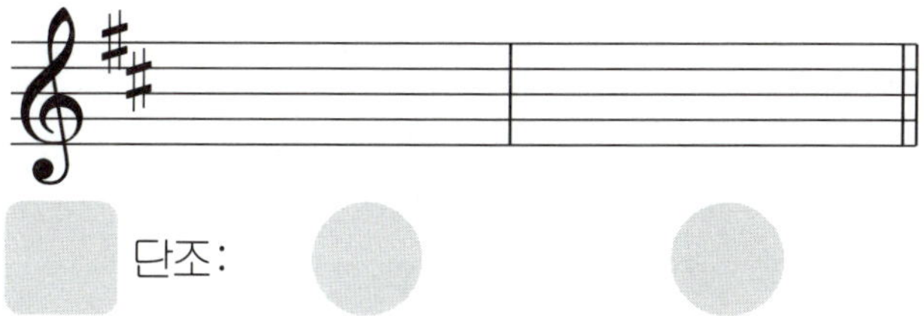

딸림7화음의 4성부 해결법

우선은 각 성부마다 이름을 알아야겠죠?

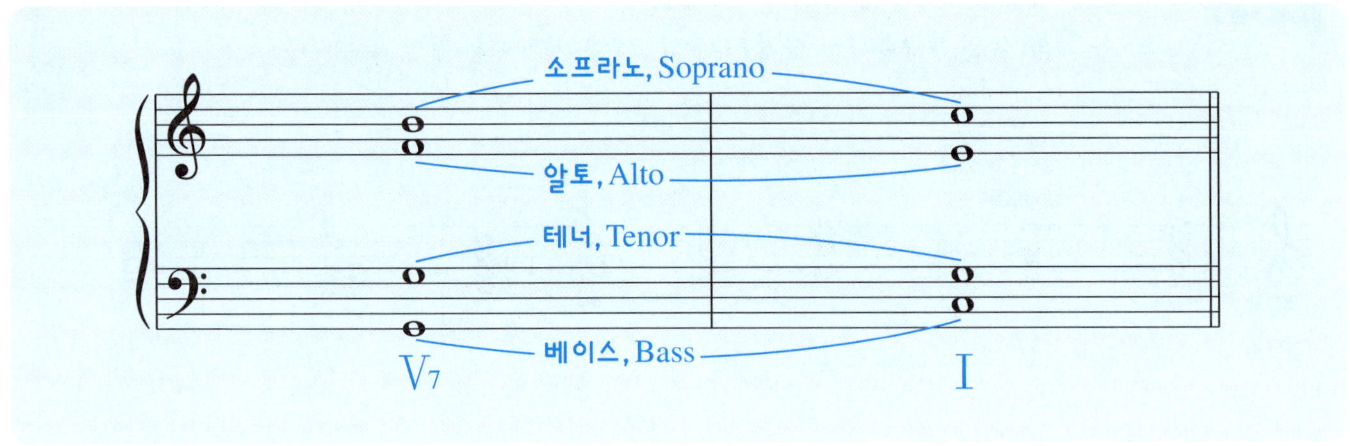

◉ 다음은 딸림7화음의 4성부를 해결하는 순서입니다.

1 첫화음의 배열을 정합니다.
첫번째는 Bass('B' 라고 표기하겠습니다)

2 두번째는 상3성부(S, A, T)자리를 정합니다.
(V₇ 중 5음 생략한 것임)

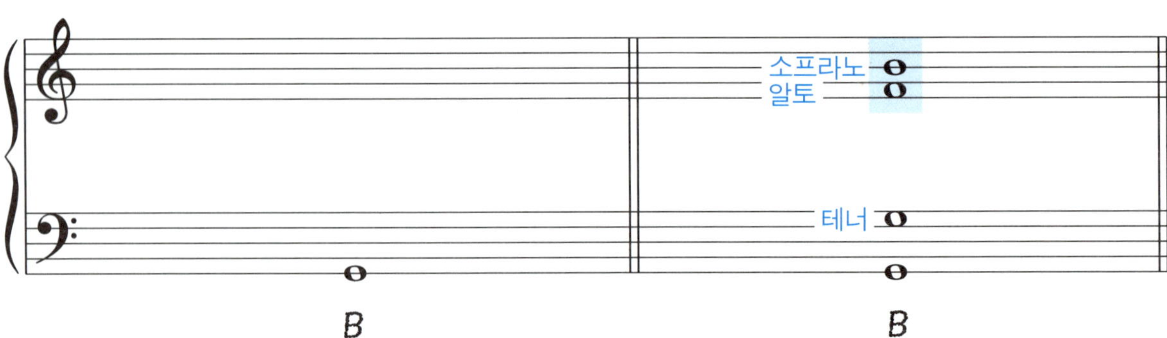

3 다음 화음의 Bass를 정합니다. 그 다음 공통음이 있으면 공통음을 찾아 자리를 정해줍니다.
여기서는 '솔' 이 공통음인데 Tenor자리에 있군요.

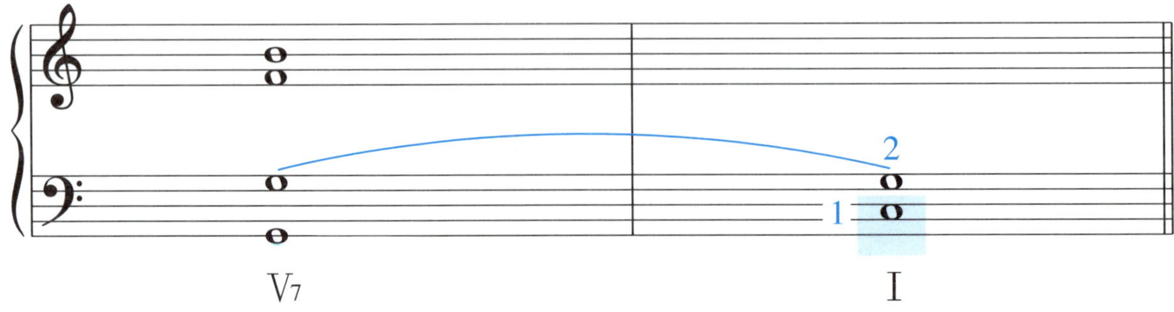

4 나머지 3음과 7음을 해결해 줍니다. (시→도, 파→미)

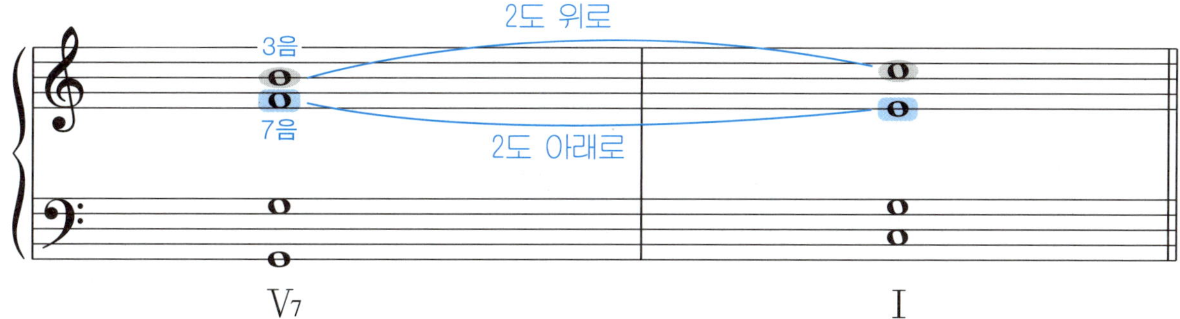

5 이렇게 하다보니 딸림7화음에서 저절로 다음 으뜸화음으로 해결이 되었네요.

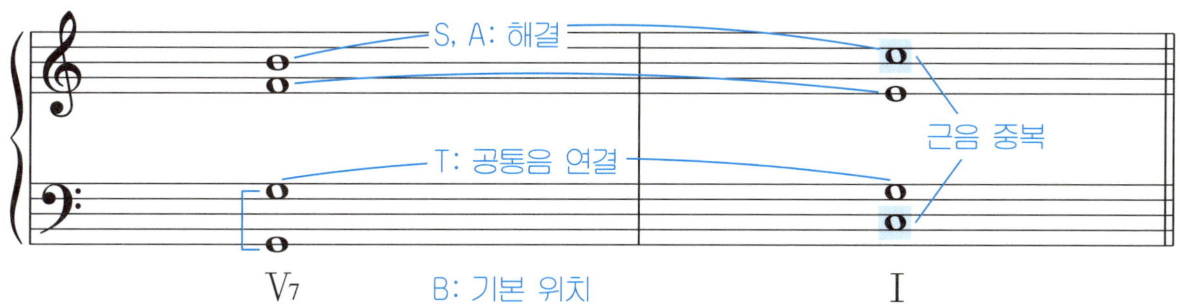

◉ 3화음을 4성부로 나누려면 어느 한 음은 중복되어야겠죠?

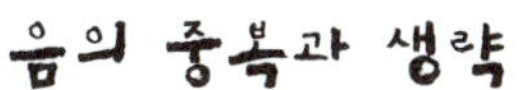

음의 중복과 생략

POINT

1. 근음 : 중복가능, 생략 불가능 (근음중복이 가장 좋음)

2. 3음 : 중복 · 생략 불가능

3. 5음 : 중복 · 생략 가능

4. 7음 : 중복 · 생략 불가능

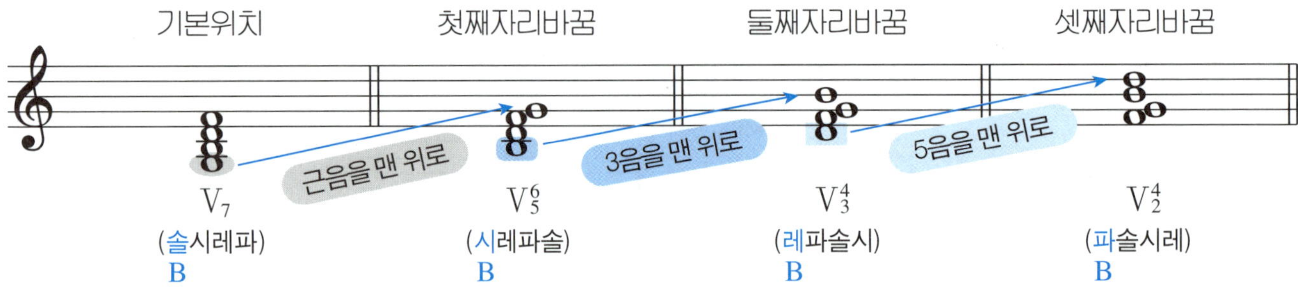

◉ 딸림7화음의 자리바꿈 기호는 다음과 같아요.

이렇게 숫자를 다 적어야 한다면 정말 많이 부담스럽겠죠?
그래서 기본적으로 성격을 나타내주는 중요한 숫자 2개만 씁니다.

※ 딸림7화음뿐 아니라 부 7화음에서도 이 숫자는 필요하니 꼭 외워두세요! (^o^)

✹ 딸림7화음의 자리바꿈을 4성부로 해결해 보겠습니다.
예시를 보고 스스로 딸림7화음의 해결을 풀어 보세요.

• 3음은 2도 올려서 해결(시→도)　　• 7음은 2도 내려서 해결(파→미)

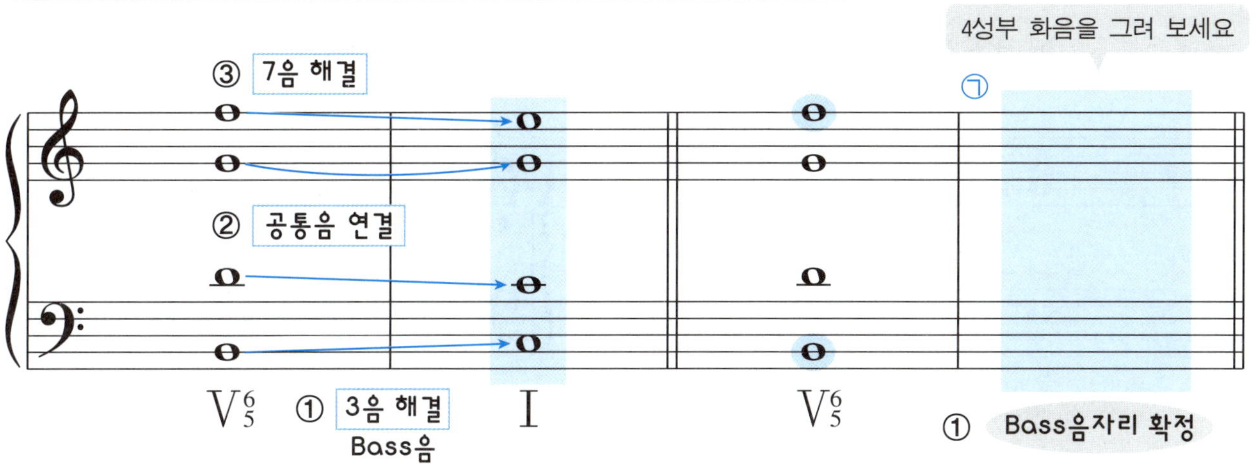

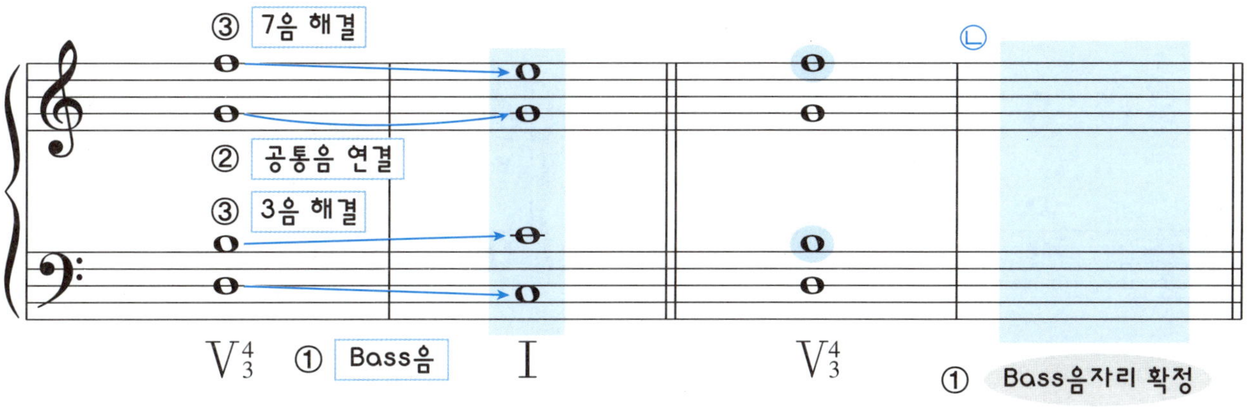

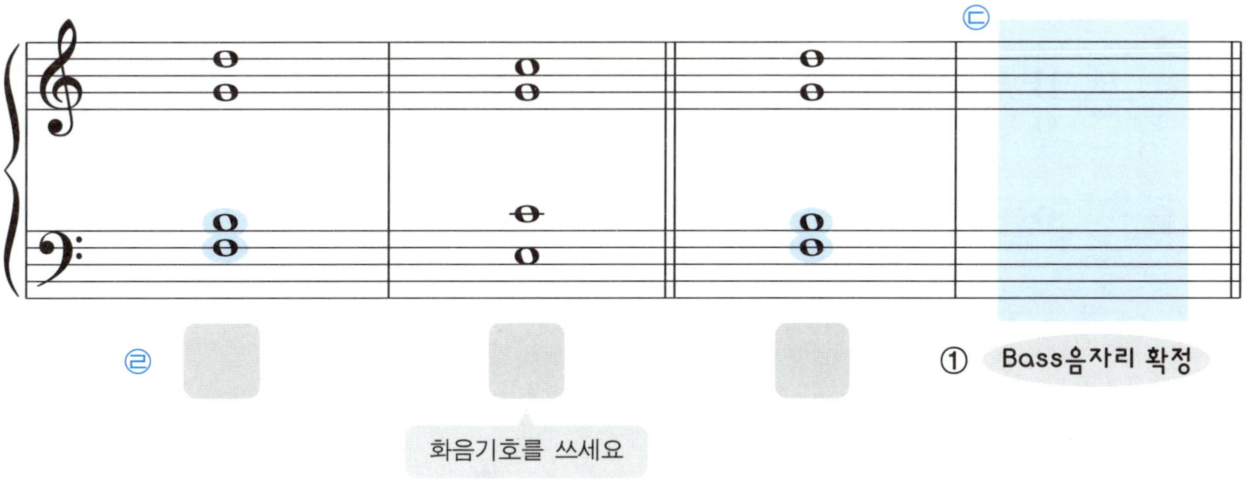

4성부 화음을 그려 보세요

③ 7음 해결

② 공통음 연결

V_5^6　① 3음 해결　I　　V_5^6　　ㄱ
Bass음　　　　　① Bass음자리 확정

③ 7음 해결

② 공통음 연결
③ 3음 해결

V_3^4　① Bass음　I　　V_3^4　　ㄴ
　　　　　　① Bass음자리 확정

ㄷ

ㄹ　　　　　　　　　　　　　① Bass음자리 확정

화음기호를 쓰세요

POINT

1. 자리바꿈된 딸림7화음의 숫자를 보고 Bass음 정하기
2. 공통음 연결하기
3. 3음은 2도 상행, 7음은 2도 하행으로 해결
4. 나머지 음 채우기

1 화음의 해결순서를 적고 화음 기호를 적어보세요.

> • 해결 순서: ① Bass음 확정(3음 해결)　② 공통음 연결　③ 3음 해결　④ 7음 해결

① 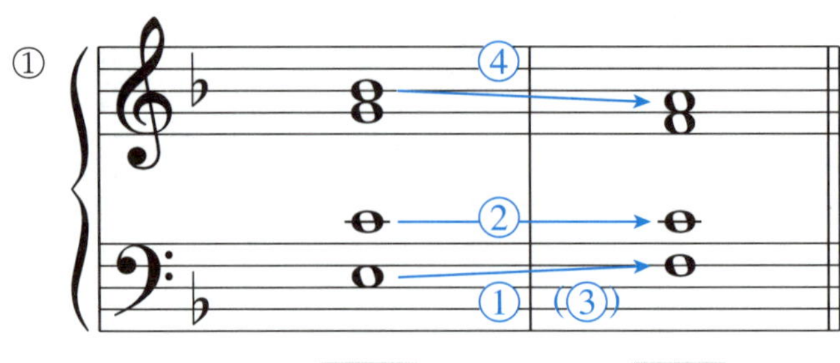

② 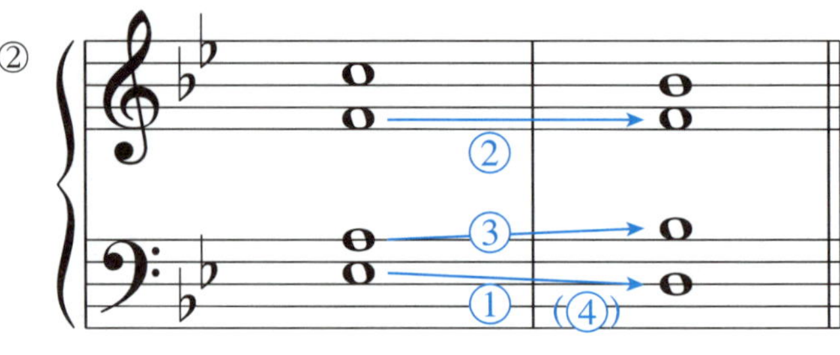

③ 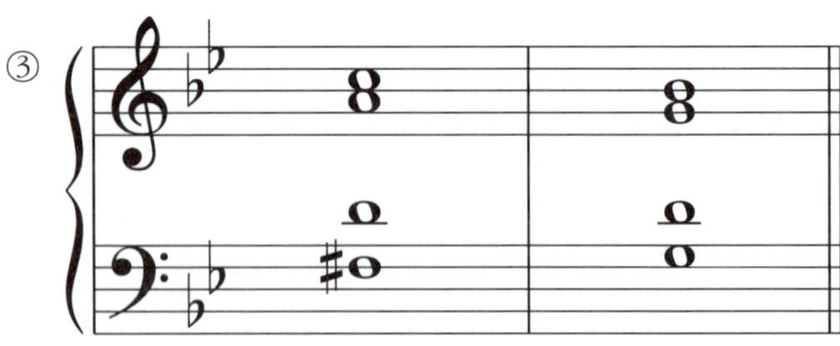

④ 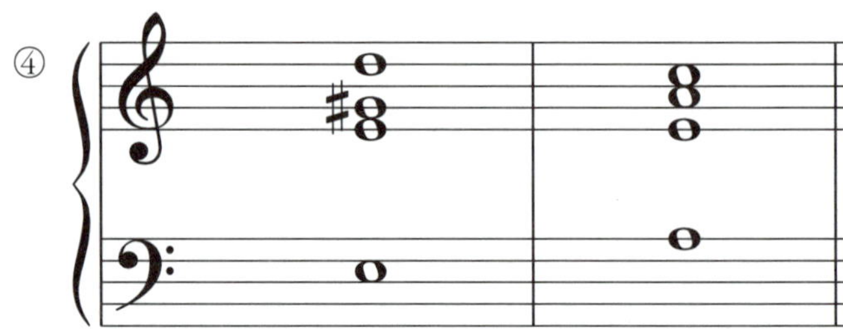

⑤ 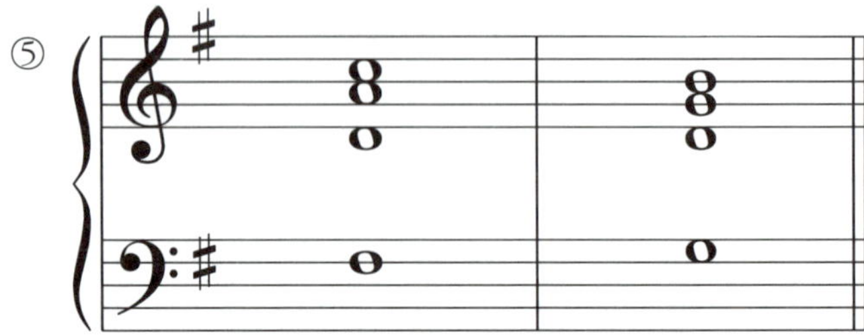

⑥ 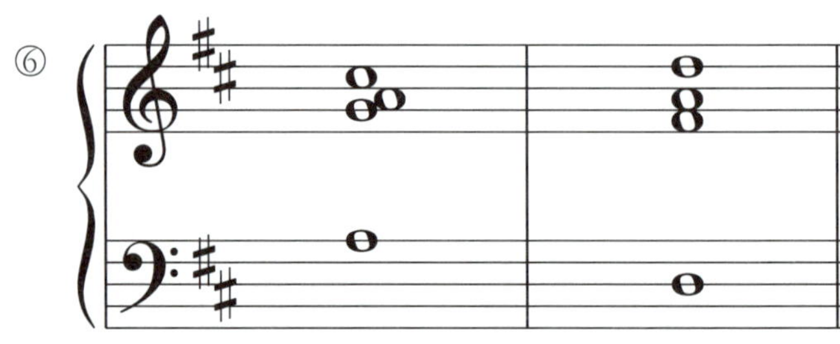

⑦ 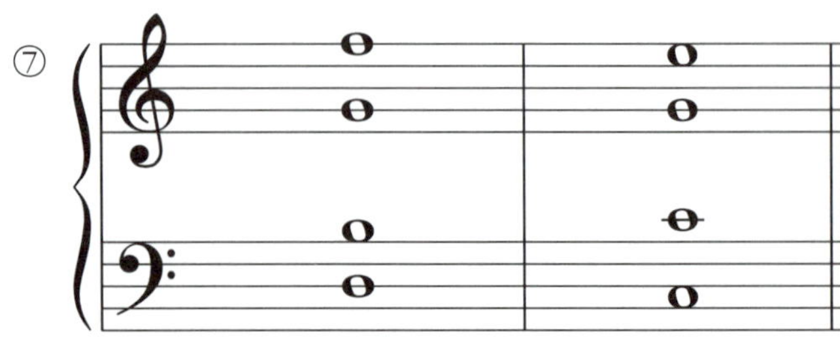

⑧ 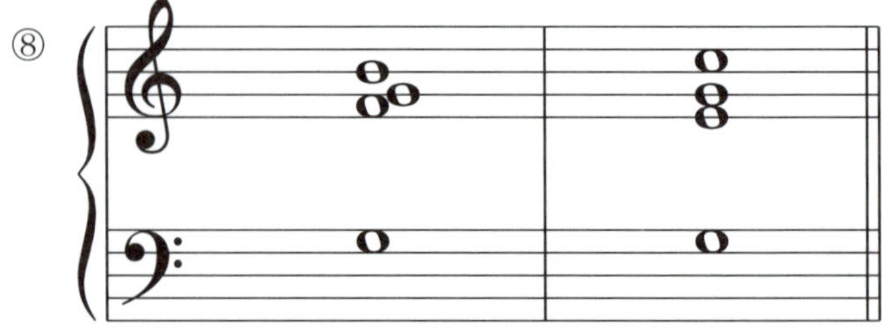

2 7음을 해결하고 화음 기호를 쓰세요.

3 7음과 3음을 해결하고 화음 기호를 쓰세요.

마침법(종지법)

곡을 마칠 때 어떤 화음에서 어떤 화음으로 끝날까요?

1. 바른마침(정격종지)

1. V (딸림화음) ⇒ I (으뜸화음)

2. 곡을 끝마칠 때 가장 많이 쓰이는 마침법이다.

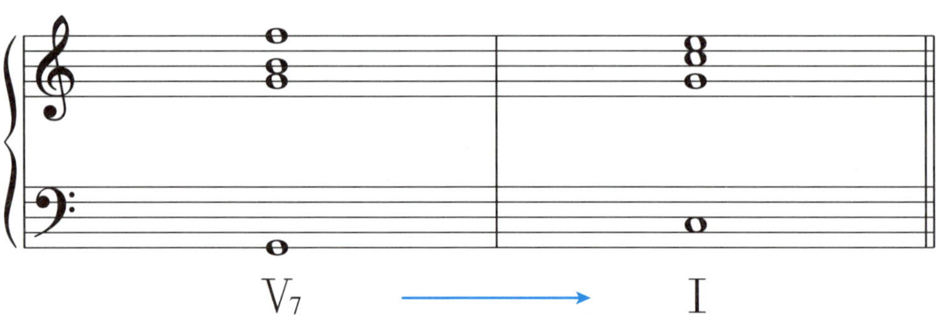

◉ **마침꼴 합창의 예**(화음진행은 가장 가까운 음으로 이동합니다.)

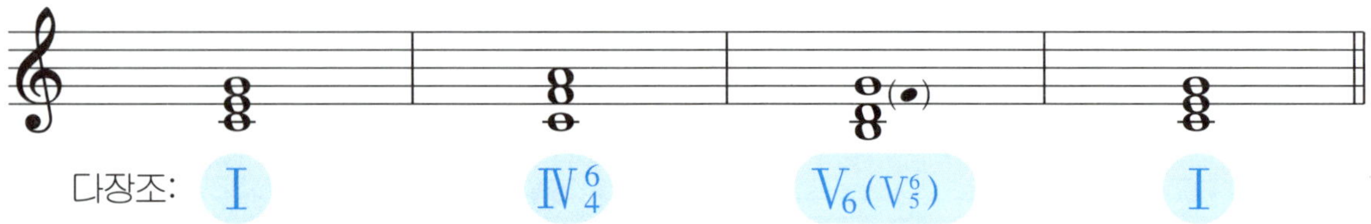

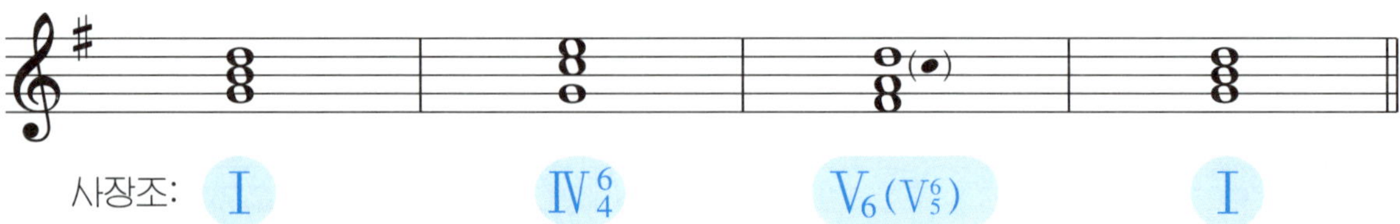

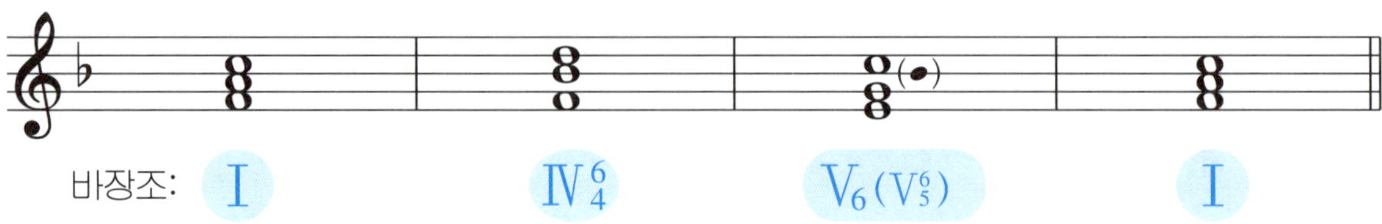

 **ㄹ. 벗어난마침(변격종지 = 아멘마침)**

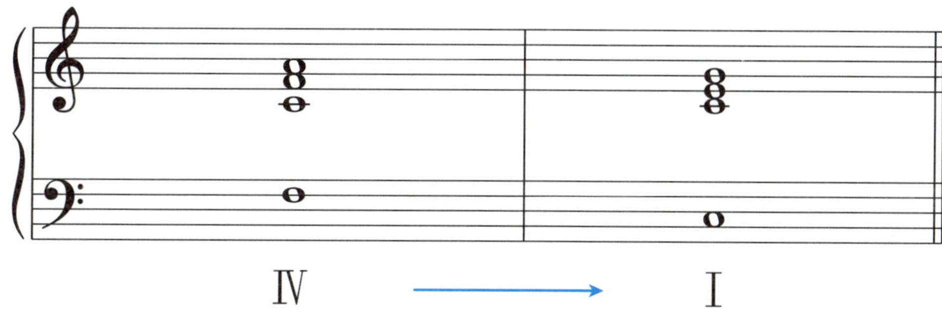

※ 못갖춘 정격종지, 못갖춘 변격종지

못갖춘 정격종지

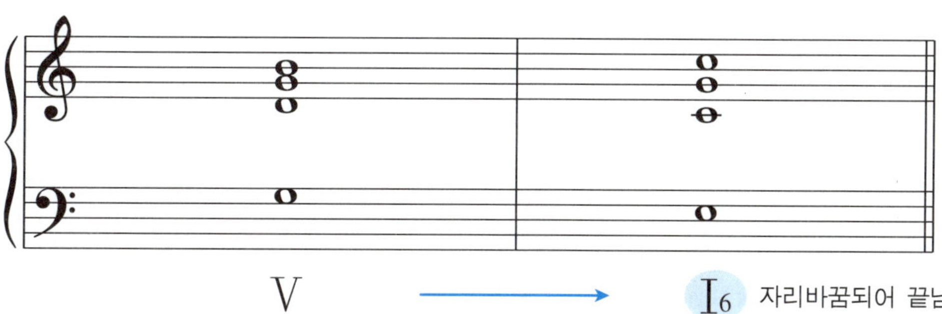

못갖춘 변격종지

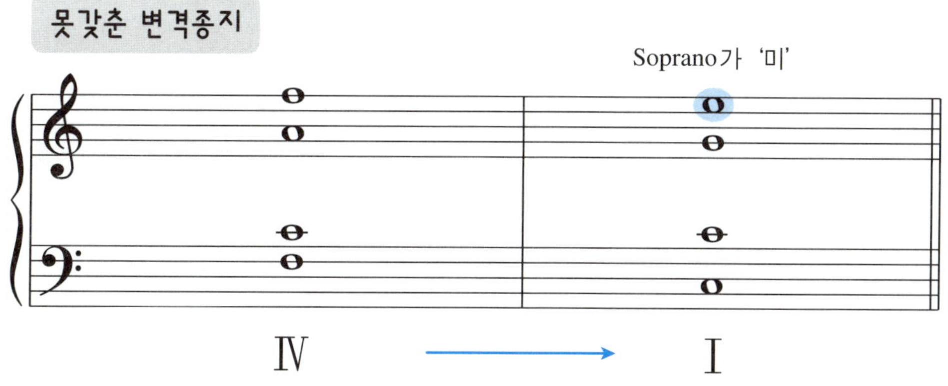

3. 반마침(반종지)

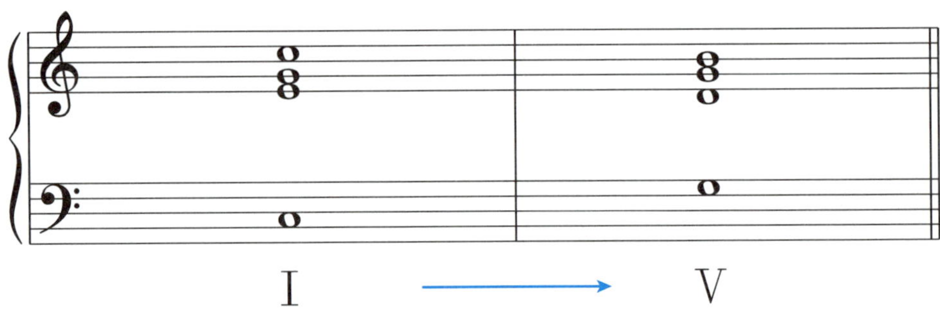

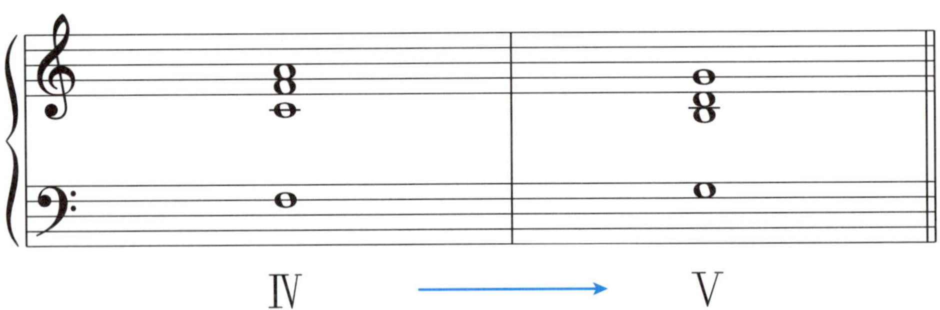

4. 거짓마침(허위종지)

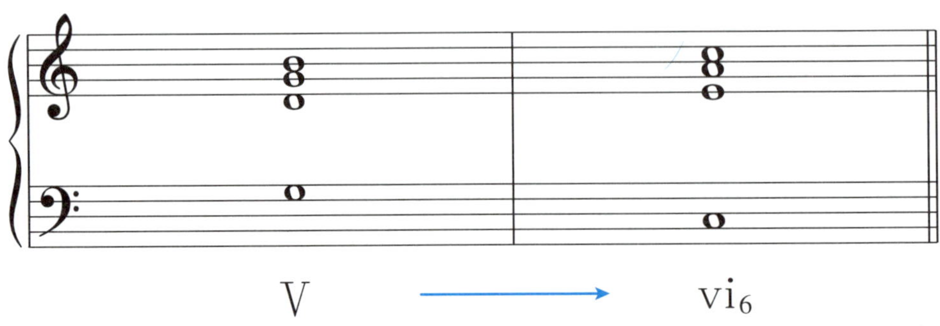

🌟 다음 악보의 마침법을 보고, 화음 기호와 마침법의 이름을 쓰세요.

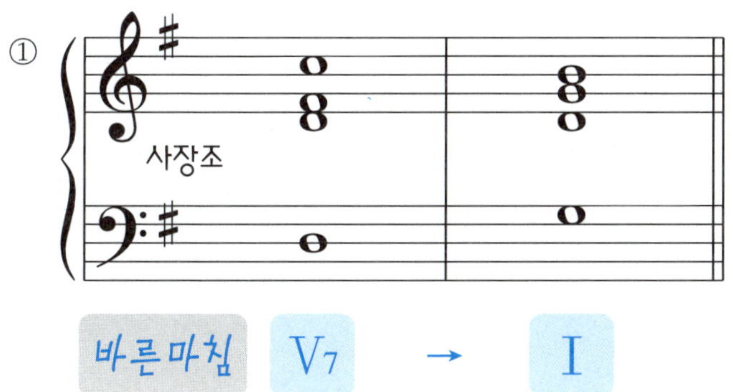

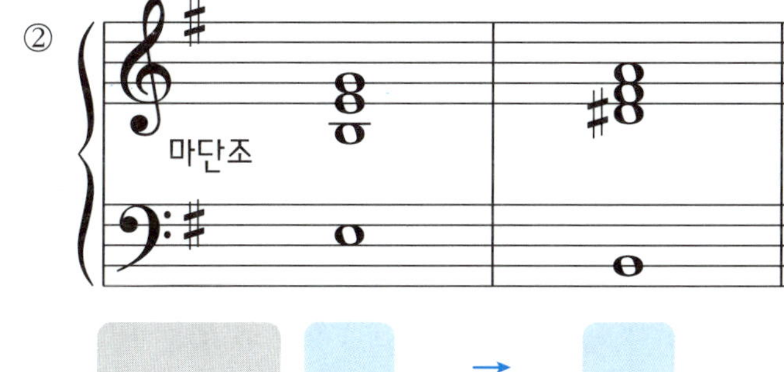

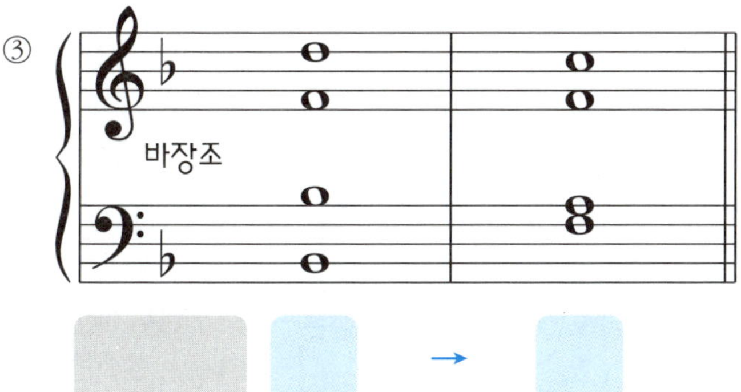

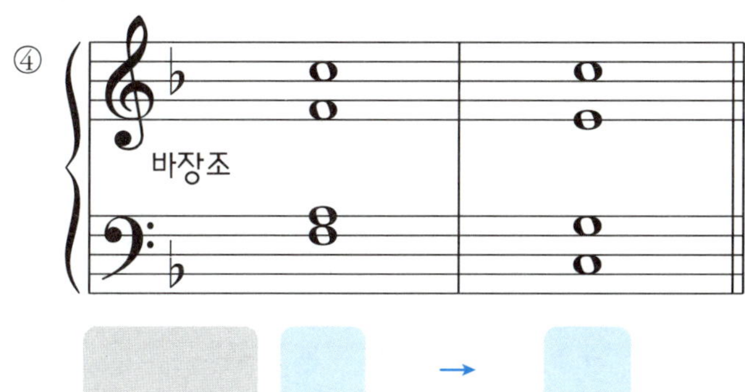

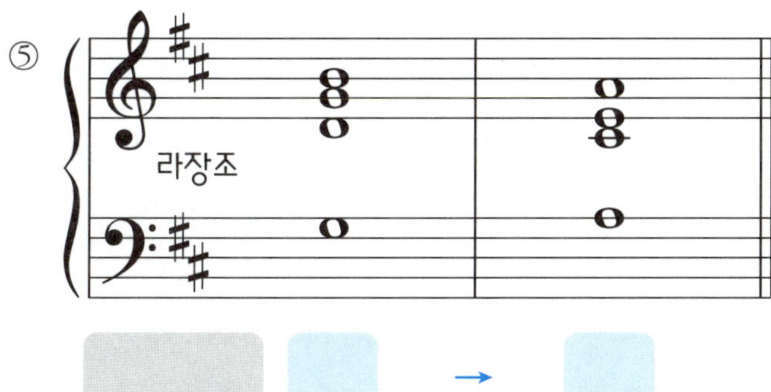

1 다장조의 주요 3화음(기본위치)을 그리세요.

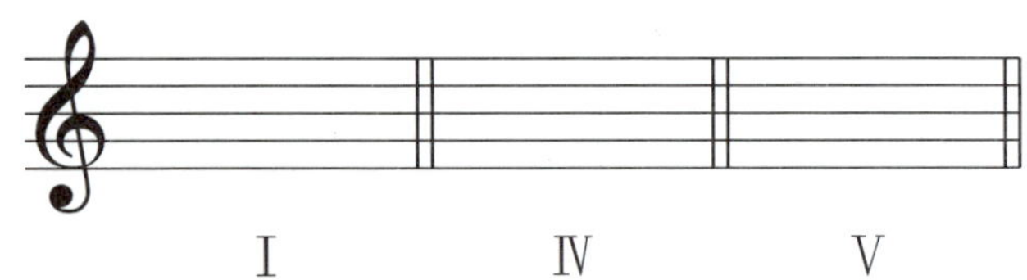

I   IV   V

2 '얼굴'의 끝부분입니다. ⬛ 부분에 맞는 화음 기호는 어느 것입니까? ·······················(   )

① i   ② Ⅲ⁺   ③ iv
④ v   ⑤ V₇

[3~4] '도나 도나'의 마단조 부분입니다.

3 위 악보의 ㉠과 ㉡에 들어갈 화음 기호는 무엇입니까? ·····························(   )

① V , i   ② V₇ , Ⅵ
③ V₇ , i   ④ ii° , Ⅲ

> **참고** ㉠은 근음이 생략된 경우입니다. 그러나 다른 파트에서 보충해 주어야 합니다. (반주)

4 마단조의 주요 3화음과 딸림7화음을 그리고, 화음 기호를 쓰세요.

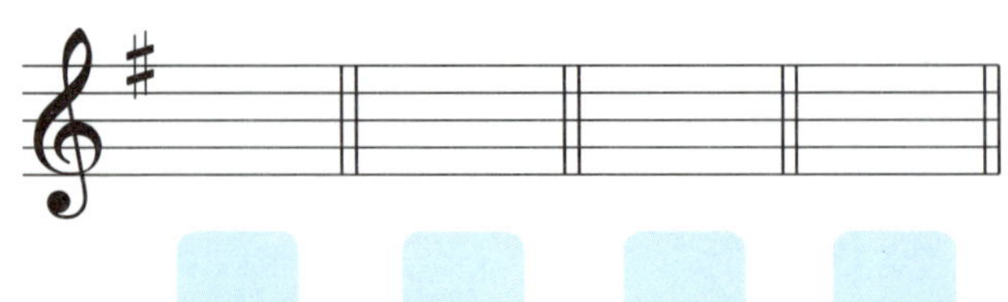

5 라장조의 마침꼴입니다. ⬛ 안에 맞는 화음 기호를 쓰세요.

[6~7] '새봄'의 끝부분입니다.

6 위 악보에 맞는 화음진행은 어느 것입니까?(   )

① I – ii – V₇ – I   ② I – vi – V – I
③ I – Ⅳ – V₇ – I   ④ I – I – V₇ – I
⑤ Ⅳ – I – V – I

7 위 악보에 사용된 마침법은 무엇입니까? ···(   )

① 바른마침   ② 벗어난마침
③ 반마침   ④ 거짓마침

8 '무궁화'의 끝부분입니다. 첫째 마디에 맞는 화음 기호는 무엇입니까? ·····················(   )

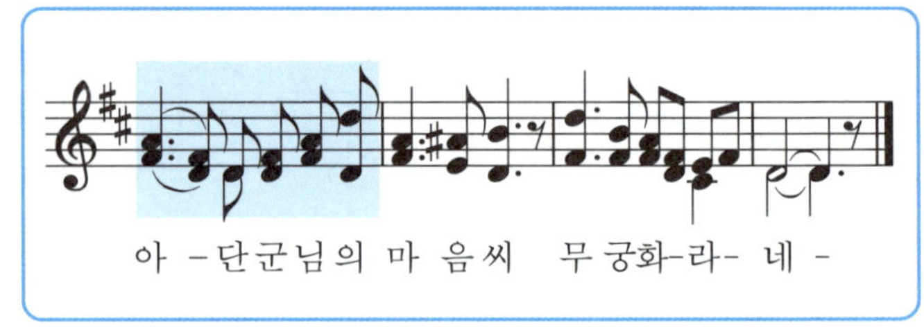

① I   ② iii   ③ Ⅳ
④ V   ⑤ V₇

1 바장조의 마침꼴입니다. ▨ 안에 맞는 화음 기호를 쓰세요.

2 라모 곡 '우박은 춤춘다'의 끝부분입니다. 악보의 조성을 쓰고, 주요 3화음을 그리세요.

[3~4] 다음은 정윤환 곡 '무지개' 입니다. 물음에 답하세요.

3 위 곡은 조바꿈 되었습니다. 무슨 조로 바뀌었습니까? ▨ 조 → ▨ 조

4 화음을 분석하여 ( )안에 화음 기호를 쓰세요. 조가 바뀐 부분은 앞에 조이름을 적고, 바뀐 조의 화음 기호를 쓰세요.

1 베토벤 곡 '땅 위의 기쁨'입니다.　▨ 안에 계속되는 느낌이면 '계'를, 끝나는 느낌이면 '끝'이라고 쓰세요.

2 포스터 곡 '오! 수재너'입니다.　▨ 안에 계속되는 느낌이면 '계'를, 끝나는 느낌이면 '끝'이라고 쓰세요.

4. 악식론과 서양 음악사

악곡의 형식

곡에는 일정한 형식이 있습니다. 다음은 가장 기본적이면서 많이 쓰이는 형식들입니다.

동기

1. 악곡을 이루는 가장 기본 단위
2. 2마디

작은악절

1. 동기 + 동기 = 작은악절
2. 4마디

큰악절(= 한도막 형식)

1. 작은악절 + 작은악절 = 큰악절
2. 8마디
3. 곡을 이루는 최소 형식
4. 한도막 형식과 같다.

큰악절 = 한도막 형식(8마디)

1. 한도막 형식 + 한도막 형식 = 두도막 형식
2. 16마디

1. 한도막 형식 + 한도막 형식 + 한도막 형식 = 세도막 형식
2. 24마디

1. 작은악절 + 작은악절 + 작은악절 = 작은 세도막 형식
2. 12마디

1. 악곡의 분석

1. 악곡의 형식을 따질 때는 먼저 각 **동기**(2마디씩)들을 분석합니다.

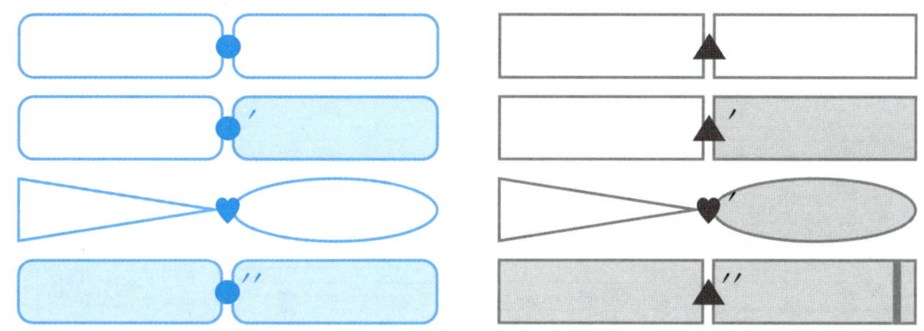

2. **작은악절**(4마디) 별로 정리합니다.

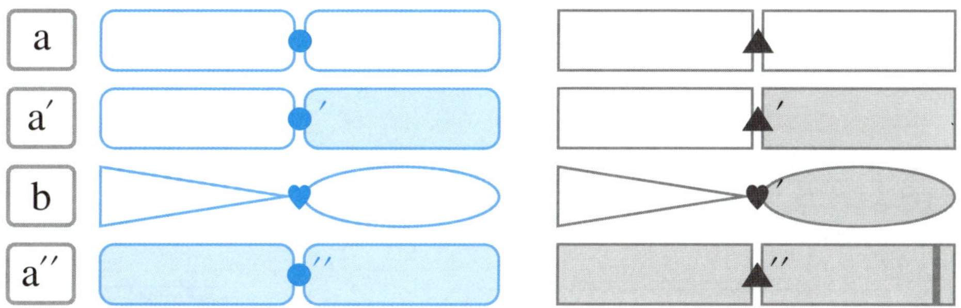

3. **큰악절**(8마디) 별로 정리합니다. (두도막 형식 – 16마디)

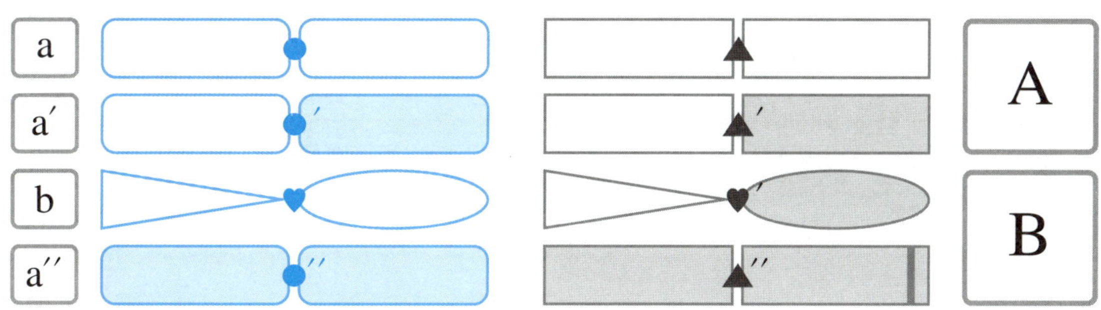

4. 악곡의 형식이 나왔습니다.

A (a+a′)   +   B (b+a″)

작은악절1
큰악절1
a
작은악절2
a′
A
반복
대조
작은악절3
큰악절2
b
작은악절4
B
a″
대조

작은악절1
큰악절1
a
작은악절2
a′
A
작은악절3
큰악절2
a″
작은악절4
A′
a‴
대조·변화
작은악절5
큰악절3
b
작은악절6
B
a‴
대조·변화

작은악절1
a
작은악절2
a
작은악절3
b
반복
대조

TEST-31

1 악곡의 구성 요소 중 2마디로 된 최소 단위는 무엇입니까? ....

2 작은악절은 몇 마디입니까? .... 마디

3 큰악절은 몇 도막 형식입니까? .... 형식

4 한도막 형식은 몇 마디입니까? .... 마디

5 작은악절 3개로 이루어진 형식은 무엇입니까? .... 형식

6 한도막 형식 2개가 연결된 형식은 무엇입니까? .... 형식

7 8마디로 되어 있으며 곡을 이루는 최소 형식은 무엇입니까? .... 형식

8 작은 세도막 형식은 몇 마디입니까? .... 마디

9 세도막 형식은 몇 마디입니까? .... 마디

TEST-32

✸ 다음 악곡의 형식을 분석해서 ☐ 안에 쓰세요.

작은악절1
큰악절1
작은악절2
새 파 란 - 봄 하 늘 에 - 아 지 랭 이 - 꿈 꾸 고 - 풀 -
피 리 - 소 리 에 꽃 눈 뜨 고 나 비 는 즐 겁 네 -
작은악절3
큰악절2
작은악절4
꽃 바 람 살 랑 불 면 - 진 - 달 래 손 을 잡 고 -
날 아 라 산 새 야 꿈 을 - 싣 고 새 - 봄 노 래 하 자 -

3

작은악절1
큰악절1
작은악절2
낳 실 제 괴 - 로 움 다 잊 으 시 고 -
기 르 실 제 밤 낮 으 로 애 쓰 는 마 음
작은악절3
큰악절2
작은악절4
진 - 자 리 마 른 자 리 갈 아 - 뉘 시 며
손 - 발 이 다 - 닳 도 록 고 - - 생 하 시 - 네
작은악절5
큰악절3
작은악절6
하 늘 아 래 그 무 엇 이 넓 다 하 리 요
어 머 님 의 희 - - 생 은 가 이 없 어 라

4
오! 푸 른 바 람 불 어 와 푸른 빛 물 결 일 으 킨 다 - 네
오! 온 통 푸 른 이 목 장 수 풀 은 잘 도 자 랐 네 (헤이)
눈 녹 아 골 짜 기 개 울 을 이 루 고 평 지 에 흘 러 서 강 물 이 되 었 네 -
들 판 을 흐 르 며 논 밭 을 적 시 며 노 래 를 부 르 네 풍 년 가 를
작은악절1 큰악절1
작은악절2
작은악절3 큰악절2
작은악절4

5
멀 - 고 먼 앨 라 배 마 나 의 고 향 은 그 곳 밴 -
나 온 고 향 하 늘 가 에 구 름 은 일 어 비 -
조 를 메 고 나 는 너 를 찾 아 왔 노 라 떠 -
끼 는 저 녁 햇 빛 그 윽 하 게 비 치
1.
2.
네 오! 수 재 너 이 노 래 부 르
자 멀 - 고 먼 앨 라 배 마 나 의 고 향 은 그 곳
작은악절1 큰악절1
작은악절2
작은악절3 큰악절2
작은악절4

ㄹ. 성악곡의 종류

① **가곡**(Lied)
시와 음악이 융합된 예술적인 노래로 낭만파 시대에 발달한 성악곡

② **민요**(Folk Song)
민족이나 지역에서 자연적으로 발생된 노래로 민족적인 특성이 나타남

③ **뮤지컬**(Musical)
미국에서 발달한 연극의 주요 형식으로 대사와 노래, 춤이 더해진 음악극

④ **오페라**(Opera)
문학과 연극, 미술, 무용이 함께하는 종합 예술의 음악극

※오페라의 구성 요소
- 서곡, 간주곡, 아리아, 레시타티브, 중창, 합창 등
- 아리아 – 주인공이 부르는 서정적인 노래
- 레시타티브 – 이야기하듯이 부르는 노래

⑤ **오라토리오**(Oratorio)
종교적인 내용의 서사적인 합창 중심 악곡으로 구성 요소는 오페라와 같지만 배역에 따른 의상을 입거나 연기는 하지 않는 규모가 큰 극음악

⑥ **칸타타**(Cantata)
종교적 또는 일반적인 내용의 서정적 악곡으로 독창, 중창, 합창으로 구성된 다악장 형식의 곡

⑦ **오페레타**(Operetta)
희극적인 내용의 규모가 작은 오페라

⑧ **미사**(Missa)
카톨릭의 의식 음악으로 대규모의 합창곡

※미사곡의 연주 순서
- Kyrie(키리에) – 불쌍히 여기소서
- Gloria(글로리아) – 대영광송
- Credo(크레도) – 사도신경
- Sanctus(쌍투스) – 거룩
- Agnus Dei(아뉴스 데이) – 신의 어린양

⑨ **레퀴엠**(Requiem)
'진혼곡'이라고도 하며 죽은 이의 영혼을 위로하기 위해 연주되는 미사곡

3. 기악곡의 형식

1. 두도막 형식 또는 세도막 형식의 곡 3개를 결합한 형식
2. 대부분 A - B - A형식으로 되어 있으며, 가운데 B부분을 Trio(트리오)라고 한다.

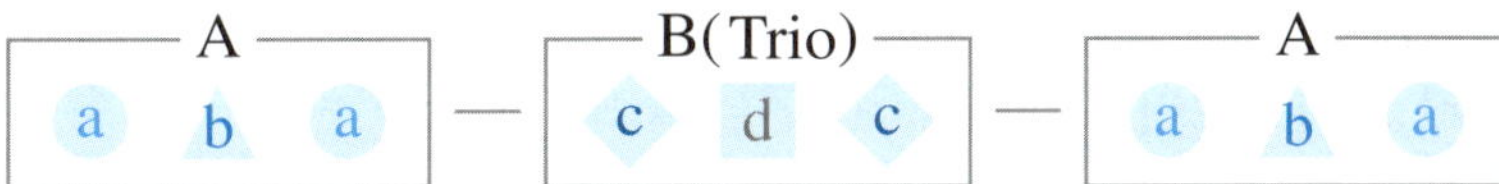

3. 행진곡이나 춤곡(미뉴에트, 왈츠), 교향곡이나 소나타의 3악장에 주로 쓰인다.

1. 론도(Rondo)는 '돈다'란 뜻으로 제1주제(A)를 제시하고 반복하는 동안 그 사이에 새로운
   제2주제(B), 제3주제(C)를 삽입하여 연주하는 형식이다.
2. 크게 3부분으로 나눌 수 있다.

3. 「엘리제를 위하여」가 대표적인 곡이다.

1. 주제(Theme)를 가지고 박자, 리듬, 조성, 화성, 빠르기 등을 변화시킨 곡
   (주제를 제시하고 그것에 여러 가지 변화를 주어 연주하는 형식)

2. 「소녀의 기도」, 「은파」가 대표적인 곡이다.

1. 제시부 ⇒ 발전부(전개부) ⇒ 재현부로 구성되어 있다.
   (대조적인 두 주제를 제시하고 다양하게 발전시킴)

   • **제시부** – 주제가 제시됨(제1주제와 제2주제의 음악적인 대조)
   • **발전부** – 주제를 발전, 전개, 확장시킴(화성, 리듬, 조성 변화)
   • **재현부** – 제시부의 주제를 반복

2. Allegro로 연주된다고 하여 sonata - allegro - form(소나타알레그로폼)이라고도 하며, 소나타의
   1악장에 많이 쓰인다.

3. 고전파 시대에 많이 쓰이고 발전되었다.
   (도입기엔 하이든, 발전기엔 모차르트, 최고의 경지로 끌어올린 베토벤)

4. 기악곡의 종류

① **서곡**(Overture)
오페라, 오라토리오, 발레곡 등 규모가 큰 작품의 막이 오르기전에 연주되는 곡으로 독립적으로 연주되는 서곡도 있다.

② **교향시**(Symphonic Poem)
리스트가 창안하였고 낭만파 작곡가들이 많이 작곡한 관현악곡으로, 시·문학·회화적 내용을 음악으로 표현한 표제 음악

③ **환상곡**(Fantasia)
일정한 형식 없이 환상적으로 자유롭게 전개되는 곡

④ **즉흥곡**(Impromptu)
작곡가가 즉흥적으로 떠오르는 악상을 자유롭게 작곡한 것으로 슈베르트, 쇼팽이 대표적 작곡가

⑤ **녹턴**(Nocturne)
'야상곡'이라고도 하며 속도가 느리고 부드러우며, 쇼팽에 이르러 완성도가 높은 곡으로 많이 작곡됨

⑥ **세레나데**(Serenade)
연인의 창가에서 부르는 사랑의 노래를 말하며, 아름답고 경쾌하며 단순한 멜로디가 많다.

⑦ **발라드**(Ballade)
성악곡 형식의 줄거리가 있는 가곡을 뜻하는 말이었으나 쇼팽, 브람스는 독창적인 피아노곡으로 발전시킴

⑧ **스케르초**(Scherzo)
3박자의 빠르고 경쾌한 악곡으로 〈미뉴에트〉와 같은 형식

⑨ **전주곡**(Prelude)
바흐의 「평균율 피아노곡」이 대표적인 곡으로 〈서곡〉처럼 어떤 악곡의 처음에 연주되며, 자유로운 기악곡으로 독립되어 연주되기도 한다.

⑩ **에튀드**(Etude)
연습곡으로 연주의 기교와 테크닉을 익히기 위한 곡이지만 19세기 낭만파 작곡가(쇼팽, 리스트 등)들은 연주회용 곡으로도 쓰이게 발전됨

이 외에 로망스(Romance), 기상곡(Capriccio), 행진곡(March), 무언가(Song without words), 춤곡(Dance) 등이 있다.

악곡의 형식정리

악곡의 형식

- 악곡 구성의 최소 단위 – 동기(2마디)   • 4마디 – 작은악절   • 8마디 – 큰악절
- 한도막 형식(8마디), 두도막 형식(16마디), 세도막 형식(24마디), 작은 세도막 형식(12마디)

성악곡의 종류

- 가곡 – 시와 음악이 융합된 예술적인 노래
- 민요 – 민족이나 지역에서 자연적으로 발생된 노래
- 뮤지컬 – 연극의 주요 형식으로 대사와 노래, 춤이 더해진 음악극
- 오페라 – 문학과 연극, 미술, 무용이 함께하는 종합 예술의 음악극
         (아리아, 레시타티브, 중창, 합창 등)
- 오라토리오 – 종교적인 내용의 서사적인 합창 중심의 극음악
- 칸타타 – 종교적인 내용의 독창, 중창, 합창으로 구성된 다악장 형식의 성악곡
- 오페레타(희가극) – 희극적인 내용의 규모가 작은 오페라
- 미사 – 카톨릭의 의식 음악으로 대규모의 합창곡
- 레퀴엠(진혼곡) – 죽은 이의 영혼을 위로하는 미사곡

기악곡의 형식

- 겹세도막 형식 : A + B(Trio) + A
- 론도 형식 : A - B - A — C — A - B - A
- 변주곡 형식 : Theme를 가지고 박자, 리듬, 조성, 화성, 빠르기 등을 변화시킨 곡
- 소나타 형식(sonata - allegro - form) : 소나타의 1악장에 주로 쓰임
                          (제시부 ⇒ 발전부 ⇒ 재현부로 구성됨)

악곡의 전개에 따른 분류

- 주제의 확대 : 1개의 큰악절이 확대되어 두도막, 세도막, 겹세도막 형식이 됨
- 주제의 변화 : 주제를 제시하고 그것을 여러 가지로 변화시킴(변주곡)
- 주제의 발전 : 대조적인 주제를 제시하고 다양하게 발전시킴(소나타 형식)
- 주제의 반복과 변화 : 주제를 제시하고 반복되는 동안 그 사이에 새로운 주제를 삽입하여 연주
         (론도 형식)

1 다음 설명에 맞는 답을 보기 에서 찾아 쓰세요.

보기	가곡	민요	미사	레퀴엠
	뮤지컬	오페라	칸타타	오라토리오

① 카톨릭의 의식 음악으로 대규모의 합창곡

② 미국에서 발달한 연주의 주요 형식으로 대사와 노래, 춤이 더해진 음악극

③ 종교적 또는 일반적인 내용의 서정적 악곡으로 독창, 중창, 합창으로 구성된 다악장 형식의 곡

④ 시와 음악이 융합된 예술적인 노래로 낭만파 시대에 발달한 성악곡

⑤ 문학과 연극, 미술, 무용이 함께하는 종합 예술의 음악극

⑥ 민족이나 지역에서 자연적으로 발생된 노래로 민족적인 특성이 나타나는 곡

⑦ 종교적인 내용의 서사적인 합창 중심 악곡으로, 구성 요소는 오페라와 같지만 배역에 따른 의상을 입거나 연기는 하지 않는 규모가 큰 극음악

⑧ '진혼곡'이라고도 하며 죽은 이의 영혼을 위로하기 위해 행해지는 미사곡

2 다음 설명에 맞는 답을 보기 에서 찾아 쓰세요.

보기	서곡	교향시	환상곡	즉흥곡
	녹턴	세레나데	발라드	에튀드
	전주곡	스케르초		

① 작곡가가 즉흥적으로 떠오르는 악상을 자유롭게 작곡한 곡

② 주로 연인의 창가에서 부르는 사랑의 노래를 말하며, 아름답고 경쾌하며 애정이나 존경을 표현하는 음악

③ 연주의 기교와 테크닉을 익히기 위하여 작곡된 피아노 곡으로 쇼팽과 리스트가 독립적인 예술적 악곡으로 승화시킨 곡

④ 오페라나 오라토리오 등 비교적 규모가 큰 작품의 막이 오르기 전에 연주되는 곡

⑤ 3박자의 경쾌한 악곡으로 미뉴에트 대신 사용하기도 한 곡

⑥ 〈서곡〉처럼 어떤 악곡의 처음에 연주되며, 바흐의 「평균율 피아노곡」이 대표적인 곡

⑦ 문학적, 시적인 내용을 가진 표제 음악으로 리스트가 창안하였고 낭만파 작곡가들에 의해 많이 작곡되어진 악곡

⑧ '야상곡'이라고도 하며 속도가 느리고 부드러우며 쇼팽에 의해 완성, 승화된 낭만파 시대의 악곡

3 다음 ▨ 안에 맞는 기악곡 형식과 답을 쓰세요.

① 주로 소나타의 1악장에 많이 쓰이는 형식은 무엇입니까?

　　　　　　　　　　형식

② 같은 주제가 일정한 간격을 두고 계속 반복되는 형식은 무엇입니까?

　　　　　　　　　　형식

③ A－B－A 형식으로 B부분을 Trio라고 하는 형식은 무엇입니까?

　　　　　　　　　　형식

④ 주제를 가지고 박자, 리듬, 조성, 화성, 빠르기 등에 변화를 주어 연주하는 형식은 무엇입니까?

　　　　　　　　　　형식

⑤ 소나타 형식은 　　　　　 － 발전부 － 　　　　　로 구성되어 있습니다.

⑥ 소나타 형식의 다른 이름은 무엇입니까?

⑦ 소나타 형식은 　　　　　 시대에 많이 쓰이고 발전되었습니다.

⑧ 겹세도막 형식의 A－B－A 에서 B부분을 다른 말로 　　　　　 라고 합니다.

⑨ 대조적인 두 주제를 제시하고, 다양하게 발전시켜 나가는 악곡의 형식을 무엇이라고 합니까?

　　　　　　　　　　형식

⑩ 제1주제(A)를 제시하고 반복하는 동안 그 사이에 새로운 제2주제(B), 제3주제(C)를 삽입하여 연주하는 형식은 무엇입니까?

　　　　　　　　　　형식

4 다음 구조를 보고 맞는 형식을 쓰세요.

① 제시부 － 발전부 － 재현부　　　　　 형식

② A － A^1 － A^2 － A^3 － A^4　　　　　 형식

③ A ＋ B ＋ A　　　　　 형식
　 (aba)　(cdc)　(aba)

5 악곡의 구성 요소 중 최소 단위는 무엇입니까?
······································(　)

　① 큰악절　　　② 동기　　　③ 작은악절
　④ 론도 형식　　⑤ 한도막 형식

6 작은 세도막 형식은 몇 마디입니까? ········(　)

　① 4마디　　　　　② 8마디
　③ 12마디　　　　④ 16마디

7 8마디로 되어 있으며, 곡을 이루는 최소 형식은 무엇입니까? ································(　)

　① 한도막 형식　② 동기　　　③ 작은악절
　④ 소나타 형식　⑤ 론도 형식

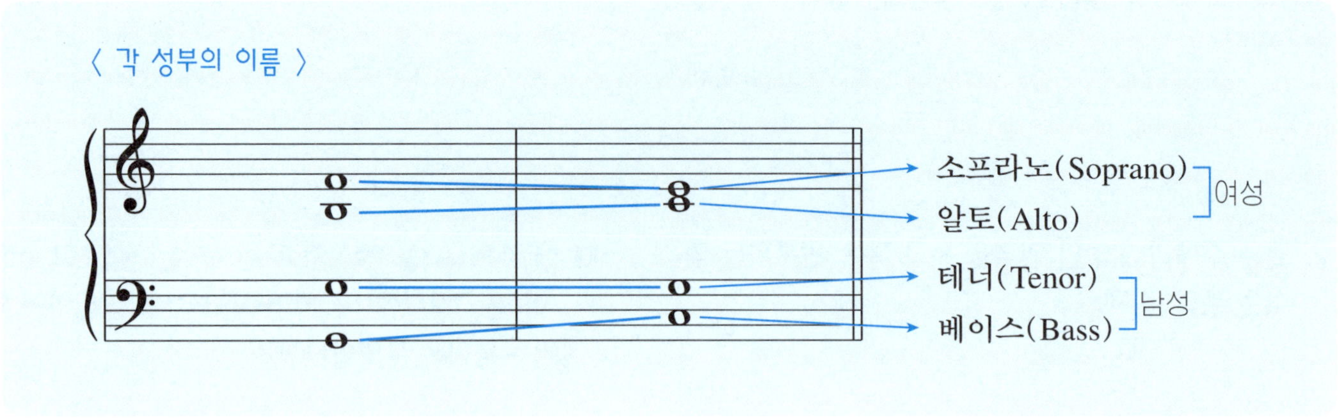

독창(Solo, 솔로)

피아노나 관현악의 반주에 맞춰 혼자 노래하는 것

중창(Ensemble, 앙상블)

두 사람 이상이 서로 다른 가락을 함께 노래하는 것

1 2중창(Duet, 듀엣) – 여성 2중창: 소프라노, 알토
　　　　　　　　　　　 남성 2중창: 테너, 베이스

2 3중창(Trio, 트리오) – 여성 3중창: 소프라노, 메조 소프라노, 알토
　　　　　　　　　　　 남성 3중창: 테너, 바리톤, 베이스

3 4중창(Quartet, 콰르텟) – 남성 4중창, 여성 4중창, 혼성 4중창

제창(Unison, 유니즌)

여러 사람이 한 가락을 함께 노래하는 것

많은 사람이 각 파트를 나눠서 노래하는 것

1 여성 합창 : 2부합창 – 소프라노, 알토

　　　　　　3부합창 – 소프라노, 메조 소프라노, 알토

　　　　　　4부합창 – 제1소프라노, 제2소프라노, 제1알토, 제2알토

2 남성 합창 : 2부합창 – 테너, 베이스

　　　　　　3부합창 – 테너, 바리톤, 베이스

　　　　　　4부합창 – 제1테너, 제2테너, 바리톤, 베이스

3 혼성 합창 : 3부합창 – 소프라노, 알토, 베이스(소프라노, 테너, 베이스)

　　　　　　4부합창 – 소프라노, 알토, 테너, 베이스

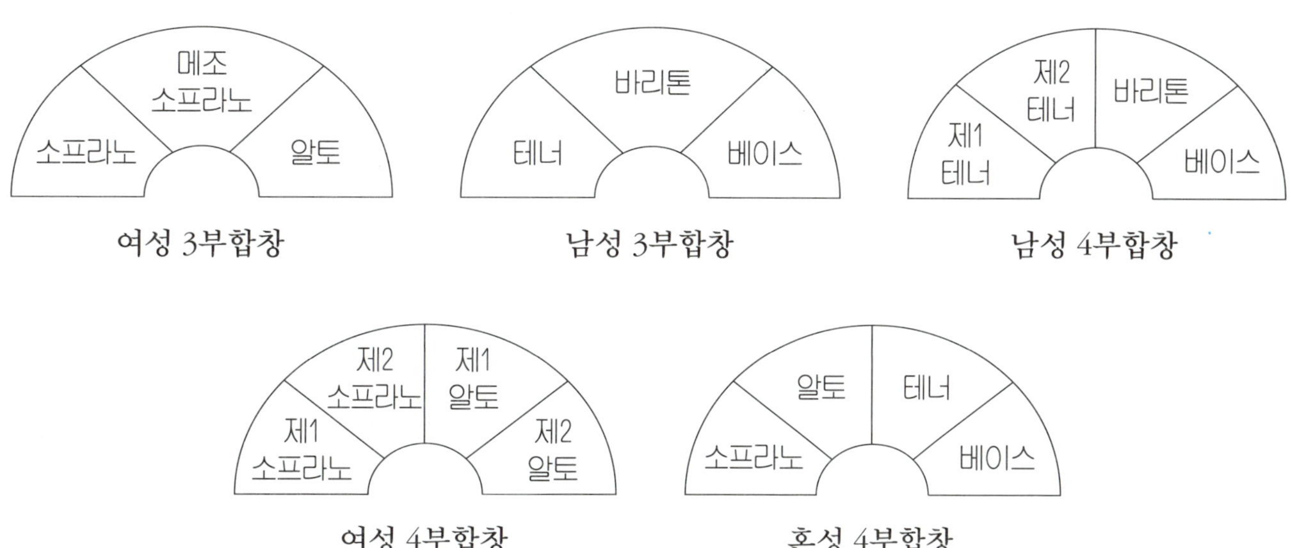

한 가락을 일정한 간격으로 다른 성부가 뒤따르며 반복하여 노래하는 것

악기 반주가 없는 합창으로, 원래는 무반주 남성합창이었으나 요즘은 모든 무반주 합창을 말함

6. 기악의 연주 형태

하나의 악기를 혼자서 연주하는 것으로, 피아노 반주가 붙기도 합니다.

두 사람 이상이 각기 다른 종류의 악기를 함께 연주하는 것

① 2중주(Duet, 듀엣) – 바이올린 + 첼로, 플루트 + 피아노 등

② 3중주(Trio, 트리오) – 현악 3중주: 바이올린 + 비올라 + 첼로
　　　　　　　　　　　피아노 3중주: 피아노 + 바이올린 + 첼로

③ 4중주(Quartet, 콰르텟) – 현악 4중주: 제1바이올린 + 제2바이올린 + 비올라
　　　　　　　　　　　　　＋ 첼로
　　　　　　　　　　　　피아노 4중주: 피아노 + 바이올린 + 비올라 + 첼로
　　　　　　　　　　　　목관 4중주: 플루트 + 오보에 + 클라리넷 + 바순

④ 5중주(Quintet, 퀸텟) – 현악 5중주: 현악 4중주 + 더블베이스(콘트라베이스)
　　　　　　　　　　　　피아노 5중주: 피아노 4중주 + 제2바이올린
　　　　　　　　　　　　목관 5중주: 목관 4중주 + 호른

여러 악기가 모여서 큰 규모로 연주하는 것

① 현악 합주: 현악기만으로 편성된 합주

② 관악 합주: 관악기 중심으로 편성된 합주

③ 관현악 합주: 관악 + 현악 + 타악기로 연주하는 가장 큰 규모의 합주 형태

〈편성수는 목관악기 수로 결정됨〉
• 2관 편성 – 목관악기는 2개씩, 호른은 4개, 전체 악기의 수는 70개 정도
• 4관 편성 – 목관악기는 4개씩, 호른은 8개, 전체 악기의 수는 100개 정도

1. 고대 음악

> ① 기원전 4~5천년
> - 메소포타미아 – 단순한 관·현악기
> - 이집트 – 단순한 관·현·타악기
>
> ② 그리스 음악 : 음악 이론과 문자 악보 발달, 피타고라스의 음의 어울림 실험, 화음이 없는 단음 가락 사용
>
> ③ 로마 음악 : 그리스 음악 계승, 파이프오르간의 원형 및 찬송가의 기원이 싹트는 등 중세 음악의 기틀이 됨

2. 중세 음악

> ① 4~13C 경
>
> ② [종교 음악 중심] 암브로시우스의 4선법 ⇒ 7C 그레고리안 성가집 ⇒ 9C 오르가눔(그레고리안 성가 선율에 한 성부를 추가한 곡), 디스칸투스 등의 다성적인 합창법 ⇒ 11C에는 귀도 다레초에 의해 네우마＋4선 ＝ 4선 악보(오늘날의 악보 기초)
>
> ③ 12~13C [세속 음악의 발달]
> - 프랑스 – 트르바투르, 트루베르
> - 독일 – 미네징거, 민스트럴 등의 음유시인

3. 르네상스 음악

> ① 14~16C 경
>
> ② 피렌체 신 예술 : 14C 예술혁명 운동, 발라드, 마드리갈 등의 종전보다 자유로운 음악, 작곡형식 탄생
>
> ③ 네델란드악파 : 대위법에 의한 복잡한 음악, 라소에 의해 화성기법 발달
>
> ④ 베네치아악파 : 2부합창, 오르간 음악, 리체르카레, 토카타(푸가의 근원), 칸초네(소나타의 근원)
>
> ⑤ 로마악파 : 팔레스트리나에 의해 대위법적 다성음악 양식의 단순화, 수많은 종교곡, 한 글자에 한 음만 사용
>
> ⑥ 코랄의 발생 : 루터의 종교개혁과 더불어 찬송가(코랄)가 만들어짐
>
> ⑦ 기악 발달 : 파이프오르간, 클라비어 ⇒ 하프시코드(피아노의 전신) 등의 건반악기, 현악기, 트롬본 등의 금관악기 발달

1 17C 이탈리아, 독일 중심으로 발달

2 장조, 단조의 조성이 확립

3 오페라, 오라토리오 : 화성적인 단성음악, 반주로 관현악 합주 발달

4 푸가, 대위법 : 다성음악의 완성

5 순수한 기악 : 전주곡, 토카타, 환상곡, 인벤션

6 오페라 개혁 운동 : 글루크의 작품 「오르페오와 에우리디체」로 오페라의 본래 모습을 되찾자는 개혁 운동

7 기악의 발달 : 연주 기술이 매우 진보, 장식음을 많이 사용

8 작곡가 : 스카를라티, 비발디, 바흐, 헨델

바로크-시대적 배경과 특징

1. 17세기부터 18세기 중엽(1600년~1750년)까지의 약 150년 동안을 '바로크 시대' 라고 한다.

2. 바로크(Baroque)란 '장식적' 이라는 의미로 이탈리아에서 시작되어 점점 퍼져나간 미술과 건축물 등, 유럽의 문화 양식 전체를 가리키는 말이다.

3. 급속한 상업의 발전과 함께 수학과 철학의 발전을 가져왔으며, 복잡성과 웅대함, 종교적인 것과 세속적인 것 등, 서로 양립되는 현상이 공존하여 풍요롭고 힘이 넘치던 시기이기도 했다.

4. 음악의 중심이 교회에서 궁정이나 귀족 사회로 옮겨졌으며, 이 시기부터 화성이 강조되어 장조와 단조의 성격이 뚜렷해졌다.

5. 기악 음악은 점점 발전하여 반주 음악에서 독주 음악으로 전환되었다.

6. 이탈리아에서 싹튼 오페라는 점점 근대적 오페라로 발전하였다.

7. 대위 기법으로 푸가 등 다성음악이 많이 발달하였다.

8. 르네상스 음악이 직선적이라면 바로크 음악은 곡선적이다.

9. 웅장하고 감정의 표현이 풍부하며, 대위법이 화성적인 성격을 띠며 발전해갔다.

◎ 협주곡「사계」중 '겨울' 제1악장 – 비발디

「사계」는 '화성과 인벤션의 시도'라는 12곡의 바이올린 협주곡 중 제1번부터 4번까지의 곡인데, '봄·여름·가을·겨울'이라는 표제가 붙여졌으며, 자연을 매우 사실적으로 묘사한 **현악 합주 협주곡**입니다.

차가운 눈을 맞으며 몸을 떨고 있다.

사나운 바람이 불어온다.

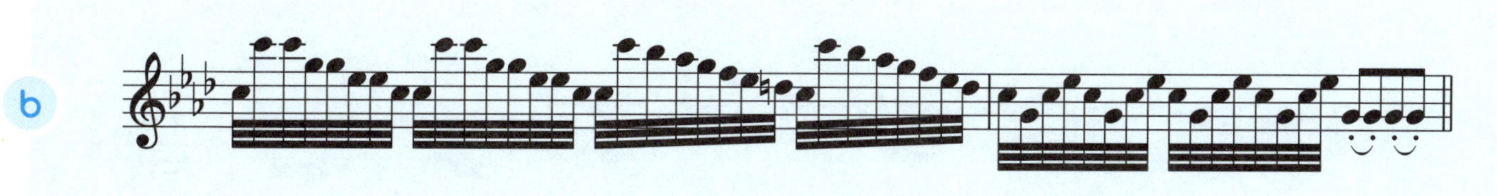

계속 발을 동동 구르며 추위를 견뎌보려 한다.

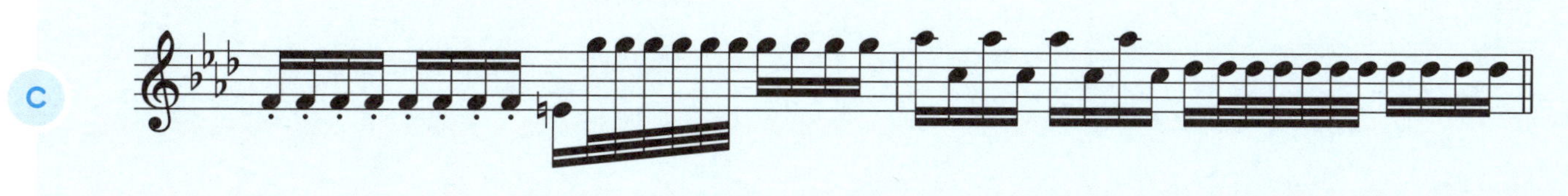

너무나도 추운 나머지 이제는 몸이 덜덜 떨린다.

　바흐의 〈관현악 모음곡〉 제3번 중 제2곡으로, 바이올린 연주가였던 빌헬미를 위해 바이올린의 G선만으로 연주할 수 있도록 편곡한 곡입니다.

G선만을 사용한 이 곡의 선율은 편안하고 아름다우며, 듣는 이들을 차분하게 만듭니다. 또한 첼로 곡으로도 편곡되어 연주되고 있습니다.

　헨델이 독일에서 영국으로 이주할 때, 그 동안 많은 도움을 주었던 하노버 선제후의 노여움을 샀습니다. 그런데, 그 선제후가 조지 1세로 영국 국왕에 오르게 되자, 헨델은 템즈 강에서 거행된 뱃놀이 때 왕을 위해서 이 곡을 연주하여 다시 총애를 받게 되었다는 이야기가 전해지는 바로크 시대의 대표작입니다. 여러 개의 관현악곡으로 된 모음곡이며, 요즘은 이를 축소 편곡해서 연주하기도 합니다.

● **비발디**(Antonio Vivaldi, 1678~1741): 이탈리아 태생

1. 현악 음악 발전에 큰 공헌을 하였다.

2. 「사계」, 「조화에의 영감」 등 수많은 협주곡을 작곡하였는데, 특히 「사계」는 많은 사람들이 즐겨 듣는 합주 협주곡 중 하나이다.

● **라모** (Jean Philippe Rameau, 1683 ~ 1764) : 프랑스 태생

  1. 음악이론의 기초로 〈화성론〉을 간행하여 화성법을 확립시켰다.

  2. 많은 오페라와 실내악곡, 기악 독주곡 등을 작곡하였다.

● **바흐** (Johan Sebastian Bach, 1685 ~ 1750) : 독일 태생

  1. 대위 기법의 최고 수준의 곡들인 48곡의 '평균율 피아노곡집', '바이올린 협주곡', '오라토리오', '첼로 모음곡', '바이올린 소나타' 등 1,000여 곡 이상의 명곡을 남겼다.

  2. 신앙심을 바탕으로 다수의 종교 음악, 기악곡, 성악곡 등을 썼다.

  3. 특히 푸가 기법의 대가였다.

● **헨델** (Georg Friedrich Handel, 1685 ~ 1759) : 독일 태생

  1. 헨델의 음악은 화성적이고 성악적인 특징이 있다.

  2. 오라토리오 「메시아」, '칸타타', '협주곡' 등과 여러 곡의 오페라를 작곡하였다.

● **스카를라티** (Domenico Scarlatti, 1685 ~ 1757) : 이탈리아 태생

  1. 근대 피아노 주법을 확립하였다.

  2. 피아노의 전신인 하프시코드를 위한 소나타 600여 곡을 작곡하여 건반 악기를 독주 악기로 확립시키는 데 큰 공헌을 하였다.

대위법

2개 이상의 선율이 서로 어울려서 꾸며지는 음악이다. 가락이 2개인 음악은 2성부 음악, 3개인 음악은 3성부 음악으로 나누어진다.

아리아

아리아란 아름다운 가락을 말하는데, 오페라, 칸타타, 오라토리오 등에 나오는 선율적인 독창 부분이다. (드물게는 2중창도 포함)

1 바로크 음악의 특징이 <u>아닌</u> 것은 어느 것입니까?
···( )

① 기악 음악과 연주기술이 매우 발달되었다.
② 매우 직선적이다.
③ 대위법이 화성적인 성격을 띠며 발전하였다.
④ 다성음악이 완성되었다.
⑤ 장조, 단조의 조성이 확립되었다.

2 바로크 시대의 작곡가로 짝지어진 것은 어느 것입니까? ······························( )

① 베토벤, 모차르트 　② 쇼팽, 슈만
③ 바흐, 헨델 　④ 비발디, 하이든
⑤ 스카를라티, 하이든

3 바로크 시대에 작곡된 곡이 <u>아닌</u> 것은 어느 것입니까? ·····························( )

① 「운명」 교향곡 　② 「G선상의 아리아」
③ 「사계」 　④ 「수상 음악」
⑤ 오라토리오 「메시아」

4 다음은 어느 시대에 대한 설명입니까?

　　교회 선법에서 벗어나 장음계와 단음계가 대부분 음악의 기초가 되었으며, 여러 성부가 운동감 있게 진행하는 다성음악과 주제를 반복, 모방하여 통일성을 주는 대위법의 절정기를 이루었으며, 오케스트라의 출현과 협주곡이 연주되기 시작했던 시기이다.

시대

5 다음은 「사계」의 일부입니다. 악보를 보고 ( )안에 들어갈 맞는 답을 쓰세요.

　　위 곡은 〈화성과 인벤션의 시도〉라는 12곡의 (㉠) 협주곡으로, 제1번~4번까지 '봄·여름·가을·겨울' 이라는 표제가 붙어 있다. 위 곡의 작곡자는 (㉡)이며, 위 악보는 사계절 중 (㉢) 계절을 표현한 곡이다.

㉠:(　　　)　㉡:(　　　)　㉢:(　　　)

[6~7] 다음은 〈관현악 모음곡〉 제3번 중 제2곡입니다. 물음에 답하세요.

6 바이올린 연주자였던 빌헬미를 위해 바이올린의 G선만으로 연주할 수 있도록 편곡한 위 곡의 곡명을 쓰세요.

7 위 곡의 작곡자는 누구입니까?

8 오페라, 칸타타, 오라토리오 등에 나오는 선율적인 독창 부분으로 아름다운 멜로디를 무엇이라고 합니까?

5. 고전파 음악

① 18C 오스트리아 빈을 중심으로 화성적 음악이 발달

② 예술의 단순 명료화

③ 조화와 통일: 화성법, 순수한 아름다움, 객관적인 형식미, 균형, 대비, 통일성

④ 피아노 음악의 발달: 크리스토포리의 피아노 발명

⑤ 소나타 형식(sonata - allegro - form)의 확립(하이든), 발전(모차르트), 완성(베토벤)

⑥ 절대 음악 발달: 오로지 음 자체의 구성과 형식에서 오는 아름다움을 추구하는 음악(순음악)

⑦ 화성적 단성음악 양식

⑧ 작곡가: 하이든, 모차르트, 베토벤(후에 낭만 음악에 영향을 줌)

고전파-시대적 배경과 특징

1. 18세기 후반(1750년 ~ 1825년)에 빈을 중심으로 발전

2. 균형잡힌 형식미를 중시하는 음악

3. 빈 악파 : 하이든, 모차르트, 베토벤

4. 주선율 + 화성적인 반주 = 화성적 단성음악

5. 소나타 형식의 완성(제시부 – 발전부 – 재현부), 많은 곡들이 소나타 형식으로 작곡되었다.

6. 크고 작은 소리를 자유롭게 표현할 수 있는 피아노 음악이 발전하였다.

7. 교향곡이 크게 발전하여 관현악 편성이 정비되고 실내악이 발달하였다.

8. 중산층들을 위한 연주회장의 설립과 다양한 주제 의식을 가진 작품들이 출현하였다.

9. 대위법적 다성음악의 바로크 시대와 달리 가락과 화성을 중요시하였다.

10. 절대 음악이 중심을 이루었다.

성부음악의 종류

- 단성음악: 단선율 음악 형태로, 민요나 서양의 그레고리오 성가와 중세 음유 시인들이 부르던 음악 형태

- 다성음악: 2개 이상의 독립된 성부로 구성된 것으로, 17~18세기 초 독일의 바흐에 의해서 발전된 형태

- 화성음악: 주된 선율에 반주를 붙인 화성적 양식으로, 18세기 고전파와 19세기 낭만파 시대에 발전된 형태

● 「피아노 소나타 K.330」 제1악장 – **모차르트**

소나타 형식의 곡으로 소나타 형식은 소나타, 교향곡, 협주곡 등의 제1악장에 주로 쓰입니다. 소나타 형식의 구성은 두 개의 주제(제1주제, 제2주제)가 제시되는 제시부 , 주제의 동기를 변화, 발전시키는 발전부(전개부) , 두 주제가 다시 재현되는 재현부 , 이렇게 3부분으로 구성됩니다.

제시부 ··· 제1주제와 제2주제가 제시되는 부분이다.

[제1주제] - 으뜸조

[제2주제] - 제1주제의 딸림조

발전부 ··· 세도막 형식의 가운데 부분이라고 할 수 있는데, 이미 제시된 제1주제와 제2주제를 발전시키면서 작곡가의 기량을 발휘할 수 있는 부분으로, 조바꿈이 활발하게 나온다.

재현부 ··· 주제가 다시 나타나는 부분으로 제1주제와 제2주제가 모두 으뜸조로 제시된다. 그리고 종결부로 곡 전체를 끝맺는다.

● **하이든** (Franz Joseph Haydn, 1732 ~ 1809) : 오스트리아 태생

1. 고전파 음악을 확립
2. 소나타 형식을 기초로 100여 곡의 교향곡과 많은 기악곡을 작곡하였다.
3. 실내악 양식을 발전시킴
4. 현악 4중주 형식의 확립
5. 주요 작품 : 교향곡 「놀람」, 「시계」, 「군대」와 오라토리오 「천지창조」, 현악 4중주 「종달새」, 「황제」 등

● **모차르트**(Wolfgang Amadeus Mozart, 1756~1791) : 오스트리아 태생

1. '음악의 신동' 이라 불리는 모차르트는 6세 때부터 작곡을 시작하여 유럽 각지를 여행하며 재능을 떨침. 34세의 젊은 나이에 죽었지만 1,000여 곡에 가까운 작품을 남겼다.
2. 주요 작품 : 41곡의 교향곡, 21곡의 오페라, 30곡의 피아노 협주곡, 독주곡 등

● **베토벤**(Ludwig van Beethoven, 1770~1827) : 독일 태생

1. 고전파 음악의 완성자, 낭만파 음악의 선구자
2. 주요 작품 : 10곡의 바이올린 소나타는 후세의 실내악에 큰 영향을 주었다.
「영웅」, 「운명」, 「합창」 등의 교향곡과 협주곡, 실내악, 독주곡 등

소나타 형식

겹세도막 형식이 발전된 형태로 제시부 – 발전부(전개부) – 재현부 로 구성되는 기악곡의 형식이다.

소나타 형식과 소나타

소나타 형식을 제1악장에 포함하는 악곡을 소나타라고 하며, 보통 3개 또는 4개의 악장 [1악장(소나타 형식) – 2악장(가요 형식) – 3악장(미뉴에트〈스케르초〉) – 4악장(론도〈소나타 형식〉)]을 갖는다. 소나타는 연주 형태가 달라짐에 따라 협주곡, 실내악, 교향곡으로 불리우며 악장 수도 달라진다. 독주 악기용 소나타는 '피아노 소나타', '바이올린 소나타', '첼로 소나타' 등 독주 악기의 이름으로 곡 이름을 붙인다.

명칭		구성 내용	악장 수
소나타	소나타	독주 악기	3~4악장
	협주곡	독주 악기 + 관현악	3악장
	실내악	앙상블	3~4악장
	교향곡	관현악	4악장

1 고전파 시대의 음악적 특징이 <u>아닌</u> 것은 어느 것입니까? ……………………………………( )

　① 균형잡힌 형식미를 중시
　② 소나타 형식의 완성
　③ 대위법적 다성음악의 최고조
　④ 화성적 단성음악 양식

2 다음 중 작곡가와 작품이 맞게 연결된 것은 어느 것입니까?………………………………( )

　① 교향곡「군대」– 베토벤
　② 교향곡「영웅」– 하이든
　③ 현악 4중주「종달새」– 모차르트
　④ 오라토리오「천지창조」– 하이든

3 겹세도막 형식이 발전된 형태로,
　제시부 – 발전부(전개부) – 재현부 로 구성되는 기악곡의 형식은 무엇입니까?

　　　　　　　　　　　　형식

4 소나타 형식을 제1악장에 포함하는 악곡으로, 보통 3개 또는 4개의 악장을 갖는 악곡은 무엇입니까?

5 소나타의 1악장에 주로 쓰이는 빠르기는 무엇입니까? ……………………………………( )

　① Moderato　　　② Adagio
　③ Allegro　　　　④ Andante

6 주제의 동기를 변화, 발전시키는 부분은 소나타 형식의 구성 중 어디입니까?………………( )

　① 제시부
　② 발전부(전개부)
　③ 재현부

7 소나타 형식이 완성되고 피아노 음악이 발달하였으며 화성음악의 대표적인 시대는 어느 시대입니까?

　　　　　　　　　　　　시대

8 다음 설명 중 맞는 답에 ◯표 하세요.

　(다성음악 / 화성음악)은 독립된 2개 이상의 성부가 서로 조화를 이루고 진행하는 바로크 시대의 대표적인 악곡 형태로 카논, 인벤션, 푸가 등이 있다. 이에 비해 (다성음악 / 화성음악)은 고전파 시대의 대표적인 악곡 형태로 하나의 주된 가락을 나머지 성부가 화성적으로 뒷받침해주는 음악을 말한다.

9 고전파 음악을 완성시키고 낭만파 음악의 길을 연 개혁자인 음악가는 누구입니까?

10 고전파 시대의 '빈 악파'라고 불리는 음악가 3명을 쓰세요.

6. 낭만파 음악

① 19C 독일, 이탈리아, 프랑스, 러시아 등을 중심으로 발전

② 주관적인 감정의 표현 : 자유로운 음악, 화려한 음악

③ 관현악법의 발전 : 관현악을 위한 소규모의 기악곡 다수 작곡

④ 인쇄술의 발달, 악기 개량, 예술 가곡, 교향시, 낭만적인 오페라 발달

⑤ 전기 낭만파 : 고전파 음악에 비해서 진보적이고 좀 더 자유로워짐.
　　　　　　　작곡가의 개성 발휘 및 다른 예술과의 조화, 서정적, 회화적,
　　　　　　　사실적인 작품의 등장

　후기 낭만파 : 낭만주의 색깔이 더 짙어지고 더욱 더 복잡하고 방대해짐

⑥ 악극(후기 낭만파) : 음악 + 미술 + 문학 등의 융합

⑦ 표제 음악(후기 낭만파) : 제목이 있는 표제 음악의 창시 및 발전, 교향시 창시

⑧ 작곡가 : 베버, 슈베르트, 슈만, 베를리오즈, 쇼팽, 멘델스존, 리스트, 베르디,
　　　　　브람스, 생상, 요한 슈트라우스, 차이코프스키

낭만파–시대적 배경과 특징

1. 19세기 전반부터(1825~1875) 낭만주의가 등장

2. 형식과 균형을 중시하는 고전파 양식에서 벗어나 개인의 감정과 개성이 존중되는 주관적이면서 자유로운 감정 표현에 중점

3. 음악사적으로 볼 때 가장 풍부한 음향과 악기의 발전을 가져왔던 시기

4. 피아노 음악의 큰 발전

5. 금관악기를 포함하는 대규모 편성의 오케스트라가 만들어짐

6. 다양한 주제를 가진 악극, 표제 음악, 교향시, 가곡 등 많은 장르의 음악과 대중적인 음악의 발전이 있었던 화려한 시기

◉ 「바이올린 협주곡 마단조 op.64」 – 멘델스존

　　1845년 초연되어 성공을 거둔 이 작품은 바이올리니스트 다비드를 위해 작곡된 협주곡으로 3악장으로 구성되어 있으며, 악장 사이를 쉬지 않고 계속 연주하게 되어 있습니다. 멘델스존의 작품 중 가장 널리 연주되는 명곡입니다.

[제1악장] 소나타 형식 – 마단조

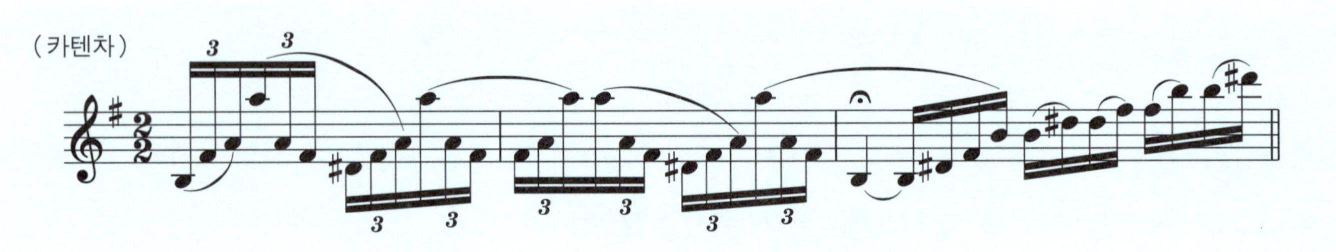

[제2악장] 겹세도막 형식 – 다장조

[제3악장] 소나타 형식 – 마장조

● **슈베르트** (Franz Peter Schubert, 1797~1828) : 오스트리아 태생

  1. 시와 아름다운 가락, 풍부한 반주가 하나로 융합된 예술성이 뛰어난 가곡들을 작곡

  2. 독일 가곡의 새로운 경지를 열었고, 교향곡·실내악곡·독주곡 등 기악 부분에서도 낭만 파의 길을 열어 준 작곡가

  3. 주요 작품 : 「미완성 교향곡」, 피아노 5중주곡 「숭어」, 가곡 「마왕」, 600여 곡의 가곡 등

● **멘델스존** (Bartholdy Felix Mendelssohn, 1809~1847) : 독일 태생

  1. 부유한 가정에서 태어나 어릴 때부터 이상적인 음악 교육을 받음

  2. 고전파의 형식미 + 시적이고 서정적인 음악

  3. 주요 작품 : 바이올린 협주곡 「마단조」와 교향곡 「이탈리아」, 「스코틀랜드」, 극음악 「한여름 밤의 꿈」, 피아노곡 「무언가」 등

● **슈만** (Robert Schumann, 1810~1856) : 독일 태생

  1. 음악 신문을 창간하여 멘델스존, 쇼팽, 브람스 등 많은 음악가를 세상에 소개함

  2. 신선한 리듬과 색채감 넘치는 아름다운 가락이 특징

  3. 주요 작품 : 연가곡집 「시인의 사랑」, 피아노 모음곡 「어린이 정경」, 피아노 협주곡 등

● **쇼팽** (Fryderyk Chopin, 1810~1849) : 폴란드 태생

  1. 섬세한 감정을 피아노로 표현하여 피아노 음악의 새로운 경지를 개척

  2. 새로운 형식의 피아노곡을 작곡(「전주곡」, 「녹턴」, 「발라드」 등 새로운 형식의 피아노곡을 작곡하여 시적인 세계를 음악으로 표현함)

  3. 주요 작품 : 피아노곡으로 「녹턴」, 「연습곡」, 「폴로네이즈」, 「왈츠」 등

● **바그너** (Wilhelm Richard Wagner, 1813~1883) : 독일 태생

  1. 무대 예술 음악 : 문학과 음악, 그리고 사건, 장면 등을 상징하는 라이트 모티브를 사용하여 오페라와는 다른 차원의 악극을 창시

  2. 주요 작품 : 오페라 「탄호이저」, 「로엔그린」, 악극 「트리스탄과 이졸데」, 「니벨룽겐의 반지」 등

● **브람스** (Johannes Brahms, 1833~1897) : 독일 태생

  1. 신고전주의 음악 : 고전주의적 형식미를 추구

  2. 화려한 오페라나 극음악보다 독주곡과 실내악곡의 창작에 힘씀

  3. 주요 작품 : 4개의 교향곡과 협주곡들, 많은 실내악곡과 독주곡 등

● **차이코프스키**(Pyotr Il'yich Tchaikovsky, 1840~1893) : 러시아 태생

　1. 낭만파적인 음악 속에 러시아의 민족적 정서를 표현

　2. 서유럽의 기법과 러시아의 국민악파적인 기법이 섞여서 독특하고 서정적인 분위기의 작품을 작곡

　3. 주요 작품: 교향곡 「비창」, 피아노 협주곡, 바이올린 협주곡 등
　　　　3대 무용곡 - 「백조의 호수」, 「호두까기 인형」, 「잠자는 숲 속의 미녀」

● **말러**(Gustav Mahler, 1860~1911) : 오스트리아 태생

　1. 교향곡 작곡에 몰두하여 10개의 교향곡을 작곡했는데, 그의 교향곡은 대규모 관현악단이 연주할 수 있도록 작곡되었으며, 교향곡에 성악을 도입하는 등 새로운 기법을 추구함

　2. 주요 작품 : 교향곡 「거인」, 「부활」, 「대지의 노래」 등

● **R. 슈트라우스**(Richard Strauss, 1864~1949) : 독일 태생

　1. 안익태의 스승이기도 한 그는 작곡가와 지휘자로서 모두 유명함

　2. 후기 낭만파 음악의 대표 작곡가로, 표제 음악과 바그너의 영향으로 오페라와 교향시 분야에서 큰 업적을 남긴 작곡가

　3. 독일 가곡의 전통을 이어받아 150여 곡의 가곡을 작곡

　4. 주요 작품 : 교향시 「돈키호테」, 「차라투스트라는 이렇게 말했다」, 「영웅의 생애」와 오페라 「살로메」가 유명

표제 음악

곡의 제목이 음악의 내용을 암시하는 형태의 음악. 19세기 낭만파 음악은 문학, 미술과 결합하여 인간의 감정이나 문학적, 미술적인 정경을 묘사하였다. 따라서 곡의 제목이 중요한 의미를 갖게 되었고, 그 결과 교향시, 발레 음악, 극음악, 모음곡 등의 표제 음악이 발달하게 되었다.

협주곡(concerto)

1. 독주 악기와 관현악을 위한 작품

2. 대개 '빠르고 – 느리고 – 빠른' 3악장으로 되어 있음

3. 제1악장은 주로 소나타 형식으로 되어 있다.

4. 명장(비루투오조, Virtuoso) : 독주 악기 연주자를 '협연자' 라고 하는데, 훌륭하고 완벽한 협연자를 가리키는 말

5. 카덴차(Cadenza) : 주로 빠른 악장의 끝부분(특히 재현부 직후)에 나오며, 독주자가 화려한 기교를 발휘하여 혼자서 연주하는 부분

6. 멘델스존, 쇼팽, 브람스, 차이코프스키 등의 작곡가들이 많은 협주곡을 남겼으며, 독주 악기에 따라서 '바이올린 협주곡', '피아노 협주곡', '플루트 협주곡' 등으로 이름이 붙여진다.

1 슈베르트가 활동한 시대의 음악적 특징은 어느 것입니까? ······················(   )

① 기악곡에 있어서는 파이프오르간과 하프시코드, 바이올린 곡이 발전하였다.

② 다양한 주제를 가진 악극, 표제 음악, 교향시, 가곡 등 많은 장르의 음악과 대중적인 음악의 발전이 있었던 화려한 음악의 시기였다.

③ 대표적인 음악가로는 쇼팽, 베토벤, 비발디 등이 있다.

④ 소규모 오케스트라의 출현과 협주곡이 연주되기 시작했다.

2 다음은 어느 시대에 대한 설명입니까?

• 19세기 전반부터 개인의 감정을 자유롭게 표현하는 음악이 나타나게 되었다.

• 음악이 문학이나 미술과 결합되어 더욱 다양하고 색채적인 면이 발달하여 전주곡, 즉흥곡, 랩소디, 환상곡 등이 많이 쓰이게 되었다.

시대

3 다음은 어떤 음악에 대한 설명입니까?

곡의 제목이 음악의 내용을 암시하는 형태의 음악으로 19세기 문학, 미술과 결합한 낭만파 음악은 인간의 감정이나 문학적, 미술적인 정경을 묘사하게 되어 곡의 제목이 중요한 의미를 갖게 되었다. 그 결과 교향시, 발레 음악, 극음악, 모음곡 등의 곡에 제목을 붙이게 되었다.

4 피아노 5중주곡 「숭어」의 작곡자는 누구입니까?

5 협주곡 중 독주자가 화려한 기교를 발휘하며, 혼자서 연주하는 부분을 무엇이라고 합니까?

6 대규모의 관현악단 사용, 교향곡에 성악을 도입하는 등 새로운 기법을 추구한 후기 낭만파 시대의 작곡가는 누구입니까? ······················(   )

① 바그너   ② 브람스

③ 말러   ④ 요한 슈트라우스

7 다음 설명하는 작곡가의 이름을 쓰세요.

독일 태생의 낭만파 최후의 작곡가로, 안익태의 스승이기도 하며, 바그너의 영향으로 오페라와 교향시를 발전시켰다. 또한 독일 가곡의 전통을 이어받아 150여 곡의 가곡을 작곡하였다. 주요 작품은 교향시 「돈키호테」, 「차라투스트라는 이렇게 말했다」, 「영웅의 생애」, 오페라 「살로메」 등이 있다.

8 고전파 시대의 음악과 낭만파 시대의 음악의 가장 큰 차이점이 무엇인지 간략하게 써 보세요.

9 고전파 음악과 전기 낭만파 음악의 시대적 배경과 특징을 잘 표현한 것은 어느 것입니까? ···(   )

① 고전파 음악은 형식과 절제를 강조하였고, 전기 낭만파 음악은 개성과 감정을 중시함

② 고전파 음악은 주관적이며, 전기 낭만파 음악은 객관적임

③ 고전파 음악은 대위법을 중심으로 한 다성음악이 주를 이루었고, 전기 낭만파 음악은 화성을 중심으로 한 단성음악이 주를 이룸

④ 고전파 음악은 예술 가곡이 발전되었으며, 전기 낭만파 음악은 소나타 형식이 확립됨

10 오페라에서 주인공이 부르는 서정적인 노래를 무엇이라고 합니까?

1 후기 낭만파 시대에 싹틈
2 민족적인 소재를 도입: 발전 ⇒ 민족주의 음악 구축
3 러시아 5인조: 보로딘, 퀴, 발라키레프, 무소르크스키, 림스키코르사코프
4 작곡가: 러시아 5인조, 드보르작(체코), 스메타나(체코), 그리그(노르웨이),
   시벨리우스(핀란드), 알베니스(스페인)

• 작곡가 •

● **무소르크스키**(1839 ~ 1881, 러시아 5인조)

1. 러시아 고유의 선법과 대담한 화성 변칙적인 리듬 등을 구사
2. 드뷔시를 비롯한 많은 인상주의 작곡가들에게 큰 영향을 주었다.
3. 주요 작품 : 피아노 모음곡「전람회의 그림」, 교향시「민둥산의 하룻밤」등

후기 낭만파-시대적 배경과 특징

1. 19세기 후반에 이르러 북유럽, 보헤미아, 동유럽, 러시아 등지에서 '국민주의 운동'이 발전하게 되면서 유럽 음악의 한 악파를 형성하였다.
2. 자신들만이 갖고 있는 민속적 리듬, 고유한 화성, 민요 등을 사용하여 색채감을 넣었다.
3. 역사, 풍경, 문화를 배경으로 한 참신하고 독특하며 민족성이 강한 작품들이 나오기 시작하였다.

TEST-37

1 민속적 리듬, 고유한 화성, 민요 등을 사용하여 색채감을 넣었으며 역사, 풍경, 문화를 배경으로 한 참신하고 독특하며 민족성이 강한 음악의 악파는 무엇입니까?

2 러시아 5인조를 쓰세요.

3 국민악파 음악가로 맞게 짝지은 것은 어느 것입니까? ·······················( )
① 베토벤, 바흐
② 시벨리우스, 그리그
③ 쇼팽, 슈만
④ 브람스, 모차르트
⑤ 무소르크스키, 바그너

4 피아노 모음곡「전람회의 그림」의 작곡자는 누구입니까?

① 19C 말 ~ 1차 세계대전, 반(反) 낭만주의로 시작
② 프랑스 인상파 회화의 영향: 현실을 객관적으로 보지 않고, 현실에서 느낀 인상을 주관적으로 표현
③ 인상파의 음악에서의 표현: 온음음계, 5음음계, 각종 병행, 해결되지 못한 화음 밖의 음 사용(드뷔시)
④ 12음 음악(쇤베르크): 음계, 조성, 형식에서 탈피, 조성없는 음악으로 발전
⑤ 표현주의 음악(쇤베르크), 인상주의 음악(드뷔시)
⑥ 작곡가: 드뷔시, 쇤베르크, 라벨, 바르톡, 스트라빈스키, 코다이, 베베른

· 작 곡 가 ·

● **스트라빈스키**(1882~1971, 근대 음악 작곡가)

러시아 태생의 미국 작곡가로 다양한 양식의 음악을 작곡하였는데, 그의 3대 발레 작품(「불새」,「페트루슈카」,「봄의 제전」)의 이국적인 색채, 거칠고 불규칙한 리듬을 특징으로 한 무용음악을 비롯하여「결혼」등의 신고전주의 작품과「칸타타 트레니」등의 음렬주의 음악 등을 발표하였다.
저서로는 〈내 생애의 연대기〉, 〈음악의 시학〉 등이 있다.

① 2차 세계대전 이후 ~ 오늘날
② 새롭고 독창적인 음악: 무조 음악, 조성을 섞어서 만든 음악, 다조 음악, 미분 음악, 전자 음악, 구체 음악, 우연성 음악 등
③ 작곡가: 힌데미트, 미요, 메시앙, 거슈윈

✹ 스트라빈스키의 3대 발레 작품의 이름을 쓰세요.

                ,   ,

관현악 모음곡 「동물의 사육제」 – 생상스

- 생상스(1835~1921)는 프랑스 파리 태생의 작곡가로 7세 때부터 피아노와 화성학을 공부하였고, '음악의 신동' 이라 불릴만큼 뛰어난 재능을 가졌으며, 19~20세기의 새로운 프랑스 음악에 힘쓴 작곡가입니다.
  주요 작품으로는 관현악 모음곡 「동물의 사육제」, 가극 「삼손과 데릴라」, 교향시 「죽음의 무도」 등이 있습니다.

  > 모음곡 ··· 몇 개의 소곡(小曲)을 배열한 기악곡으로, 조곡(組曲)이라고도 한다.

- 여러 동물들의 특징을 음악으로 재미있고 익살스럽게 묘사했습니다. 그 중 **제13곡 '백조' 는 첼로의 부드러운 선율로 백조의 우아한 느낌**을 잘 나타내어, 많은 사람들에게 널리 사랑받는 곡입니다.

[**제1곡**] **서주와 사자왕의 행진** – 피아노와 현악기로 사자의 늠름한 모습을 묘사했다.

[**제2곡**] **수탉과 암탉** – 피아노와 현악기가 수탉을, 클라리넷이 암탉의 울음소리를 묘사했다.

[**제3곡**] **당나귀** – 2대의 피아노를 빠르게 연주하여 날뛰는 당나귀를 묘사했다.

[**제4곡**] **거북이** – 원곡은 오펜바흐의 〈천국과 지옥〉 서곡 중에 나오는 주제이며, 느릿느릿 걸어가는 거북이의 모습을 익살스럽게 묘사했다.

[**제5곡**] **코끼리** – 콘트라베이스로 코끼리의 춤추는 모습을 묘사했다.

[**제6곡**] **캥거루** – 2대의 피아노로 캥거루가 껑충껑충 뛰는 모습을 묘사했다.

[**제7곡**] **수족관** – 물고기가 헤엄쳐 노는 모습을 묘사했다.

[**제8곡**] **노새** – 바이올린이 노새의 울음 소리를 묘사했다.

[**제9곡**] **숲 속의 뻐꾸기** – 피아노의 화음이 숲 속을, 클라리넷이 뻐꾸기 소리를 묘사했다.

[**제10곡**] **새** – 새장 속 많은 새들이 날아다니는 모습을 묘사했다.

[**제11곡**] **피아니스트** – 엉터리 피아니스트를 풍자적으로 묘사했다.

[**제12곡**] **화석** – 실로폰으로 화석을 묘사했다.

[**제13곡**] **백조** – 백조의 우아한 아름다움을 묘사한 첼로 독주곡이다.

[**제14곡**] **피날레(끝곡)** – 여러 악기로 많은 동물들이 소동을 일으키는 모습을 묘사했다.

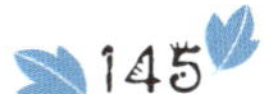

◎「청소년을 위한 관현악 입문」 – 브리튼

- 브리튼(1913~1976)은 영국의 작곡가로 전통적인 음악에 현대적인 감각의 화성을 조화시킨 작품을 많이 썼고, 대중을 위한 예술 음악의 창작에 힘을 기울였습니다. 작품으로는 오페라「피터 그라임즈」,「글로리아나」 등이 있습니다.

1. '퍼셀의 주제에 의한 변주곡과 푸가' 라는 부제가 붙어 있는 작품으로, 청소년을 대상으로 관현악에 사용되는 악기의 종류와 음색, 역할 등을 알기 쉽게 설명하며, 지휘자가 곡 중간에 해설을 곁들여서 연주하도록 되어 있습니다.

2. 악기별 연주 순서
   관현악 합주(퍼셀의 주제) – 목관악기군 – 금관악기군 – 현악기군 – 타악기군 – 관현악 합주 – 악기별 연주 – 관현악 합주(브리튼의 푸가)

- 퍼셀의 주제를 관현악으로 연주하고, 각 악기군별로 나누어 연주하고, 다시 관현악으로 연주합니다.

[제1부] 퍼셀의 주제(관현악 합주)

[제2부] 퍼셀의 주제를 악기별로 변주하여 연주한다.

[제3부] 브리튼의 푸가 주제(관현악 합주)

| 관현악 | … 관현악은 현악기와 관악기, 타악기로 편성된 규모가 가장 큰 연주 형태로, 악기마다 독특하고 풍부한 음색을 지니고 있어 폭 넓고 다양한 음악의 세계를 보여준다. 높이와 세기가 같은 음을 듣고 어떤 악기의 소리인지 구별할 수 있는 것은 각 악기마다 독특한 음색이 있기 때문이다. 이처럼 다양한 음색은 더 한층 아름다운 음악으로 우리의 귀를 즐겁게 해준다. |

| 협주곡 | … 하나의 독주 악기와 관현악이 합주하면서 독주 악기의 기교가 충분히 발휘되도록 작곡된 소나타 악곡을 말한다. |

피콜로　플루트　오보에　클라리넷　바순

트럼펫　호른　트롬본　튜바

바이올린　비올라　첼로　더블베이스　하프

◎ 「마왕」 – 슈베르트

- 슈베르트(1797~1828)는 오스트리아의 작곡가로, 600여 곡의 예술가곡과 교향곡, 피아노곡 등을 작곡하였습니다. 그는 아름답고 자연스러우며 예술성이 풍부한 가곡을 많이 작곡하여 '가곡의 왕' 으로 불립니다.

1. 「마왕」은 슈베르트가 18세 때 괴테의 시〈마왕〉을 읽고 감동하여 즉흥적으로 작곡한 가곡으로 해설자, 아버지, 아들, 마왕의 성격을 가락과 반주로 잘 나타내고 있습니다. 특히 피아노 반주의 셋잇단음은 폭풍우 속에서 말이 숨가쁘게 달리는 분위기를 잘 묘사하고 있습니다.

2. 시의 내용
   폭풍우가 몰아치는 밤, 아버지가 열병을 앓고 있는 아들을 안고 말을 타고 급히 집으로 달리고 있는 중 마왕은 아들의 목숨을 노리며 유혹합니다. 아들은 무서워하나 아버지는 마왕을 보지 못합니다. 무서움에 떠는 아들을 힘껏 품에 안고 말을 달려 집에 도착했을 때, 아들은 이미 마왕에게 목숨을 빼앗긴 뒤였습니다.

오페라와 아리아

아리아는 오페라에서 주인공이 부르는 극적이고 서정적인 독창곡이다. 그러나 2중창으로 부르는 경우도 있다. 아리아는 매우 서정적이어서 오페라와는 별개로 발췌되어 연주회에서 부르기도 한다. 각 아리아와 아리아 사이의 고조된 감정을 노래하듯이 말하는 레시타티브는 극을 자연스럽게 연결하는 역할을 한다.

오라토리오

종교적인 소재를 바탕으로 작곡한 대규모의 성악곡을 말한다. 독창, 중창, 합창, 관현악 등으로 이루어지며, 오페라와는 달리 연기나 의상, 무대장치는 사용하지 않는다.

칸타타

종교적 또는 일반적인 내용의 서정적 악곡으로 독창, 중창, 합창으로 구성된 다악장 형식의 곡

오페레타

희극적 내용의 규모가 작은 오페라

가곡과 민요

가곡은 시와 음악이 융합된 예술적인 노래로 낭만파 시대에 발달한 성악곡이다.
민요는 민족이나 지역에서 자연적으로 발생된 노래로 민족적인 특성이 나타나며, 국민악파의 작곡가들이 민요를 바탕으로 많은 작품을 썼다.

작곡가

글루크(1714 ~ 1787) – 이탈리아 오페라가 지금까지 아리아의 기교 발휘에 치우쳐 있던 것을 극과 음악의 긴밀한 연결과 균형을 도모하고 아름다운 단순성을 찾기 위해 개혁하였다.

● 푸가「사단조」 – 바흐

- 바흐(1685~1750)는 바로크 음악의 대표적인 작곡가이며 서양 음악의 기초가 되는 대위법을 최대로 발전시켜 그 틀을 만들었습니다.

  1. 이 곡은 바흐가 젊었을 때 궁정 오르가니스트로 있으면서 작곡한 곡으로 그의 많은 작품들 중에서도 널리 애호되는 명곡입니다.

  2. 푸가(Fuga)라는 대위법 기법으로 작곡되었으며, 파이프오르간으로 연주되는 3부분으로 구성된 곡입니다.

| 푸가 형식 | … 푸가는 여러 성부가 주제를 모방, 반복하면서 발전하는 대위법적 형식의 악곡이다. 주어진 선율을 모방하는 것은 카논과 같으나 단순한 기계적 모방이 아닌 작곡가가 재능을 발휘하여 자유롭게 모방한다. |

라단조 – 주제를 완전5도 올려서 연주

사단조 – 주제를 원래의 조로 연주

● 교향곡 제6번 「전원」 – 베토벤

- 독일의 빈에서 태어난 베토벤이 평소에 빈 교외의 전원을 산책할 때 떠오른 악상들을 정리하여 작곡한 곡으로, 이 교향곡에는 각 악장마다 제목이 따로 붙어 있습니다. 일반적 교향곡은 4악장이지만, 이 곡은 5악장으로 구성된 점이 특이합니다. 후에 낭만파 표제 음악에 큰 영향을 주었을 뿐만 아니라 작곡 기법상으로도 더욱 자유로운 표현이 엿보입니다.

| 표제 음악 | … 곡의 제목이 음악의 내용을 암시하는 형태의 음악 |

● 피아노 5중주 「숭어」 – 슈베르트

- 피아노 5중주는 '피아노 + 제1바이올린 + 제2바이올린 + 비올라 + 첼로' 로 편성되나 이 곡은 '피아노 + 바이올린 + 비올라 + 첼로 + 더블베이스' 로 편성되어 연주되는 실내악곡입니다.
  모두 5악장으로서 특히, 제4악장은 가곡 '숭어' 의 주제를 각 악기들이 변주시켜 나가는 변주곡입니다.

[제1악장] 피아노의 활기찬 펼침화음 위에 바이올린으로 주제를 연주한다.

[제4악장] 가곡 '숭어' 의 주제가 연주되면서 5개의 변주곡이 시작된다.

◎ 피아노 협주곡 「제1번」 – **차이코프스키**

- 피아노와 관현악의 웅장한 울림으로 시작되는 이 곡은 피아노 협주곡들 중에서도 가장 유명한 곡입니다. 낭만파적인 화려함과 러시아 특유의 어두움이 합쳐진 분위기는 독특한 음향을 들려줍니다.
  낭만파 시대의 협주곡은 관현악과 독주 악기가 단순히 독주와 반주의 관계가 아니고, 서로 어울리면서 대화를 하듯 엮어져 나갑니다.

◎ 음악동화 「피터와 늑대」 – **프로코피에프**

- 프로코피에프(1891~1953)는 러시아의 대표적인 작곡가로, 8세 때 오페라 「거인」을 작곡, 13세 때에 페테르스부르크 음악원에 입학하여 음악교육을 받았으며, 낭만 음악에서 출발하여 현실주의적 음악으로 이름을 떨친 작곡가입니다. 주요 작품으로는 어린이를 위한 음악 「피터와 늑대」, 교향곡 「고전적 교향곡」 등이 있습니다.

- 용감한 소년 피터는 현악 5부 합주로 표현했으며, 작은 새는 플루트, 오리는 오보에, 고양이는 클라리넷, 할아버지는 바순, 늑대는 호른, 사냥꾼의 총소리는 팀파니와 큰북으로 묘사하는 등 악기의 독특한 음색과 주제 가락을 등장인물의 특징과 재치있게 연결시킨 쾌활한 곡입니다.

[피터의 주제 가락] 바이올린

어느 날 아침, 호기심이 많은 소년 피터는 문을 열고, 넓고 푸른 목장으로 나갔습니다.

[작은 새의 주제 가락] 플루트

큰 나뭇가지 위에는 피터의 친구인 작은 새가 앉아서, 즐거운 소리로 지저귑니다.

[오리의 주제 가락] 오보에

오리가 뒤뚱거리며 걸어옵니다. 오리는 피터가 깜박 잊고 문을 잠그지 않은 것을 다행으로 여기며, 연못에서 목욕을 하려합니다.

[고양이의 주제 가락] 클라리넷

피터는 숲 속에서 고양이 한 마리가 작은 새를 향해 살금살금 다가가는 것을 보았습니다.
"조심해!" 피터의 고함 소리에 놀란 작은 새가 훌쩍 나무 위로 날아올랐습니다.

[할아버지의 주제 가락] 바순

할아버지는 피터가 제맘대로 목장으로 나간 것에 대해 무척 화를 내셨습니다.
근엄한 표정을 지으시며 피터에게 주의를 줍니다.

[늑대의 주제 가락] 호른

피터가 집으로 들어가자, 숲 속에서 커다란 회색 늑대가 나타났습니다.
늑대를 본 고양이는 재빨리 나무 위로 올라갔습니다.

[사냥꾼의 주제 가락] 팀파니

피터의 올가미에 늑대가 걸려 들었습니다.
바로 그때, 숲 속에서 사냥꾼들이 총을 쏘며 늑대의 발자국을 따라왔습니다.

◉ 교향시 「나의 조국」 중 '몰다우' – 스메타나

- **스메타나**(1824~1884)는 보헤미아에서 태어나 어릴 때부터 피아노와 작곡을 배웠고, 체코를 대표하는 피아노 연주자, 지휘자 및 작곡가로 활약하였습니다. 민족성이 강한 국민악파의 음악 작품을 많이 남겼으며, 대표적인 작품으로는 오페라 「팔려간 신부」, 현악 4중주곡 「나의 생애」 등이 있습니다.

- 교향시 「나의 조국」 6개의 곡 중 제2곡 '몰다우'는 몰다우 강의 흐름에 따라 펼쳐지는 조국의 아름다운 정경을 다양한 음색과 풍부한 음향의 관현악으로 표현하고 있습니다.

['몰다우강'의 흐름]

몰다우 강의 물결이 햇빛을 받아 반짝이고 바람을 받아 일렁거린다.

두 시냇물이 만나면서 물의 양이 점점 불어난다.

['몰다우강'의 주제]

강물이 유유히 흐르고, 또 바위에 부딪히며 유쾌하게 소리내고 강폭도 넓어진다.

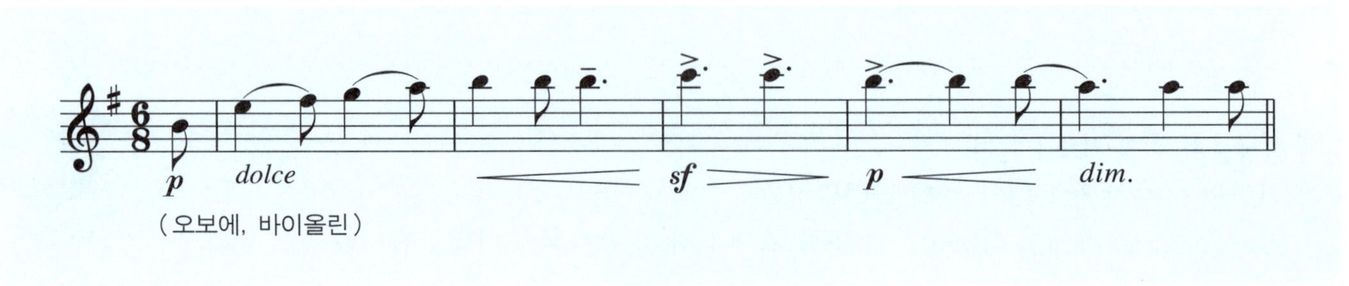

◉ 오페라 「라 트라비아타(춘희)」 – 베르디

• 베르디(1813~1901)는 이탈리아의 작곡가로, 이탈리아 오페라의 전통을 확립하였으며, 「리골레토」, 「라 트라비아타」 등의 오페라를 남겼다.

1. 뒤마 피스의 희곡 '춘희' 에 바탕을 둔 피아베의 대본으로, 베르디가 3막 4장으로 작곡하여 1853년 3월 베네치아의 라 페니체 극장에서 초연하였다.

2. 오페라 「라 트라비아타」는 루이 14세 때 파리의 무희 비올레타와 귀족 청년 알프레도와의 비극적인 사랑이야기를 오페라로 만든 것이다.

3. 줄거리

흰 동백꽃을 특별히 좋아했기 때문에 '춘희' 라고 불리던 고급 창녀 비올레타는 늙은 공작을 후원자로 하여 호화로운 생활을 한다. 어느 날, 그녀는 지방에서 올라온 순박한 청년 알프레도와 사랑에 빠져 가난한 동거 생활을 하게 되는데, 그 곳에 알프레도의 아버지가 나타나 집안의 명예와 알프레도 누이 동생의 결혼을 위해서 헤어져 달라고 부탁한다. 그녀는 할 수 없이 알프레도와 헤어져 어떤 백작의 정부가 된다. 사정을 알지 못하는 알프레도는 그녀의 변심에 분노하고, 많은 사람들 앞에서 그녀에게 창피를 준 뒤 긴 여행을 떠난다. 그 동안에 비올레타는 지병인 결핵이 악화되어 가난한 생활 속에서 피를 토하면서 죽는다는 줄거리이다.

4. 아리아

'아! 그대였던가' – 제1막에 나오는 유명한 아리아로 비올레타가 알프레도를 사모하는 마음을 표현한 노래이다.

〈아! 그대였던가〉

'축배의 노래' (2중창) – 연회에서 비올레타와 알프레도가 함께 부르는 노래로, 이 순간을 맘껏 즐기자는 내용을 담고 있다. 나중에는 모두가 합창한다.

〈축배의 노래〉

아 카펠라(A cappella)

'교회풍으로' 라는 뜻으로 악기 반주가 없는 무반주 합창곡을 말한다.

교회선법

1. 중세 르네상스 시대에는 여덟 가지의 교회선법이 사용되었다.
2. 그레고리오 성가에 바탕을 두고 있다.
3. 오늘날 장음계와 단음계의 기초가 된 것으로, 정격선법과 변격선법이 있다.
   (정격 선법은 8도의 온음계적 음열을 말하며, 변격선법은 정격선법의 4도 아래에서 시작하는 선법을 말한다)

다성음악과 화성음악

다성음악은 독립된 2개 이상의 성부가 서로 조화를 이루고 진행하는 바로크 시대의 대표적인 악곡 형태로 카논, 인벤션, 푸가 등이 있다.

이에 비해 화성음악은 고전파 시대의 대표적인 악곡 형태로 하나의 주된 가락을 나머지 성부가 화성적으로 뒷받침해 주는 음악을 말한다.

카논

한 성부의 가락을 다른 성부가 일정한 간격을 두고 모방하는 악곡을 말한다.

푸가 형식

푸가는 대위법에 의한 음악의 한 장르로 여러 성부가 주제를 모방, 반복하면서 발전하는 악곡이다.

주어진 선율을 모방하는 것은 카논과 같으나 단순한 기계적인 모방이 아닌 작곡가가 재능을 발휘하여 자유롭게 모방한다.

모음곡

몇 개의 소곡(小曲)을 배열한 기악곡으로, 조곡(組曲)이라고도 한다.

관현악

관현악은 현악기와 관악기, 타악기로 편성된 규모가 가장 큰 연주 형태로, 악기마다 독특하고 풍부한 음색을 지니고 있어 폭 넓고 다양한 음악의 세계를 보여 준다.

높이와 세기가 같은 음을 듣고 어떤 악기의 소리인지 구별할 수 있는 것은 각 악기 마다 독특한 음색이 있기 때문이다. 이처럼 다양한 음색은 더한층 아름다운 음악으로 우리의 귀를 즐겁게 해 준다.

협주곡

하나의 독주 악기와 관현악으로 구성되어 독주 악기의 기교가 충분히 발휘되도록 작곡된 소나타 악곡을 말한다.

아리아는 오페라에서 주인공이 부르는 극적이고 서정적인 독창곡이다. 그러나 2중창으로 부르는 경우도 있다. 아리아는 매우 서정성이 높아 오페라와는 별개로 발췌되어 연주회에서 부르기도 한다.

각 아리아와 아리아 사이의 고조된 감정을 노래하듯이 말하는 레시타티브는 극을 자연스럽게 연결하는 역할을 한다.

오라토리오

종교적인 소재를 바탕으로 작곡한 대규모의 성악곡을 말한다. 독창, 중창, 합창, 관현악 등으로 이루어지며, 오페라와는 달리 연기나 의상, 무대 장치는 사용하지 않는다.

연가곡

하나의 중심 주제를 가지고, 여러 개의 시를 모아 모음곡 형식으로 작곡한 것을 말한다.

예술 가곡

시에 곡을 붙인 성악곡들로, 문학적인 시로 이루어진 가사와 음악이 결합되어 있다.

이전의 성악곡에서는 반주가 노래에 종속되어 있었던 것과는 달리 예술 가곡은 시와 노래와 반주가 동등한 위치를 갖는다.

❶ 낭만파 시대의 슈베르트에 의해 크게 발전
❷ 2절 이상의 가사를 똑같은 가락으로 되풀이하는 유절가곡
❸ 가사에 따라 가락을 달리하는 통절가곡이 있다.

무언가

가사가 없는 노래로 가곡과 같은 스타일의 피아노 곡

순음악(절대 음악) / 표제 음악

• 순음악 : 오로지 음 자체의 구성과 형식에서 오는 아름다움을 추구하는 음악이다.
• 표제 음악 : 순음악과는 다르게 음악 이외의 인간의 감정, 자연계의 현상, 문학적, 회화적, 극적인 내용 등을 음악으로 표현한 것으로 제목이 있다.

재즈(Jazz)

19세기 말엽 찬송가와 일노래, 흑인영가 그리고 아프리카의 민속 음악적인 창법 등이 합쳐져 만들어진 음악이다.

리듬에서 나온 스윙 즉흥 연주, 연주자의 개성을 살린 사운드와 프레이징은 재즈의 특색이라 할 수 있다.

❶ 당김음 등에 의한 다양한 리듬
❷ 장음계의 제3음과 제7음을 반음 내린 블루음계의 사용
❸ 즉흥 연주에 의한 연주자의 개성이 강하게 표현되는 것

흑인영가

미국의 흑인들이 노예 생활을 하던 시대에 불렀던 민요풍의 종교적인 가요이다.

가사는 주로 구약성서에 바탕을 두고 있으며, 괴로운 현실을 견디면서 내세의 구원, 천국을 꿈꾸는 내용이 많다. 아프리카 음악을 기반으로 서양 성가의 음악적 요소를 혼합하여 발생하였다.

❶ 당김음이 많은 복잡한 리듬
❷ 5음음계
❸ 독특한 억양
❹ 폭넓은 비브라토

크로스 오버

장르가 서로 다른 음악들이 뒤섞여 연주되거나, 각각의 음악적 특징을 혼합하여 또다른 감동을 느끼게 하는 연주를 말한다.

1 한 성부의 가락을 다른 성부가 일정한 간격을 두고 모방하는 악곡을 무엇이라고 합니까?………(   )

① 카논   ② 변주곡   ③ 모음곡   ④ 소나타

2 고전파 음악을 완성시키고 낭만파 음악의 길을 연 작곡가는 누구입니까?………………(   )

① 모차르트   ② 하이든   ③ 베토벤

3 베토벤의 교향곡 제목과 번호가 맞게 이으세요.

「합창」 •　　　　　　　　• 제3번

「전원」 •　　　　　　　　• 제5번

「영웅」 •　　　　　　　　• 제6번

「운명」 •　　　　　　　　• 제9번

4 제시부 – 발전부(전개부) – 재현부 로 이루어진, 교향곡의 제1악장에 주로 나오는 형식은 무엇입니까?……………………(   )형식

5 하나의 독주 악기와 관현악으로 구성되어 독주 악기의 기교가 충분히 발휘되도록 작곡된 소나타 악곡은 무엇입니까? ………………(   )

6 현악기 · 관악기 · 타악기로 편성된 규모가 가장 큰 연주 형태는 무엇입니까? ……(   )

7 다음은 비발디의 「사계」 중 어느 계절을 나타낸 것입니까?………………………………(   )

① 봄   ② 여름   ③ 가을   ④ 겨울

8 가곡을 많이 작곡하여 '가곡의 왕'으로 불리는 낭만파 시대의 작곡가는 누구입니까?(   )

9 슈베르트의 가곡 「마왕」의 등장 인물 중 다음 악보에 해당하는 인물은 누구입니까? ………(   )

① 아버지   ② 마왕   ③ 아들   ④ 해설자

10 다음 (   ) 안에 맞는 작곡가의 이름을 쓰세요.

「청소년을 위한 관현악 입문」은 (㉠)의 주제에 의한 변주곡과 (㉡)의 푸가를 주제로 사용했다.

㉠ : (   )　　㉡ : (   )

11 「청소년을 위한 관현악 입문」의 악기별 연주 순서를 쓰세요.

12 다음 중 금관악기가 아닌 것은 어느 것입니까? ……………………………………(   )

① 호른   ② 트럼펫   ③ 플루트   ④ 트롬본

13 다음 악기군에 어떤 악기들이 있는지 4개 이상 쓰세요.

① 현악기군 : (   )
② 목관악기군 : (   )
③ 금관악기군 : (   )
④ 타악기군 : (   )

14 다음 악기군에서 가장 낮은 소리를 내는 악기의 이름을 쓰세요.

① 현악기군 : (   )
② 목관악기군 : (   )
③ 금관악기군 : (   )

1 오스트리아의 작곡가로 '음악의 신동'이라 불리며, 짧은 생애 동안 교향곡, 오페라 등 1,000여 곡을 작곡한 고전파 음악가는 누구입니까?

(   )

2 다음 (   ) 안에 맞는 답을 쓰세요.

> 모차르트의 「세레나데」는 바이올린, 비올라, 첼로 및 더블베이스의 현악 4부로 편성된 (㉠)합주곡으로, 4개의 악장으로 구성된 (㉡)입니다.

㉠ : (   )　　㉡ : (   )

3 소나타의 제1악장과 제4악장은 주로 어떤 형식의 곡을 씁니까? ······························(　)

① 론도 형식　　　② 스케르초
③ 변주곡 형식　　④ 소나타 형식

4 다음 작곡가의 별명을 써 보세요.

① 모차르트의 별명: (   )
② 베토벤의 별명: (   )
③ 슈베르트의 별명: (   )

5 소나타 형식의 구성을 쓰세요.

(   ) – (   ) – (   )

[6~7] 다음 악보를 보고 물음에 답하세요.

6 위 곡의 작곡자는 누구입니까? ···(   )

7 위 곡의 작곡자가 활동한 시대에 맞는 설명은 어느 것입니까? ······························(　)

① 음악사적으로 볼 때 가장 풍부한 음향과 악기의 발전을 가져왔던 시기이다.
② 소나타 형식이 확립되어 가장 많이 쓰였던 시대이다.
③ 피아노 음악의 큰 발전과 금관악기를 포함하는 거대한 편성의 오케스트라가 만들어졌다.
④ 다성음악이 발달되었다.

[8~10] 다음은 「동물의 사육제」의 일부입니다.

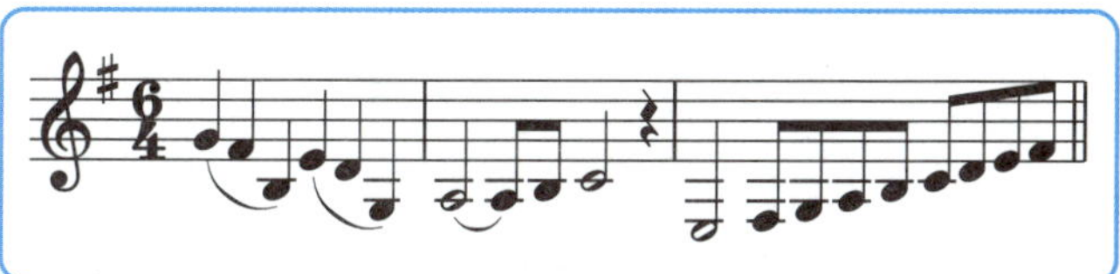

8 위 곡의 작곡자는 누구입니까? ···(   )

9 위 곡은 14곡 중 몇 번째 곡입니까? ·········(   )

① 제1곡　　　　② 제2곡
③ 제6곡　　　　④ 제13곡

10 위 곡의 주된 선율을 연주하는 악기는 무엇입니까? ·······························(   )

11 다음은 「동물의 사육제」 중 제9곡 '숲 속의 뻐꾸기'입니다. 뻐꾸기 소리를 묘사한 악기는 무엇입니까? ·······························(   )

12 베토벤 음악의 최고 완성품으로 음악사상 최초로 합창이 함께 쓰인 교향곡은 무엇입니까?
······························(   )교향곡

13 다음 (   ) 안에 맞는 답을 쓰세요.

> • ㉠ 는 오페라에서 주인공이 부르는 극적이고 서정적인 독창곡으로, 때로는 2중창으로 부르는 경우도 있다.
> • ㉡ 는 아리아와 아리아 사이의 고조된 감정을 노래하듯이 말하는, 극을 자연스럽게 연결하는 역할을 한다.

㉠ : (   )　　㉡ : (   )

1 공연장에서 관객들이 박수 치는 자세로 바르지 <u>않은</u> 것은 어느 것입니까? ······················(   )

① 피아노 소나타는 각 악장이 끝날 때마다 박수를 친다.

② 교향곡이나 협주곡은 모든 악장이 끝난 후에 친다.

③ 3~4곡씩 묶여진 성악곡에서는 한 묶음이 끝난 후에 친다.

④ 오페라에서는 아리아나 2중창 등이 끝난 후에 친다.

2 여러 성부가 주제를 모방, 반복하면서 발전하는 대위법적 형식의 악곡으로 단순한 기계적인 모방이 아닌 작곡가가 재능을 발휘하여 자유롭게 모방하는 음악의 장르는 무엇입니까? (   )

3 다성음악과 화성음악의 차이점을 간단하게 쓰세요.

4 음악적인 구성이 중후한 독일 전통 음악을 표방하여 '신고전악파'라 불리웠으며, 표제 음악이 융성했던 낭만파 시대에 고전파 시대의 형식미를 추구했던 작곡가는 누구입니까? ······(   )

5 다음 중 모차르트의 작품이 <u>아닌</u> 것은 어느 것입니까? ······················(   )

① 「주피터」   ② 「대학축전 서곡」

③ 「마술 피리」   ④ 「피가로의 결혼」

6 베토벤의 「합창 교향곡」은 몇 번 교향곡입니까? (   )

7 소나타 형식을 제1악장에 포함하고 있는 악곡을 무엇이라고 합니까? ·················(   )

8 관현악이 연주하는 소나타곡을 무엇이라고 합니까? ······················(   )

9 독주 악기와 관현악을 위한 소나타곡을 무엇이라고 합니까? ·················(   )

10 현악 4중주에 쓰이는 악기를 쓰세요.

(   )

11 현악 5중주에 쓰이는 악기를 쓰세요.

(   )

12 피아노 3중주에 쓰이는 악기를 쓰세요.

(   )

13 주어진 주제를 가지고 박자, 리듬, 조성, 화성, 빠르기 등을 변화시키며, 더 나아가 느낌이나 성격까지도 바꾸어서 연주하는 형식을 무엇이라고 합니까? ·····················(   )형식

14 다음 중 하이든의 작품이 <u>아닌</u> 것은 어느 것입니까? ······················(   )

① 「놀람」   ② 「영웅」   ③ 「군대」   ④ 「황제」

15 다음 설명에 맞는 작곡가의 이름을 쓰세요.

• ㉠바로크 시대의 대위법적 음악을 화성적 음악으로 바꾸어 고전파 음악의 길을 예고하였고, 소나타 형식을 확립시켜 기초를 마련한 작곡가입니다.

• ㉡독일 빈 태생으로 모차르트의 뒤를 이어 고전파 음악을 완성한 작곡가입니다.

㉠ : (   )   ㉡ : (   )

1 다음 설명하는 베토벤의 교향곡은 무엇입니까?
···( )

전원을 산책할 때 떠오른 악상들을 정리하여 작곡한 곡으로, 이 교향곡에는 각 악장마다 제목이 따로 붙어 있으며, 일반적 교향곡이 4악장이지만 이 곡은 5악장으로 구성되어 있다. 후에 낭만파의 표제 음악에 큰 영향을 주었다.

① 「영웅」 ② 「전원」 ③ 「합창」 ④ 「군대」

2 소나타는 피아노로 연주하면 피아노 소나타, 바이올린으로 연주하면 바이올린 소나타라고 합니다. 관현악으로 연주하면 무엇이라고 합니까?···( )

① 관현 소나타 　　② 교향곡
③ 협주곡 　　　　④ 실내악

3 연극 대본에 작곡을 하여 무대 장치를 한 후, 가수와 합창단이 관현악 반주에 맞춰 연기와 노래를 하는 즉, 문학, 연극, 그리고 미술 등이 음악과 결합한 종합 예술은 무엇입니까? ···( )

4 오페라에서 주인공이 부르는 선율적인 독창곡은 무엇입니까?·····························( )

5 오페라에서 이야기하듯이 부르는 노래를 무엇이라고 합니까?·················( )

6 다음은 무엇에 대한 설명입니까?

악보 없이 구전되어 그 나라의 언어나 민족성, 생활 습관 등이 가락과 리듬에 짙게 배어 있습니다. 또한 사용된 리듬은 민족마다 고유한 형태를 지니며, 가락도 독특한 음계가 사용되어 지역별로 조금씩 차이를 보이는 노래입니다.

( )

7 음악 동화 「피터와 늑대」의 등장 인물들을 표현한 악기들을 쓰세요.

㉠ 피터 : ( ) 　　㉡ 작은 새 : ( )
㉢ 오리 : ( ) 　　㉣ 고양이 : ( )
㉤ 할아버지 : ( ) 　㉥ 늑대 : ( )
㉦ 사냥꾼 : ( )

8 종교적인 소재를 바탕으로 작곡한 대규모의 성악곡으로, 독창·중창·합창·관현악 등으로 이루어지며, 구성 요소는 오페라와 같지만 연기나 의상, 무대장치는 사용하지 않는 악곡을 무엇이라고 합니까? ·····························( )

9 푸가는 어느 시대에 가장 활발하게 작곡되었습니까? ···( )

① 바로크 　　　　② 고전파
③ 낭만파 　　　　④ 현대

10 바이올린 독주와 관현악 합주로 연주되는 악곡을 무엇이라고 합니까? ( )

11 다음은 멘델스존의 「바이올린 협주곡 마단조」의 일부입니다. 다음과 같이 독주 악기가 화려하고 자유롭게 연주하는 부분을 무엇이라고 합니까? ···························· ( )

1 슈베르트의 피아노 5중주곡「송어」의 제1악장에 쓰인 음악 형식은 무엇입니까? ··················( )

① 소나타 형식　　　② 변주곡 형식
③ 론도 형식　　　　④ 겹세도막 형식

2 슈베르트의 피아노 5중주곡「송어」의 제4악장에 쓰인 음악 형식은 무엇입니까? ··················( )

① 소나타 형식　　　② 변주곡 형식
③ 론도 형식　　　　④ 겹세도막 형식

3 슈베르트는 가곡「마왕」을 작곡할 때 누구의 시를 읽고 영감을 얻었습니까? ··················( )

① 니체　　② 괴테　　③ 말러　　④ 하이네

4 차이코프스키의 3대 발레 음악을 쓰세요.

( )

5 다성음악 중에서 가장 규모가 큰 악곡으로 돌림노래와 같이 주제가 반복되면서 따라가는 형식을 무엇이라고 합니까? ··················( )

6 19세기 말엽 찬송가와 일노래, 흑인영가 그리고 아프리카의 민속 음악적인 창법 등이 합쳐져 만들어진 음악 장르는 무엇입니까? ···( )

7 베르디는 어느 시대의 작곡가입니까?

( )시대

8 다음 설명에 맞는 음악 장르는 무엇입니까?

순음악(절대 음악)과 다르게 음악 이외의 인간의 감정, 자연계의 현상, 문학적·회화적·극적인 내용 등을 음악으로 표현한 것이다. 이러한 음악은 구체적인 제목을 가지고 있다.

( )음악

9 다음 설명에 맞는 음악 장르는 무엇입니까?

단성음악과 다르게 둘 이상의 성부가 각기 상대적인 성격을 가지고 진행되면서 서로 조화를 이루도록 작곡된 음악이며, 바로크 음악 시대에 성행하였다.

( )음악

10 재즈의 특징이 아닌 것은 어느 것입니까?( )

① 당김음 등에 의한 다양한 리듬
② 장음계의 제3음과 제7음을 반음 내린 블루음계의 사용
③ 즉흥연주에 의한 연주자의 강한 개성 표현
④ 다성음악이 주로 사용

11 하나의 중심 주제를 가지고, 여러 개의 시를 모아 예술 가곡으로 작곡한 모음곡 형식을 무엇이라고 합니까? ··················( )

① 유절가곡　　　② 통절가곡
③ 연가곡　　　　④ 경가곡

12 스트라빈스키의 발레 3부작이 아닌 것은 어느 것입니까? ··················( )

①「백조의 호수」　　②「불새」
③「페트루슈카」　　④「봄의 제전」

13 장르가 서로 다른 음악들이 뒤섞여 연주되거나, 각각의 음악적 특징을 혼합하여 또다른 감동을 느끼게 하는 연주 방법은 무엇입니까? ···( )

① 재즈　　　　　② 크로스 오버
③ 무언가　　　　④ 오라토리오

1. 음의 성질

① 높이 : 같은 시간 동안 진동수가 많으면 **높은 소리**, 적으면 **낮은 소리**

② 길이 : 진동 시간이 길면 **긴소리**, 진동 시간이 짧으면 **짧은 소리**

③ 크기 : 진동폭이 넓으면 **큰소리**, 진동폭이 좁으면 **작은 소리**

④ 음색 : 악기(재질)의 소리를 구별하는 기준으로, 진동 모양이 재질에 따라 다름

2. 음악의 3요소

① 리듬 : 셈여림이 있는 긴 음과 짧은 음의 흐름

② 가락 : 높고 낮은 음들의 연결

③ 화성 : 2개 이상의 음이 동시에 울리는 것은 화음, 화음의 연결은 화성

3. 음악의 3분야

① 작곡 : 음악을 만드는 창작 활동

② 연주 : 작곡되어진 것을 연주자가 표현, 재창조하는 활동

③ 감상 : 연주자에 의해 표현되는 곡을 듣고, 느끼며 공감하는 것

4. 악곡의 구성 요소

① 주제(Theme): 악곡을 이루는 중요한 아이디어

② 통일성 : 주제를 바탕으로 전후 관계를 균형있게 전개

③ 다양성 : 통일성을 유지하며 변화와 대조

5. 음자리표

보표 위에서 음의 높이를 정하는 표시

① 높은음자리표(사음자리표): 알파벳 G를 표현한 음자리표로 둘째줄에서 시작하여 그린다. 그 둘째줄을 G(솔, 사)음으로 명명한다.

② 가온음자리표(다음자리표): 가운데 움푹 들어간 곳을 C(도, 다)음으로 정하여, 악기의 음역에 따라 필요한 곳에 '가온다' 음을 지정한다.

③ 낮은음자리표(바음자리표): 알파벳 F를 표현한 음자리표로 넷째줄에서 시작하여 그린다. 그 넷째줄을 F(파, 바)음으로 명명한다.

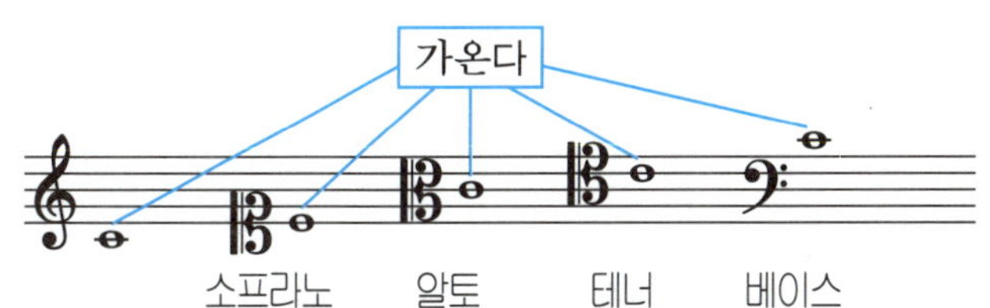

6. 보표

보표란 음자리표가 붙어있는 오선을 말한다.

① 작은보표 : 1개의 보표 (관·현악기 등의 독주 악기용 파트보)

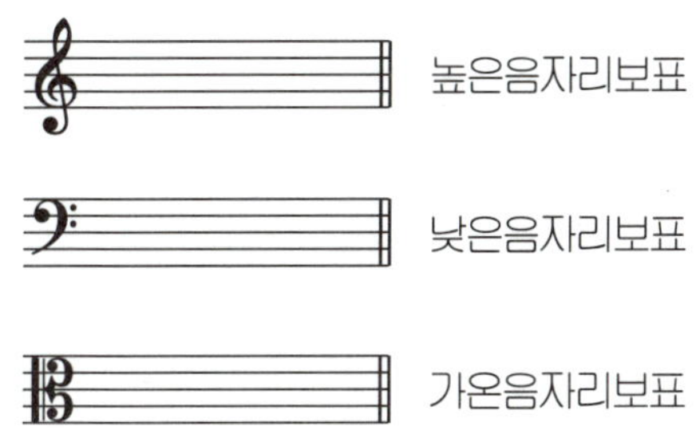

② 큰보표 : 작은보표 2개를 묶어 놓은 것
（피아노 악보, 합창 악보）

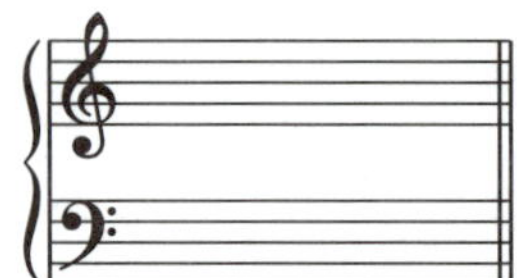

③ 모음보표 : 실내악, 관현악 등 여러 종류의 악
（총보）　기를 함께 보기 위해 3개 이상의
악보를 묶어 놓은 것 (현악 4중주 악
보, 지휘자용 악보)

Symphony

7. 음표와 쉼표

① 음표(쉼표)

음표	이름	박 수	쉼표	이름
o	온음표	4박 ●●●●	▬	온쉼표
𝅗𝅥	2분음표	2박 ●●	▬	2분쉼표
♩	4분음표	1박 ●	𝄽	4분쉼표
♪	8분음표	$\frac{1}{2}$박	𝄾	8분쉼표
♬	16분음표	$\frac{1}{4}$박	𝄿	16분쉼표
𝅘𝅥𝅲	32분음표	$\frac{1}{8}$박	𝅀	32분쉼표

※ 온쉼표는 한 마디 전체를 쉴 때 박자표와 상관없이 쓴다.

② 점음표(점쉼표) : 점은 음표(쉼표)의 $\frac{1}{2}$ 길이

음표	이름	박 수	쉼표	이름
o.	점온음표	$4박+(4박 \times \frac{1}{2})=6박$ o $+$ 𝅗𝅥 (2박) $=$ o.	▬.	점온쉼표
𝅗𝅥.	점2분음표	$2박+(2박 \times \frac{1}{2})=3박$ 𝅗𝅥 $+$ ♩ (1박) $=$ 𝅗𝅥.	▬.	점2분쉼표
♩.	점4분음표	$1박+(1박 \times \frac{1}{2})=1\frac{1}{2}박$ ♩ $+$ ♪ ($\frac{1}{2}$박)$=$ ♩.	𝄽.	점4분쉼표
♪.	점8분음표	$\frac{1}{2}박+(\frac{1}{2} \times \frac{1}{2})=\frac{3}{4}박$ ♪ $+$ ♬ ($\frac{1}{4}$박)$=$ ♪.	𝄾.	점8분쉼표
♬.	점16분음표	$\frac{1}{4}박+(\frac{1}{4} \times \frac{1}{2})=\frac{3}{8}박$ ♬ $+$ 𝅘𝅥𝅲 ($\frac{1}{8}$박)$=$ ♬.	𝄿.	점16분쉼표

8. 잇단음표

① 셋잇단음표 : 하나의 음표를 3개로 나누어 묶
은 음표를 말한다.

② 홀수잇단음표 : 짝수로 나누어지는 음표에 음을
추가해서 잇단음표로 만든다.

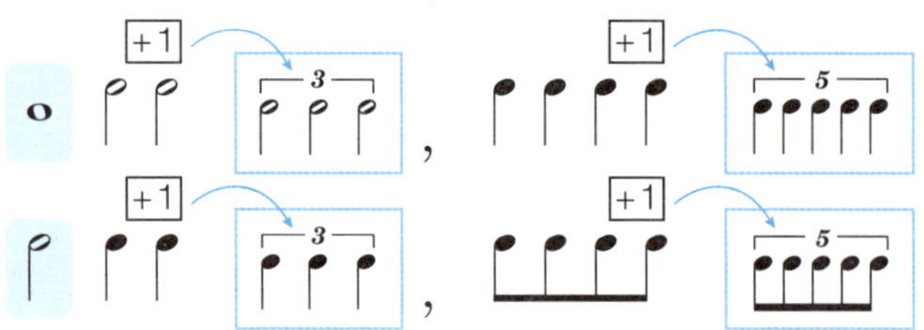

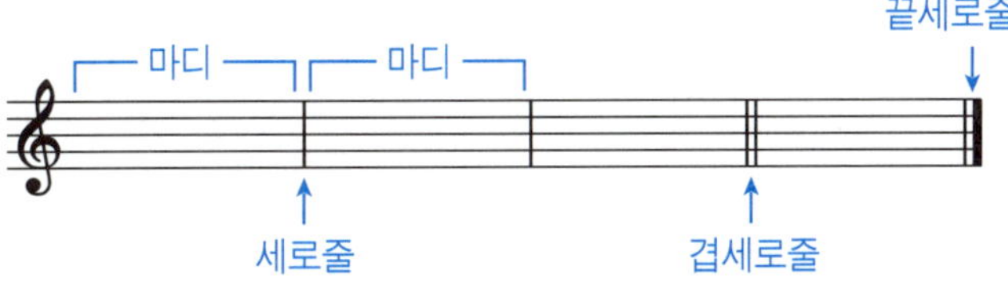

① 세로줄 : 셈여림을 나타내기 위하여 오선에 세로로 그은 줄

② 마디 : 세로줄과 세로줄 사이

③ 겹세로줄 : 곡 중간에 조나 박자가 바뀔 때, 곡의 단락을 나타낼 때 쓰이는 2개의 세로줄

④ 끝세로줄 : 곡의 끝(마침)을 나타냄

10. 박자표

한 마디 안에 들어 있는 박의 수를 나타낸다.

X분의 Y박자란?

X음표가 한 마디 안에 Y개씩 들어 있습니다.

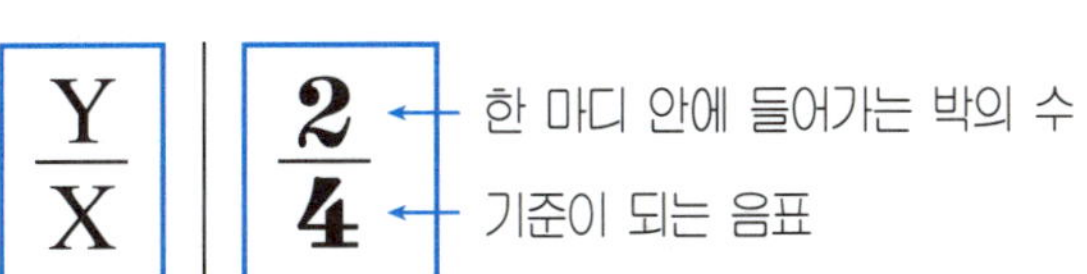

① 홑박자

박자표에 나오는 기준이 되는 음표를 한 박으로 하여, 박자표대로 지휘합니다.

• ♩를 한 박(∨)으로 할 때

박자표	음표	셈여림	박자젓기
2/4		◎ ○	
3/4		◎ ○ ○	
4/4		◎ ○ ○ ○	
6/4		◎ ○ ○ ○ ○ ○	

• ♩를 한 박(∨)으로 할 때

박자표	음표	셈여림	박자젓기
2/2		◎ ○	
3/2		◎ ○ ○	
4/2		◎ ○ ○ ○	
6/2		◎ ○ ○ ○ ○ ○	

• ♪를 한 박(∨)으로 할 때

박자표	음표	셈여림	박자젓기
3/8		◎ ○ ○	
6/8		◎ ○ ○ ○ ○ ○	

※ 8분음표를 한 박으로 하는 8분의 6박자는 느린 8분의 6박자입니다.

② 겹박자

박자표에 나온 기준이 되는 음표×3을 한 박으로 하여, 박자표에 나온 박의 수÷3으로 지휘합니다.

• ♩.를 한 박(∨)으로 할 때

박자표	음표	셈여림	박자젓기
6/8		◎ ○	
9/8		◎ ○ ○	
12/8		◎ ○ ○ ○	

※ 점4분음표를 한 박으로 하는 8분의 6박자는 보통 빠르기 ～ 빠른 8분의 6박자입니다.

$\frac{6}{8}$ 박자

- **느린 $\frac{6}{8}$박자**: 8분음표(♪)를 한 박으로 하여 6박자로 지휘한다.

 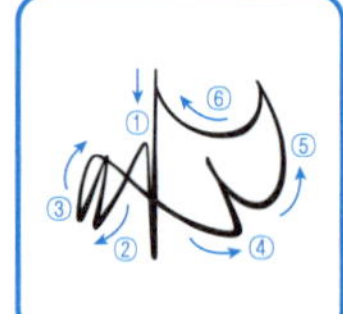

- **보통빠르기 ~ 빠른 $\frac{6}{8}$박자**

  : 점4분음표(♩.)를 한 박으로 하여 2박자로 지휘한다.

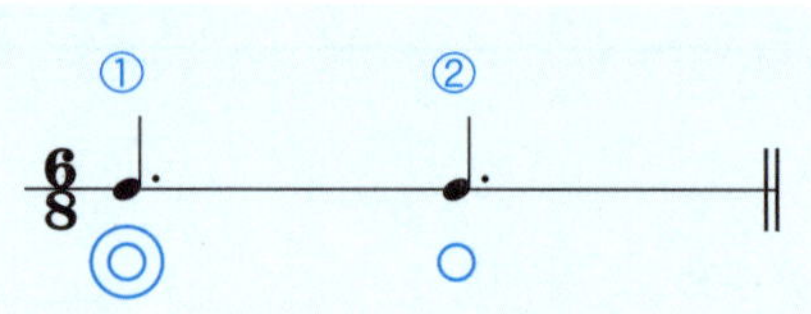 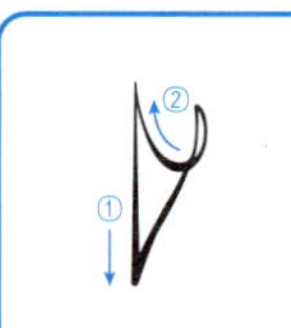

③ **혼합박자**

박자표에 나오는 기준이 되는 음표를 한 박으로 하며, 박자젓기는 혼합해서 합니다.

박자표	음표	박자 젓기
$\frac{5}{4}$	♩ ♩ ♩ ♩ ♩	(그림) + (그림)
$\frac{7}{4}$	♩ ♩ ♩ ♩ ♩ ♩ ♩	(그림) + (그림)
$\frac{5}{2}$	♩ ♩ ♩ ♩ ♩	(그림) + (그림)
$\frac{7}{2}$	♩ ♩ ♩ ♩ ♩ ♩ ♩	(그림) + (그림)

---

11. 음이름

이태리	도	레	미	파	솔	라	시
우리 나라	다	라	마	바	사	가	나
영어 음이름	C	D	E	F	G	A	B

---

12. 변화표

① **조표** : 높이와 마디에 상관 없이 효력이 발생한다.

② **임시표** : 임시적으로 쓰인 변화표로 임시표가 쓰인 같은 높이의 음에는 유효하나 옥타브 위·아래나 마디가 바뀌면 효력을 잃는다.

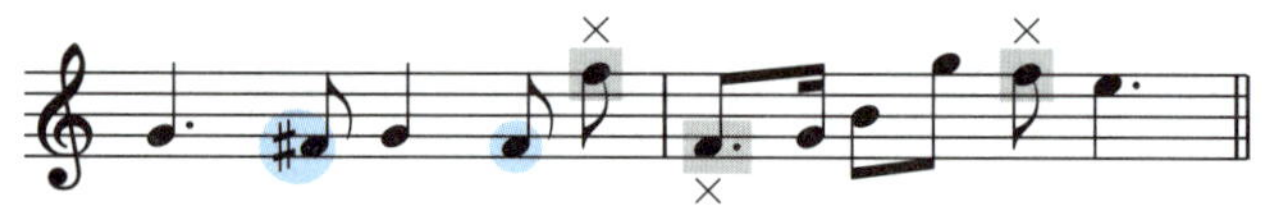

---

13. 빠르기말

빠르기말	읽기	뜻
Largo	라르고	아주 느리게
Lento	렌토	아주 느리게
Adagio	아다지오	매우 느리게
Andante	안단테	느리게
Andantino	안단티노	조금 느리게
Moderato	모데라토	보통빠르기
Allegretto	알레그레토	조금 빠르게
Allegro	알레그로	빠르게
Presto	프레스토	매우 빠르게
rit.	리타르단도	점점 느리게
accel.	아첼레란도	점점 빠르게
a tempo	아 템포	본래 빠르기로

※ *rit.* 나 *accel.* 뒤에는 대부분 a tempo가 온다.

● 빠르기말을 노래로 불러 보세요.

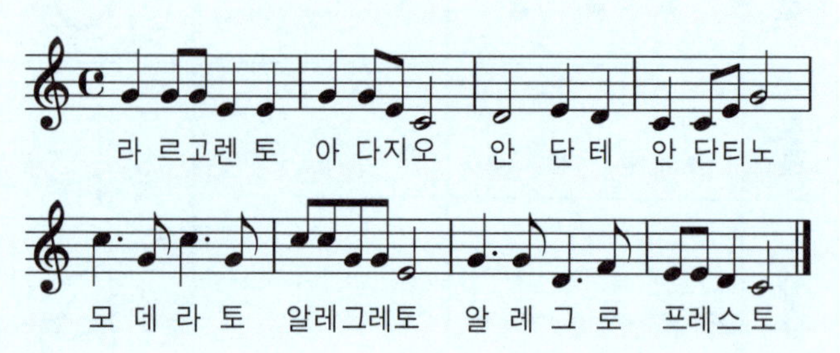

14. 셈여림표

셈여림표	읽기	뜻
pp	피아니시모	매우 여리게
p	피아노	여리게
mp	메조 피아노	조금 여리게
mf	메조 포르테	조금 세게
f	포르테	세게
ff	포르티시모	매우 세게
$cresc.$, <	크레센도	점점 세게
$decresc.$, >	데크레센도	점점 여리게
$dim.$	디미누엔도	점점 여리게
※ f (forte): 세게 p (piano): 여리게 m (mezzo): 반의, 중간의, 조금		

$$pp - p - mp - mf - f - ff$$

◉ 셈여림표를 노래로 불러 보세요.

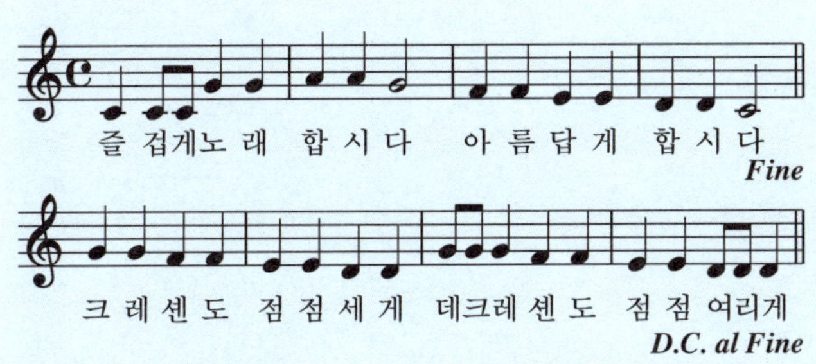

15. 악상 기호

기호	연주	읽기	뜻
		스타카토	원래 음의 $\frac{1}{2}$ 길이로 연주
		스타카티시모	원래 음의 $\frac{1}{4}$ 길이로 연주
		테누토	그 음의 길이를 충분히 유지
		악센트	그 음만 특히 세게
		늘임표 (페르마타)	본래 길이의 2~3배 늘여서 연주
		마침표	겹세로줄 위에서 곡의 마침을 나타냄
		붙임줄 (타이)	높이가 같은 두 음을 한 음처럼 이어서
		이음줄 (슬러)	높이가 다른 두 음을 부드럽게 이어서
		글리산도	두 음 사이를 미끄러지듯이

16. 꾸밈음과 줄임표

17. 당김음 (싱코페이션)

강약과 약박의 자리가 바뀐 음으로 재즈에서 많이 쓰인다.

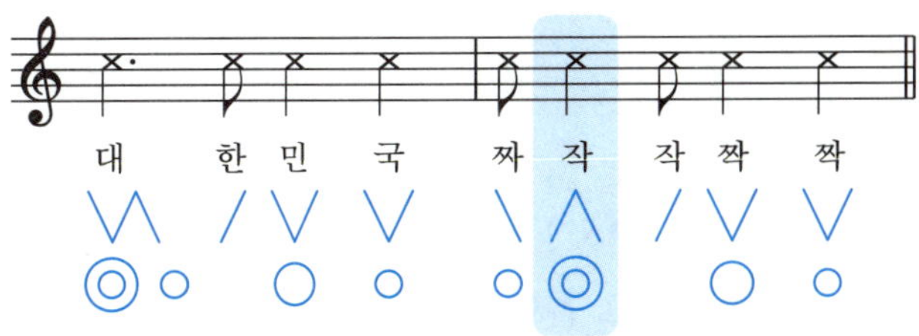

18. 줄임표

① 도돌이표(‖: :‖)

마주보는 도돌이표는 그 구간을 2번 연주하라는 뜻이며, 도돌이표의 눈이 왼쪽을 보고 있다면, 처음부터 도돌이표가 있는 구간까지 2번을 연주하란 뜻이다.

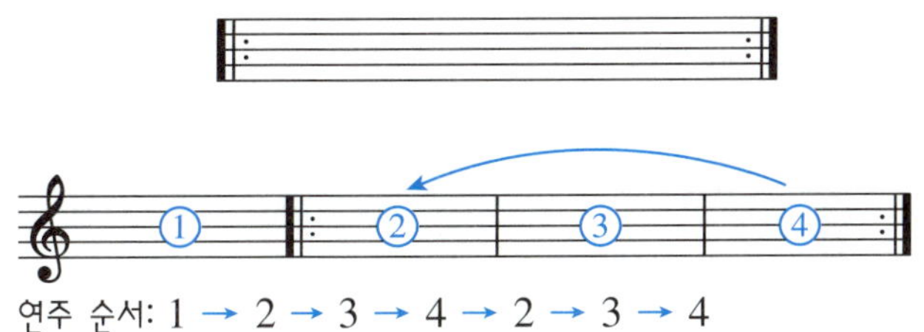

연주 순서: 1 → 2 → 3 → 4 → 2 → 3 → 4

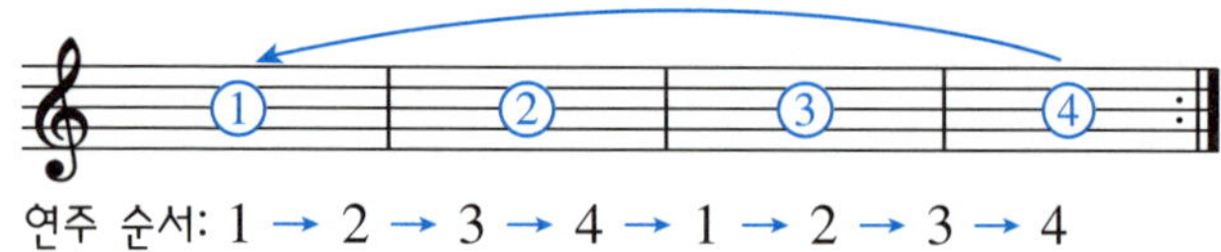

연주 순서: 1 → 2 → 3 → 4 → 1 → 2 → 3 → 4

② 번호가 있는 도돌이표

ㅣ1. ㅣ이 붙은 도돌이표까지 연주하고 그 도돌
이표가 지시하는 곳(처음이나 ‖ 가 있는 곳)
으로 가서, 다시 반복할 때는 ㅣ1. ㅣ은 건너뛰
고 ㅣ2. ㅣ로 간다.

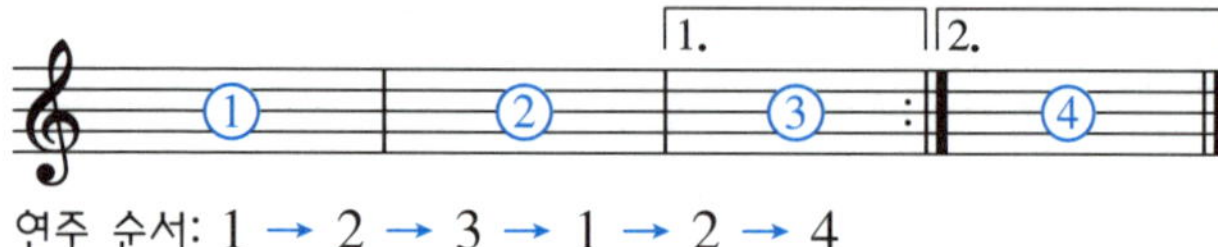

연주 순서: 1 → 2 → 3 → 1 → 2 → 4

③ 다 카포(*D.C.*)

처음으로 돌아가서 *Fine*(피네)나 겹세로줄
위의 ⌒ 에서 끝마친다.

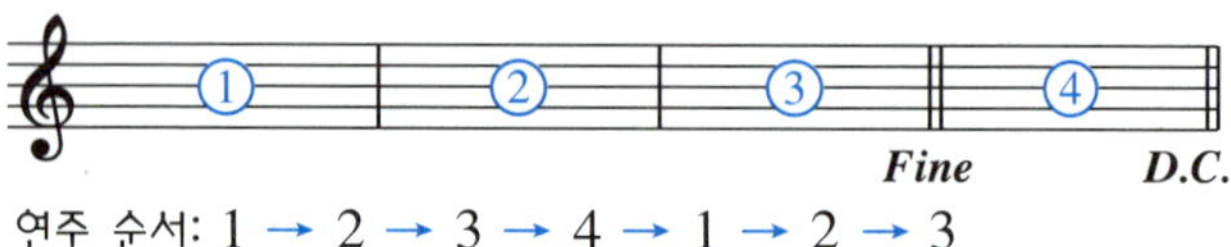

연주 순서: 1 → 2 → 3 → 4 → 1 → 2 → 3

④ 달 세뇨(*D.S.*)

세뇨(𝄌)로 돌아가서 *Fine*(피네)에서 끝마친다.

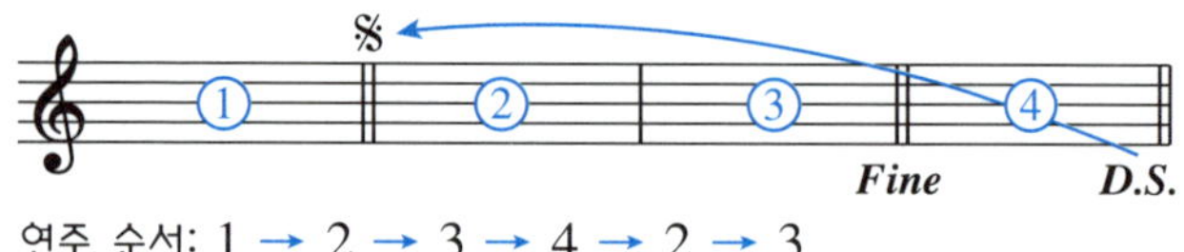

연주 순서: 1 → 2 → 3 → 4 → 2 → 3

⑤ 코다(⊕)

반복 연주시 ⊕ 와 ⊕ 사이는 건너뛰고(생략
하고) 연주한다.

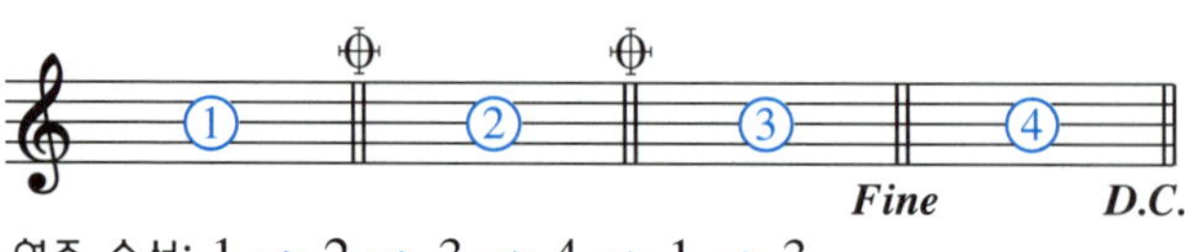

연주 순서: 1 → 2 → 3 → 4 → 1 → 3

※ 홀수 잇단음표 (p161 참고)

1. 음계(音階)Scale

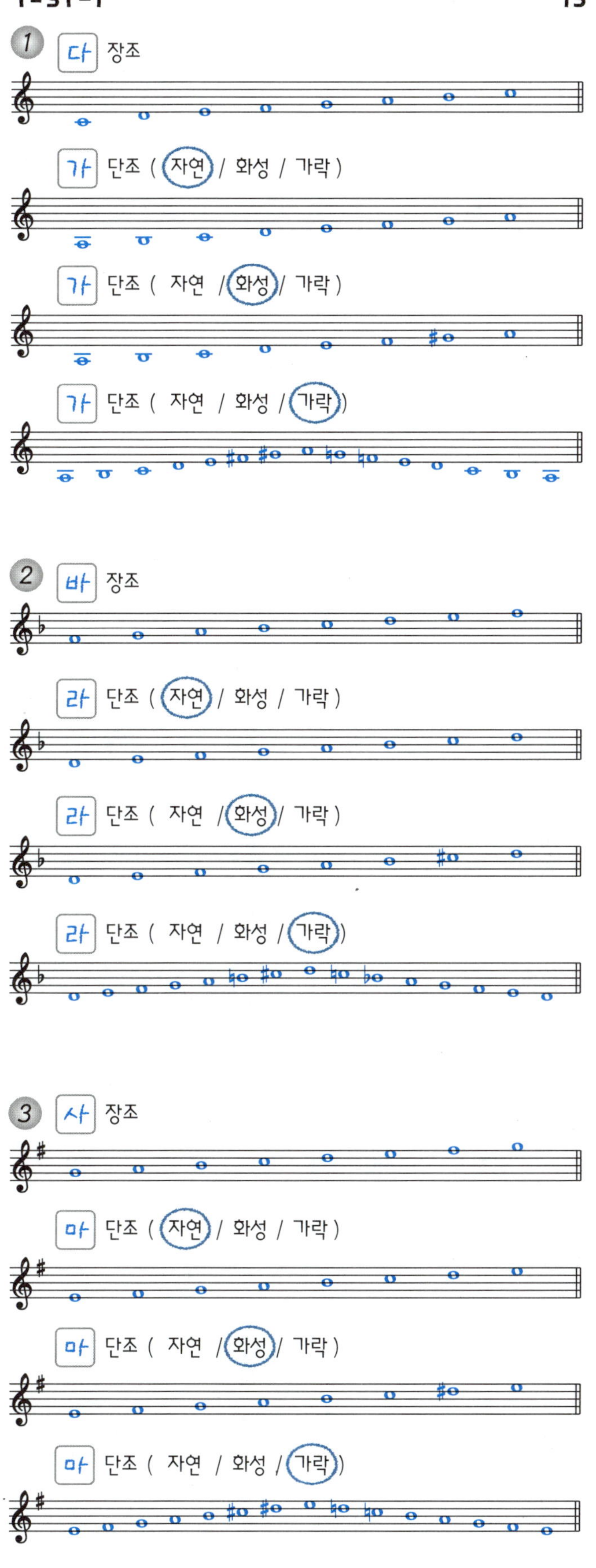

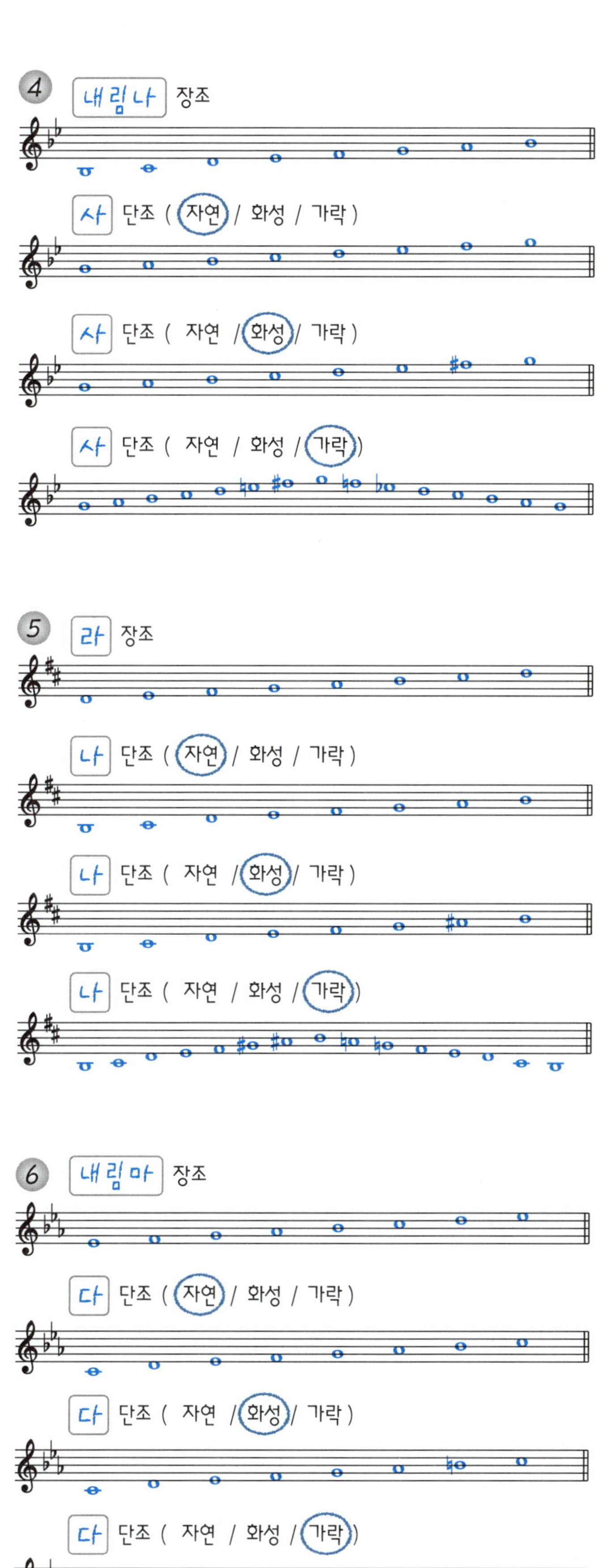

1 다 장조
가 단조 (자연 / 화성 / 가락)
가 단조 (자연 / 화성 / 가락)
가 단조 (자연 / 화성 / 가락)

2 바 장조
라 단조 (자연 / 화성 / 가락)
라 단조 (자연 / 화성 / 가락)
라 단조 (자연 / 화성 / 가락)

3 사 장조
마 단조 (자연 / 화성 / 가락)
마 단조 (자연 / 화성 / 가락)
마 단조 (자연 / 화성 / 가락)

4 내림나 장조
사 단조 (자연 / 화성 / 가락)
사 단조 (자연 / 화성 / 가락)
사 단조 (자연 / 화성 / 가락)

5 라 장조
나 단조 (자연 / 화성 / 가락)
나 단조 (자연 / 화성 / 가락)
나 단조 (자연 / 화성 / 가락)

6 내림마 장조
다 단조 (자연 / 화성 / 가락)
다 단조 (자연 / 화성 / 가락)
다 단조 (자연 / 화성 / 가락)

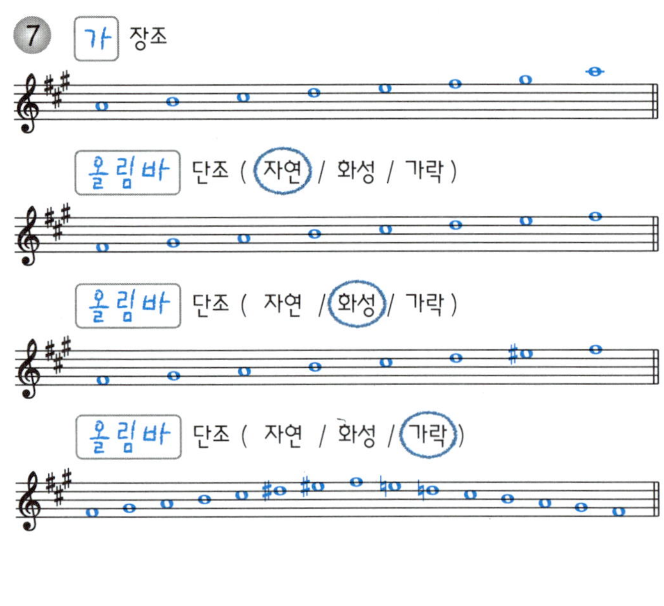

7 가 장조

올림바 단조 ((자연) / 화성 / 가락)

올림바 단조 (자연 / (화성) / 가락)

올림바 단조 (자연 / 화성 / (가락))

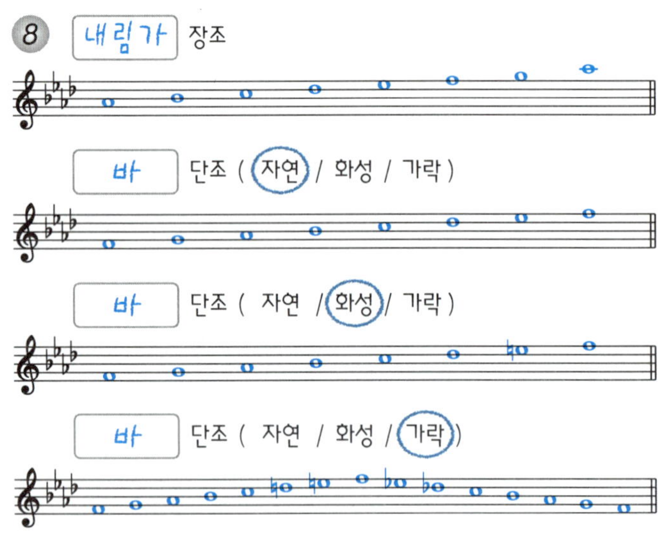

8 내림가 장조

바 단조 ((자연) / 화성 / 가락)

바 단조 (자연 / (화성) / 가락)

바 단조 (자연 / 화성 / (가락))

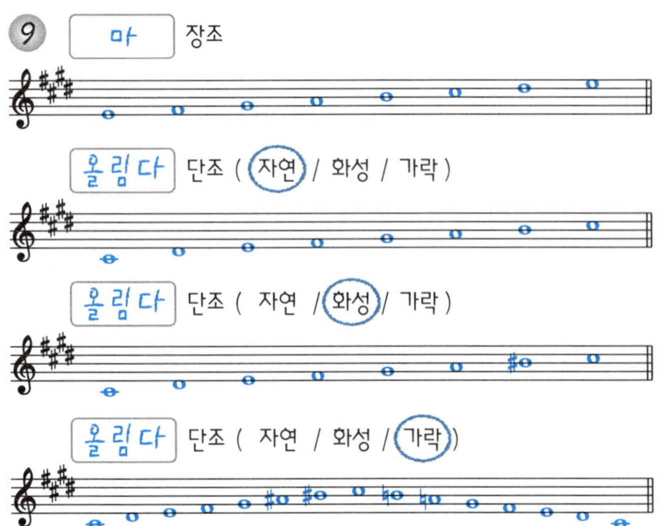

9 마 장조

올림다 단조 ((자연) / 화성 / 가락)

올림다 단조 (자연 / (화성) / 가락)

올림다 단조 (자연 / 화성 / (가락))

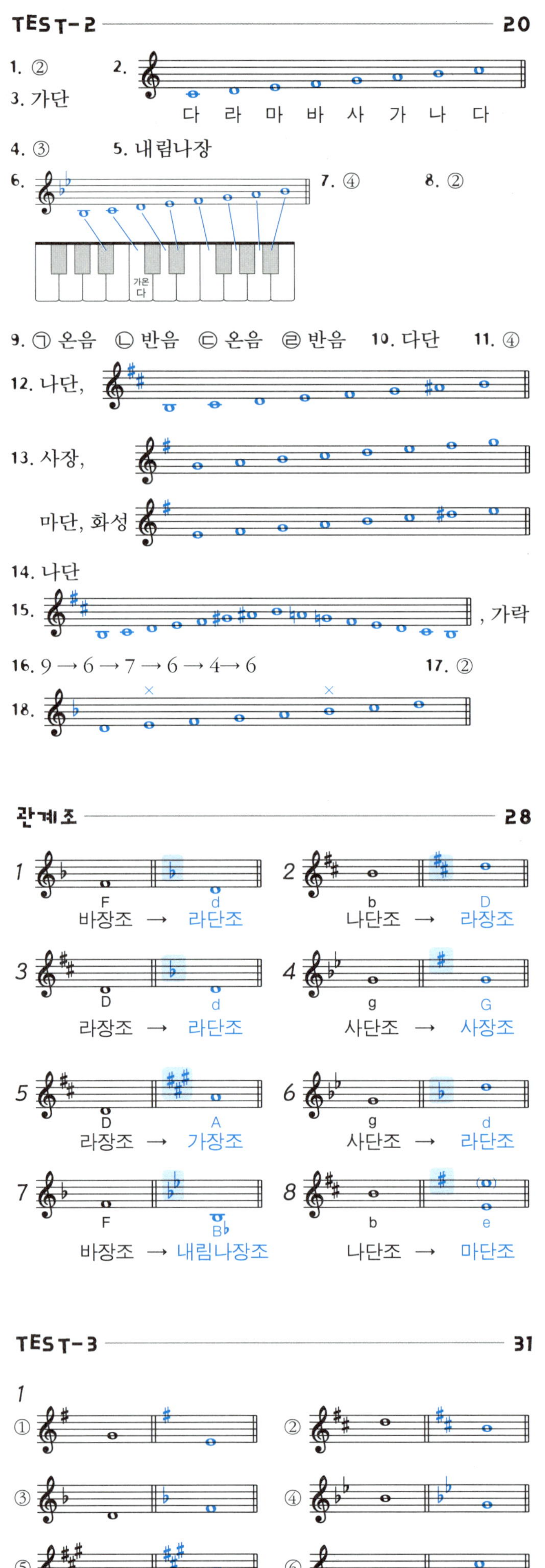

TEST-4 ——————————————— 33

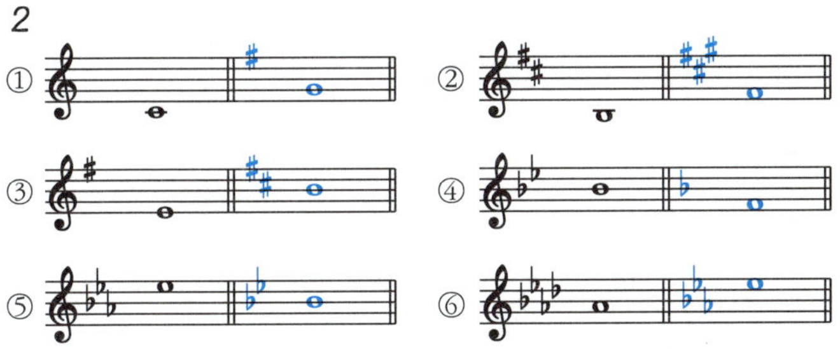

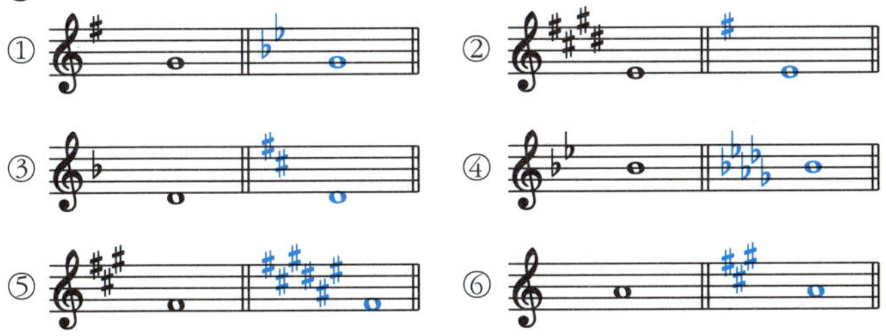

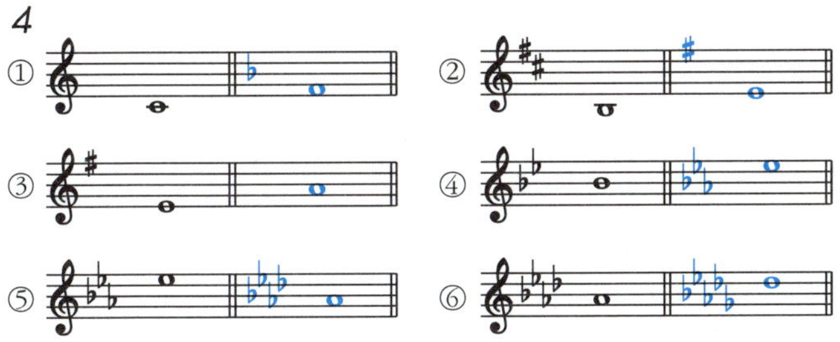

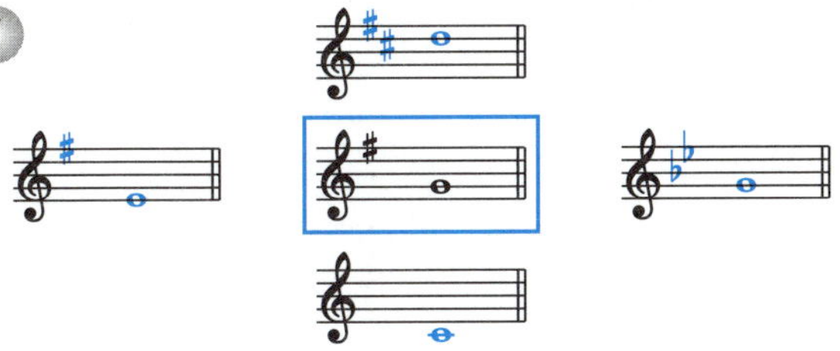

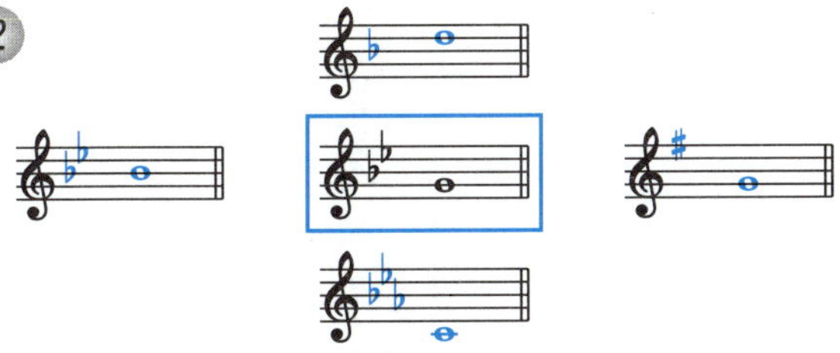

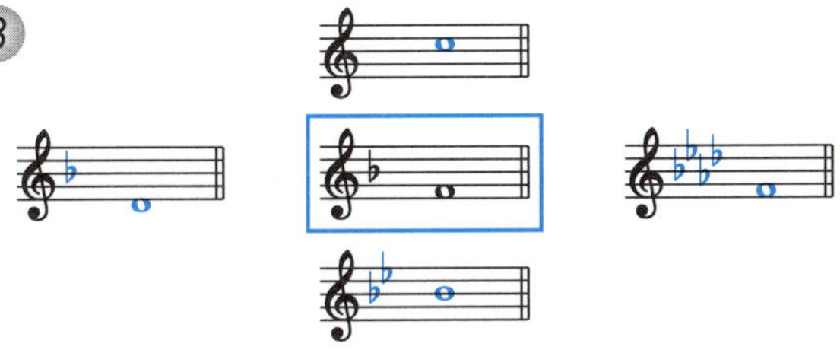

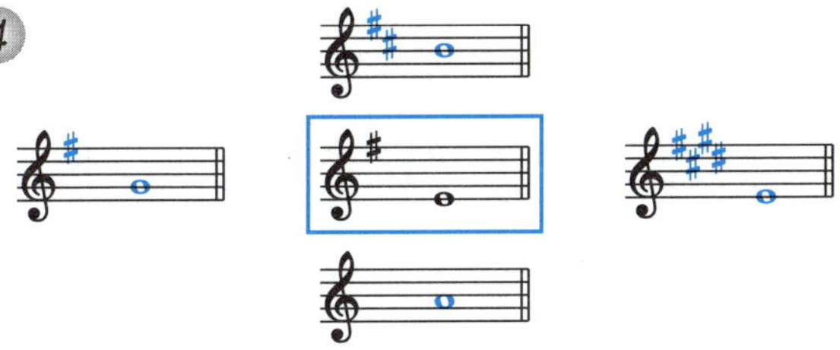

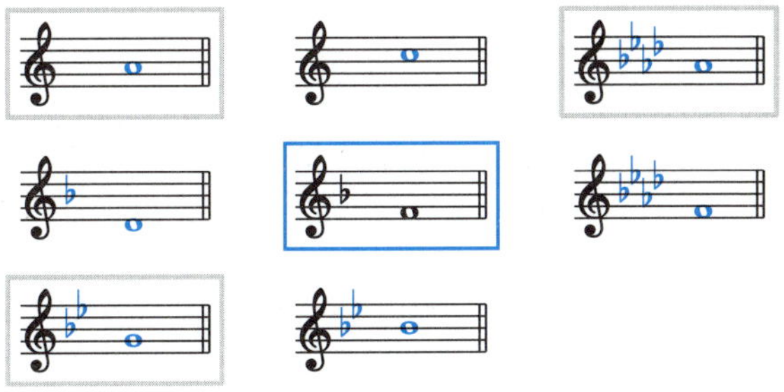

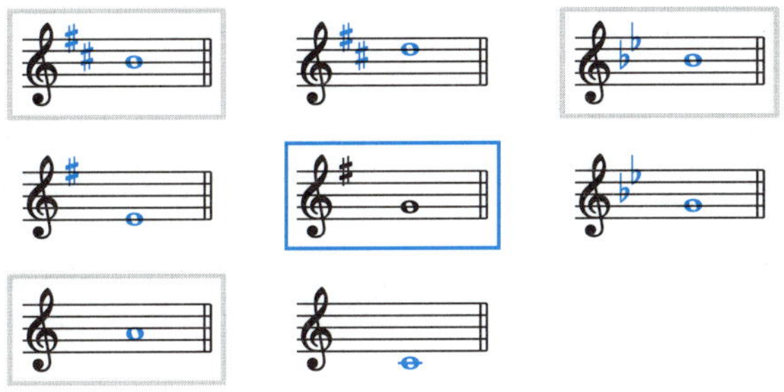

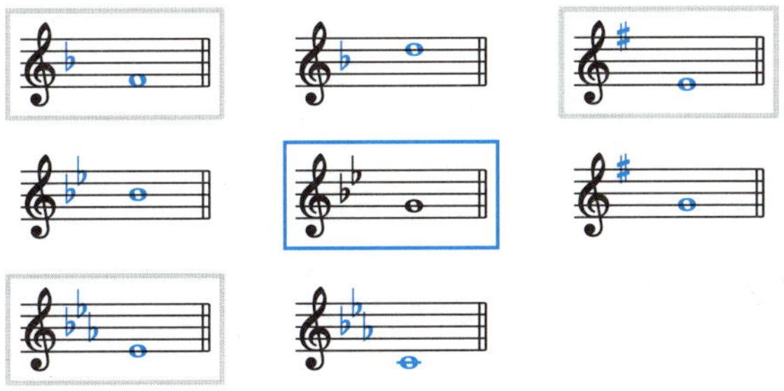

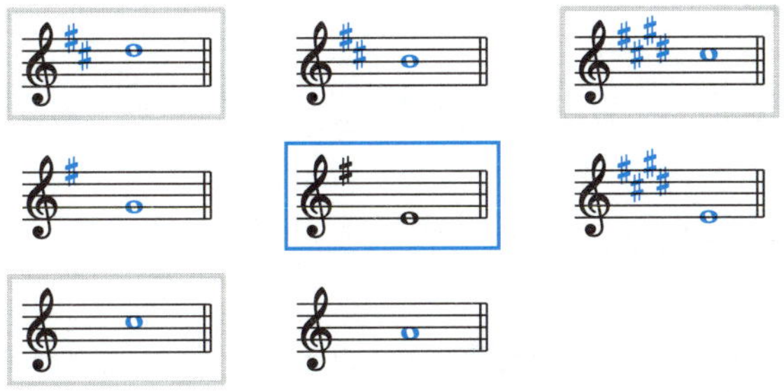

TEST-5 ——————————————— 38

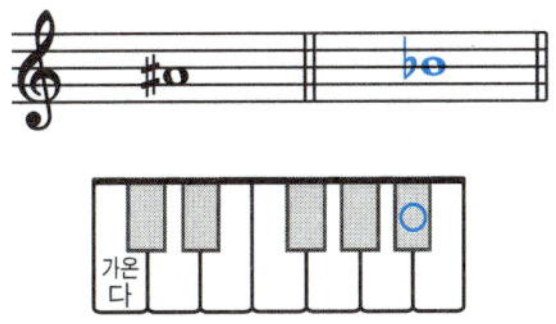

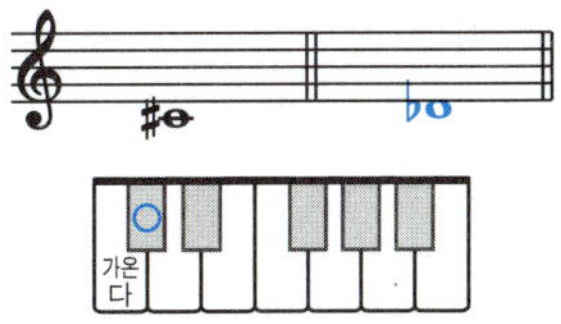

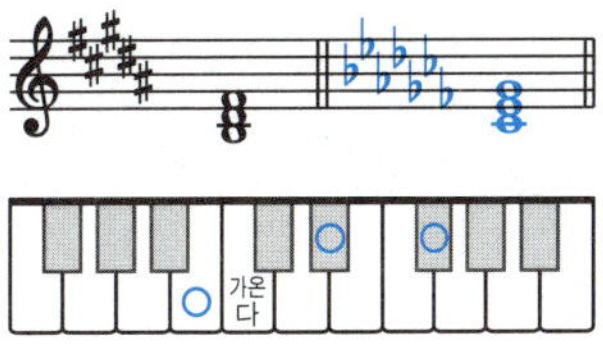

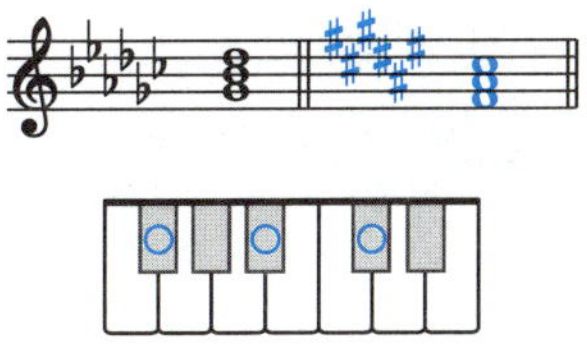

3

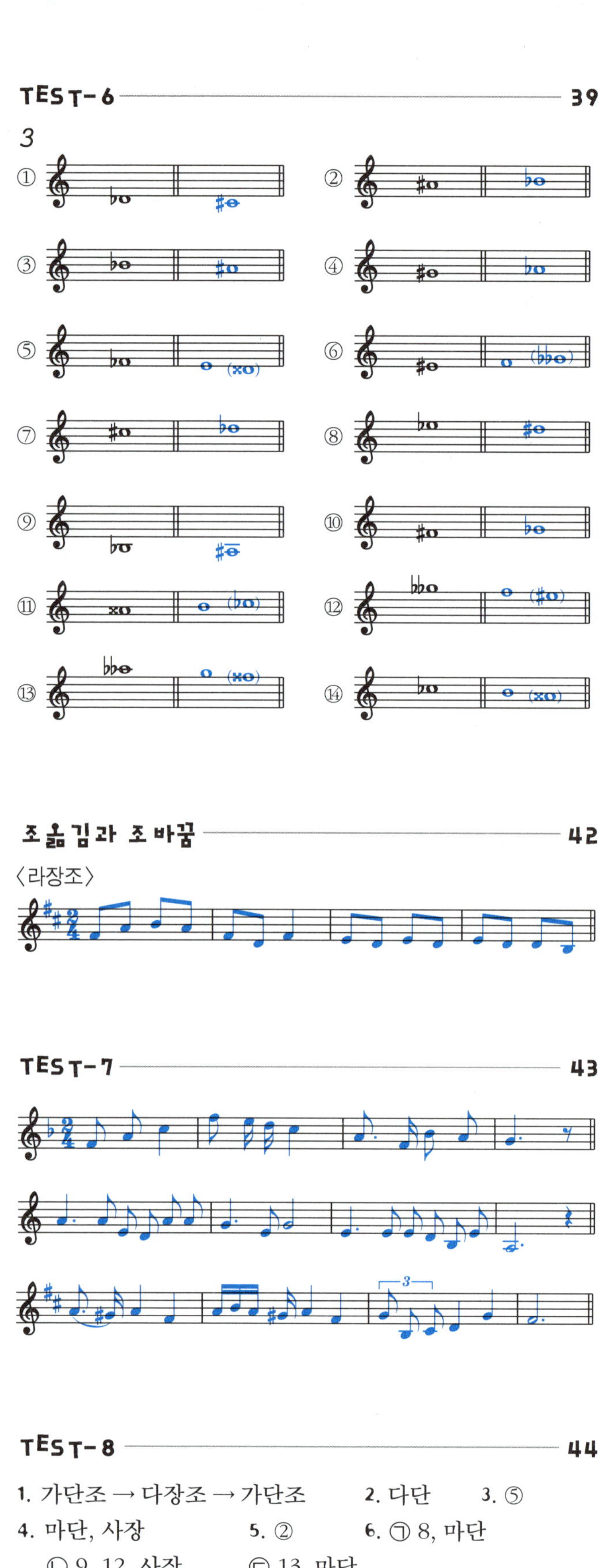

조옮김과 조바꿈 ———————————————————— 42

〈라장조〉

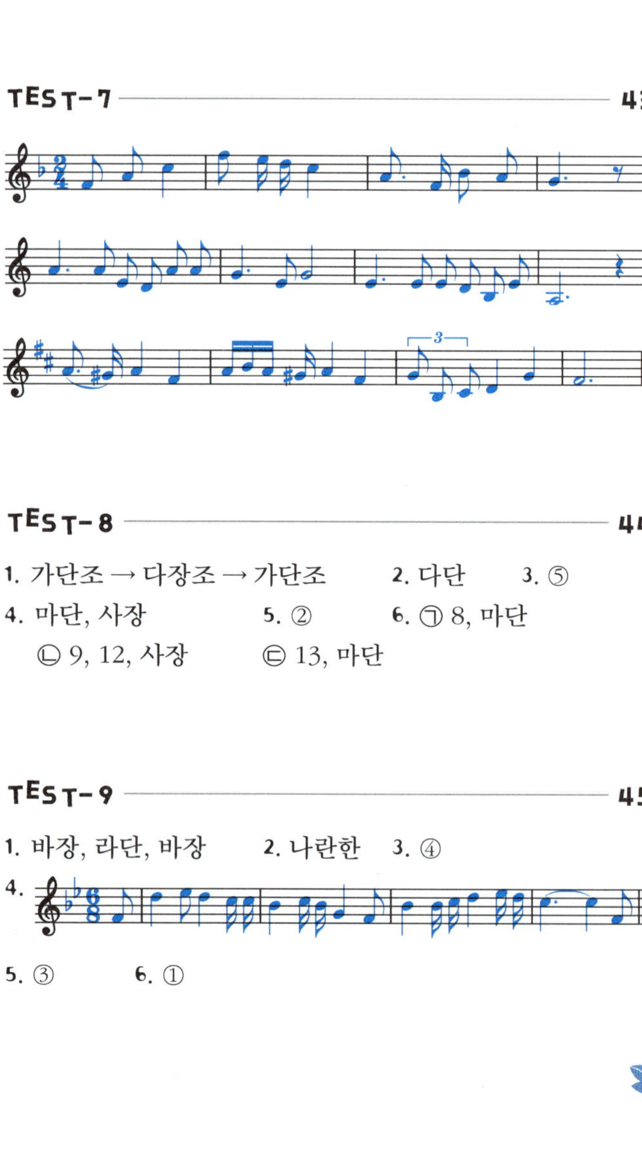

TEST-7 ———————————————————— 43

TEST-8 ———————————————————— 44

1. 가단조 → 다장조 → 가단조   2. 다단   3. ⑤
4. 마단, 사장   5. ②   6. ㉠ 8, 마단
   ㉡ 9, 12, 사장   ㉢ 13, 마단

TEST-9 ———————————————————— 45

1. 바장, 라단, 바장   2. 나란한   3. ④
4.

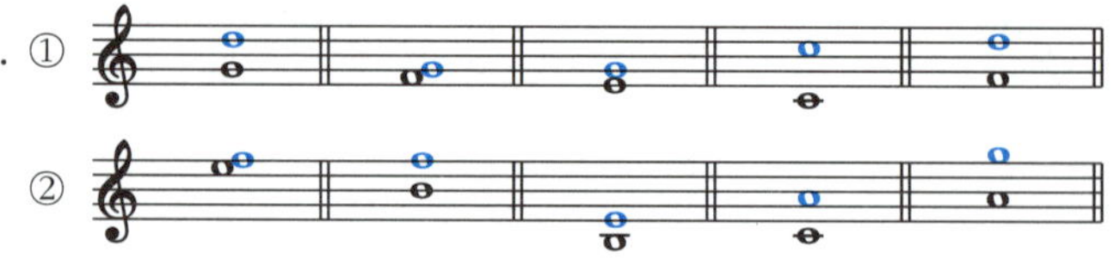

5. ③   6. ①

2. 음정(音程)Interval

음정 ————————————————————————————— 47

① 1도, 4도, 3도, 2도, 7도, 4도
② 5도, 9도, 6도, 2도, 5도, 1도
③ 6도, 3도, 6도, 5도, 4도, 7도
④ 3도, 4도, 10도, 6도, 2도, 6도
⑤ 4도, 8도, 3도, 2도, 5도, 1도
⑥ 7도, 8도, 10도, 4도, 6도, 3도
⑦ 7도, 6도, 3도, 4도, 5도, 4도
⑧ 6도, 4도, 2도, 1도, 10도, 10도

차례가기 / 뛰어가기 ———————————————— 48

뛰, 차, 뛰, 차, 뛰, 차, 뛰

TEST-10 ———————————————————— 49

1. 첫째단 2, 1, 2 / 5, 6   둘째단 2, 3, 4, 1 / 5, 6, 5, 6

   셋째단 2 / 5, 3, 4, 3   2. 가락음정, 화성음정, 음정

TEST-11 ———————————————————— 51

1. ① ○△○○△   ② ○△△○○
   ③ △○○△△   ④ ○○△△△
   ⑤ △△△△△○   ⑥ △△○△△○
2. 1, 4, 5, 8 / 2, 3, 6, 7

TEST-12 ———————————————————— 56

① 3, 장 / 2, 장 / 2, 단 / 3, 단 / 4, 증
② 3, 장 / 6, 장 / 5, 완 / 2, 단 / 3, 장
③ 5, 감 / 5, 완 / 3, 단 / 6, 장 / 8, 완
④ 1, 완 / 5, 감 / 5, 감 / 3, 단 / 7, 장
⑤ 2, 단 / 3, 단 / 5, 완 / 8, 완 / 4, 완
⑥ 4, 증 / 5, 감 / 3, 단 / 7, 단 / 6, 장

TEST-13 ———————————————————— 57

1. ① 완전5, 단3, 완전1, 장2, 단2
   ② 장6, 감5, 증4, 단3, 단6
   ③ 단7, 완전4, 단7, 단3, 단2
   ④ 장3, 완전4, 단3, 단6, 장7
   ⑤ 장3, 단2, 완전1, 완전8, 완전5

2.

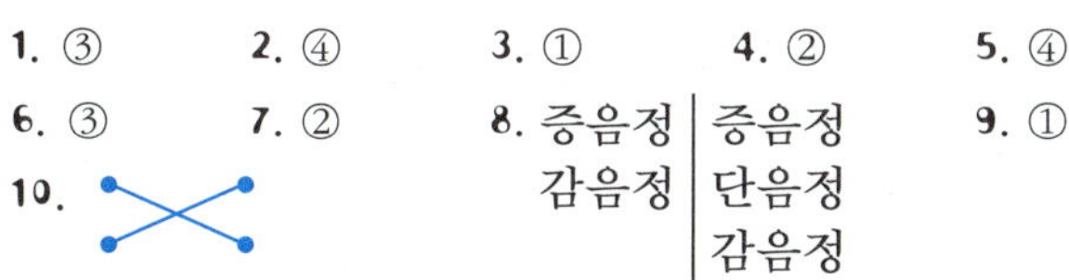

TEST-14 ——————————————— 58

1. ③   2. ④   3. ①   4. ②   5. ④
6. ③   7. ②   8. 증음정 증음정   9. ①
         감음정 단음정
                감음정
10. 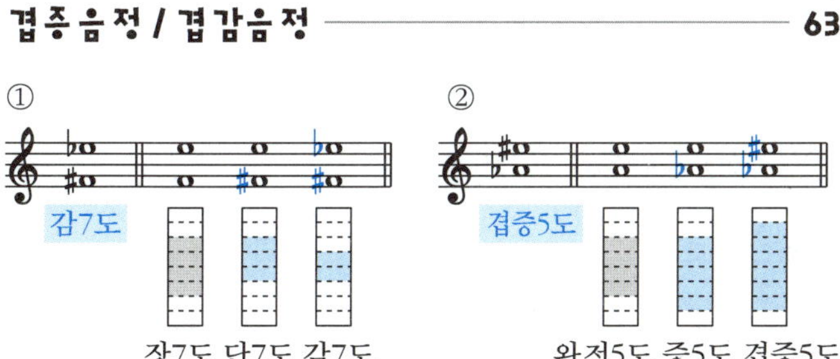

겹증음정 / 겹감음정 ——————————————— 63

① 감7도   장7도 단7도 감7도
② 겹증5도   완전5도 증5도 겹증5도

겹증음정 / 겹감음정 ——————————————— 64

① 겹감5도   완전5도 감5도 겹감5도
② 겹증6도   장6도 증6도 겹증6도
③ 완전8도   완전8도
④ 증5도   완전5도 증5도
⑤ 완전5도   완전5도
⑥ 겹증5도   완전5도 증5도 겹증5도
⑦ 증5도   완전5도 증5도
⑧ 완전5도   완전5도
⑨ 장6도   장6도
⑩ 단6도   장6도 단6도
⑪ 증7도   단7도 장7도 증7도
⑫ 장7도   단7도 장7도

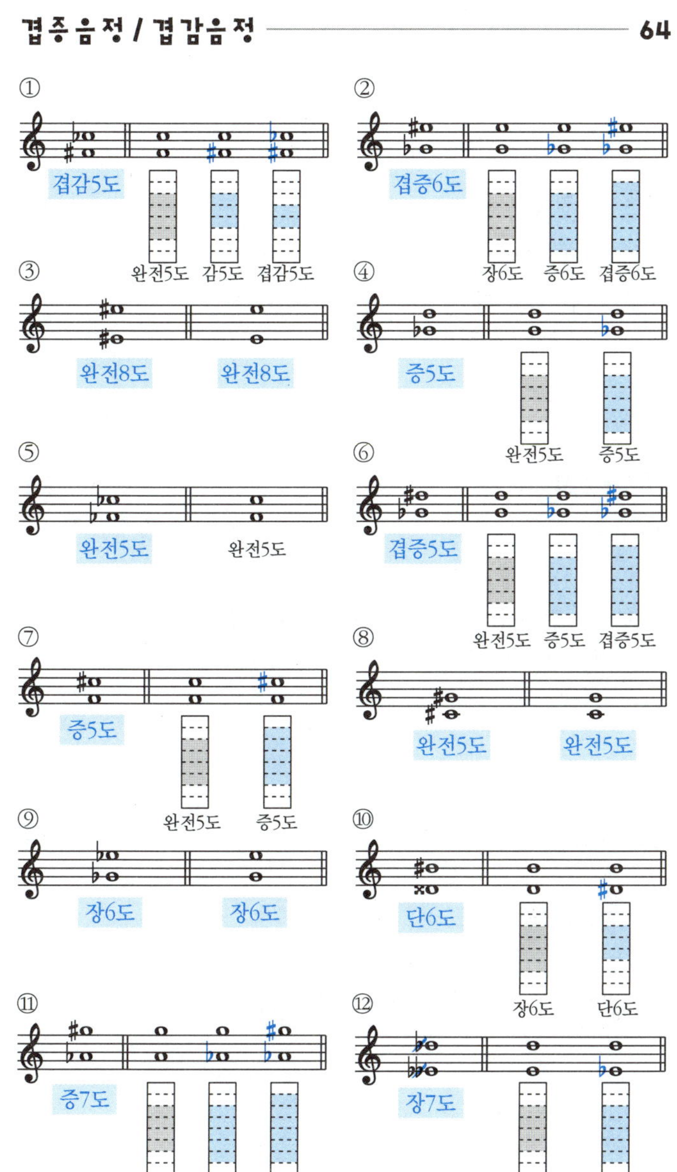

TEST-15 ——————————————— 65

1. ① 장3도, 장3도, 증2도, 증4도, 완전5도
   ② 장6도, 완전5도, 감6도, 장6도, 감8도
   ③ 단2도, 단2도, 증4도, 장6도, 감5도
   ④ 단7도, 단6도, 증4도, 감8도, 장6도
   ⑤ 단6도, 완전5도, 장3도, 증8도, 장6도
   ⑥ 감5도, 장3도, 증5도, 단7도, 감4도
   ⑦ 장3도, 증4도, 완전5도, 단3도, 단3도

2. ① 장6도, 증4도, 증4도, 장3도, 완전4도
   ② 장2도, 완전4도, 증5도, 장2도, 감3도
   ③ 감6도, 단2도, 증4도, 장6도, 감5도
   ④ 단7도, 단3도, 증2도, 단6도, 증5도
   ⑤ 완전8도, 단3도, 증5도, 감7도, 장6도
   ⑥ 증4도, 감5도, 증2도, 장2도, 장7도
   ⑦ 완전5도, 감6도, 장2도, 감5도, 감8도

TEST-16 ——————————————— 68

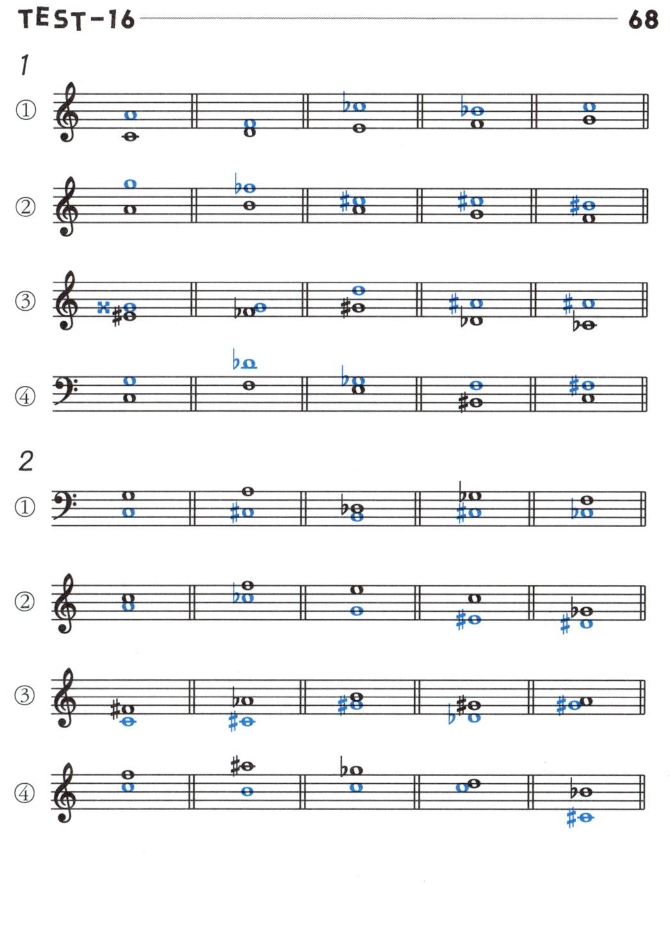

어울림음정 / 안어울림음정 ——————————————— 70

① 감5도, 안 / 단7도, 안 / 장6도, 어 / 장2도, 안 / 완전4도, 어
② 완전4도, 어 / 증4도, 안 / 완전4도, 어 / 감5도, 안 / 단6도, 어
③ 완전5도, 어 / 증2도, 안 / 감3도, 안 / 완전8도, 어 / 단6도, 어
④ 단6도, 어 / 완전1도, 어 / 단6도, 어 / 완전5도, 어 / 증3도, 안

자리바꿈음정 ──────────────────────── 71

②	③	④
단7도	**증4도**	**장2도**
9-7=2, 단→ **장**	9-4=5, 증→ **감**	9-2=7, 장→ **단**
[장2도]	[감5도]	[단7도]

⑤	⑥	⑦
증6도	**감5도**	**단3도**
9-6=3, 증→ **감**	9-5=4, 감→ **증**	9-3=6, 단→ **장**
[감3도]	[증4도]	[장6도]

⑧	⑨	⑩
완전8도	**단7도**	**완전5도**
9-8=1, 완→ **완**	9-7=2, 단→ **장**	9-5=4, 완→ **완**
[완전1도]	[장2도]	[완전4도]

겹음정 계산 ──────────────────────── 72

① 감11도　② 단10도　③ 장9도　④ 장14도

11도 + 감 4도　10도 + 단 3도　9도 + 장 2도　14도 + 장 7도

TEST-17 ──────────────────────── 74

1. 단6　2. 장3　3. ③　4. ②
5. ㉠ 단3, ㉡ 장3, ㉢ 증1, ㉣ 단2　6. ㉠ 장6, ㉡ 단6,
　㉢ 감8, ㉣ 장7　7. ⑤　8. ㉠ 장3, ㉡ 단3

TEST-18 ──────────────────────── 75

1. ③　2. ①　3. ㉠ 증4, ㉡ 단7, ㉢ 감7
4. ④　5. 5　6. ⑤　7. 감5　8. 증4
9. 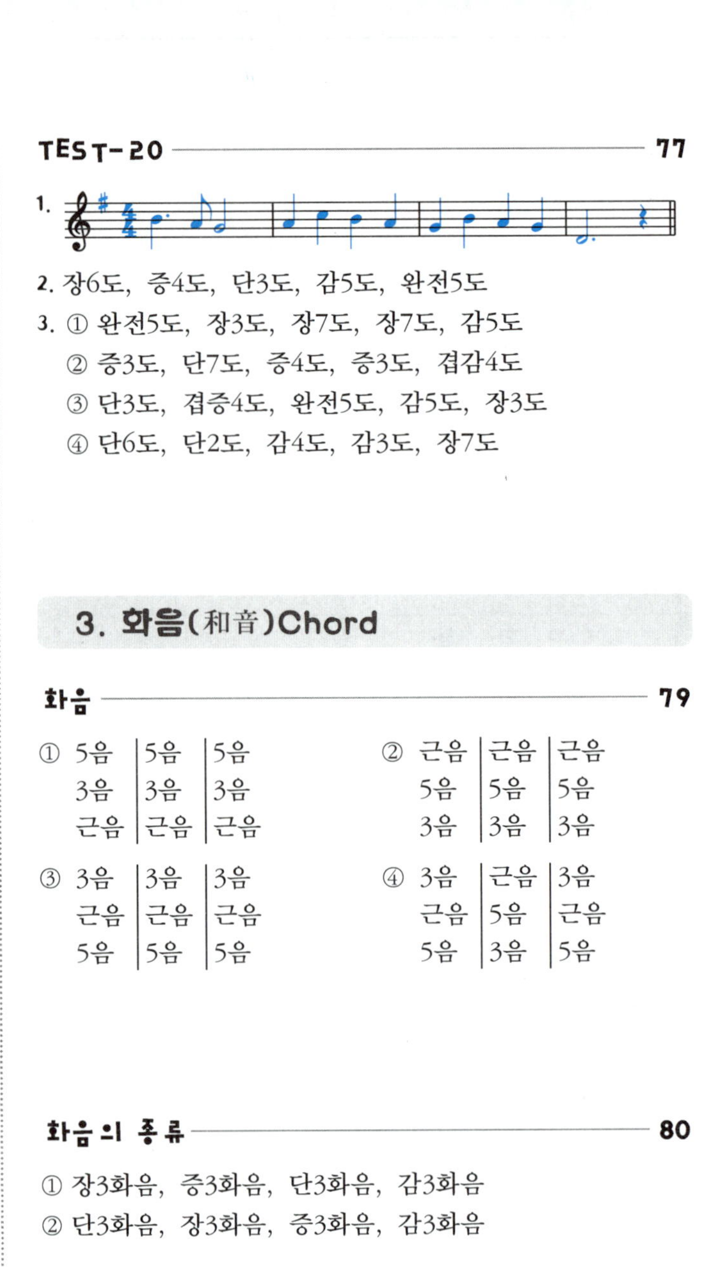

TEST-19 ──────────────────────── 76

1. ②　2. ④　3. ① 증1, ② 증6, ③ 감4, ④ 완전8
4. ⑤　5. ①　6. ① 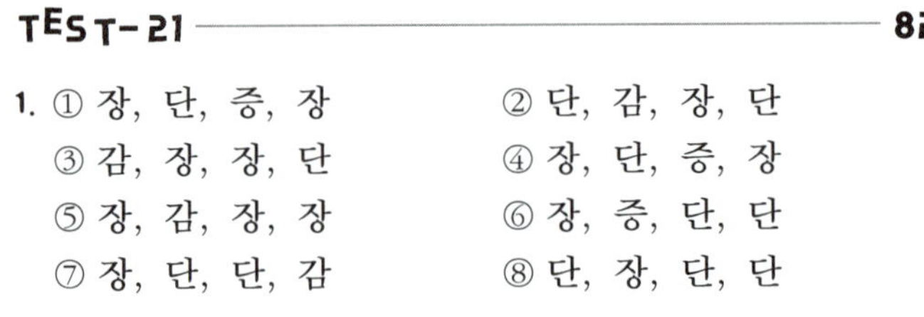 , 완전5
7. 장3, 증4, 장6
8. 장9, 단10　② , 장6

TEST-20 ──────────────────────── 77

1.

2. 장6도, 증4도, 단3도, 감5도, 완전5도
3. ① 완전5도, 장3도, 장7도, 장7도, 감5도
　② 증3도, 단7도, 증4도, 증3도, 겹감4도
　③ 단3도, 겹증4도, 완전5도, 감5도, 장3도
　④ 단6도, 단2도, 감4도, 감3도, 장7도

3. 화음(和音)Chord

화음 ──────────────────────── 79

① 5음	5음	5음		② 근음	근음	근음
3음	3음	3음		5음	5음	5음
근음	근음	근음		3음	3음	3음

③ 3음	3음	3음		④ 3음	근음	3음
근음	근음	근음		근음	5음	근음
5음	5음	5음		5음	3음	5음

화음의 종류 ──────────────────────── 80

① 장3화음, 증3화음, 단3화음, 감3화음
② 단3화음, 장3화음, 증3화음, 감3화음

TEST-21 ──────────────────────── 82

1. ① 장, 단, 증, 장　② 단, 감, 장, 단
　③ 감, 장, 장, 단　④ 장, 단, 증, 장
　⑤ 장, 감, 장, 장　⑥ 장, 증, 단, 단
　⑦ 장, 단, 단, 감　⑧ 단, 장, 단, 단

주요 3화음 ──────────────────────── 84

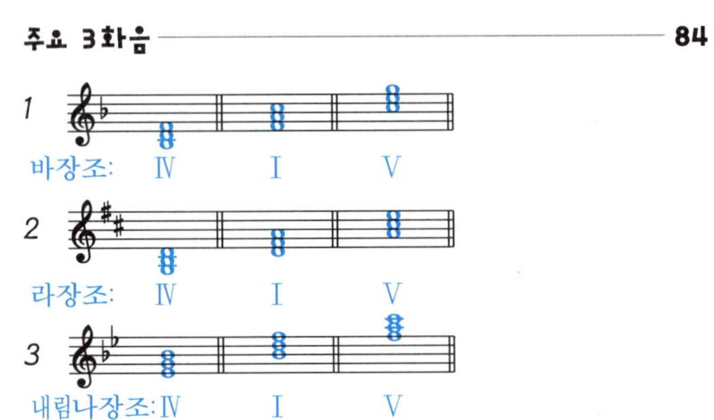

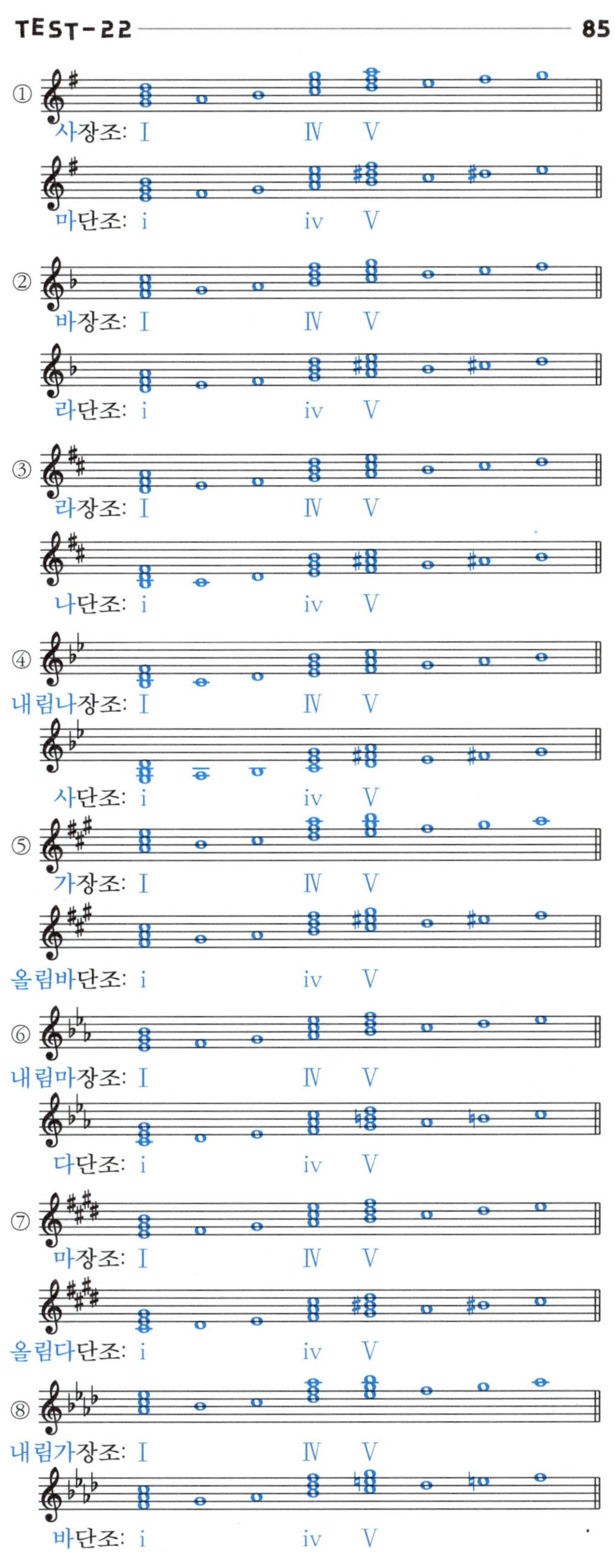

TEST-23 ———————————————— 88

1. ① 사장조, IV / 라장조, I / 가장조, V / 마장조, V
   ② 다장조, I / 바장조, IV / 사단조, V / 내림마장조, IV
2. ① 마장조, 라장조, 나단조, 다장조
   ② 가장조, 올림바단조, 라단조, 내림나장조
3. 라, 도, 미 / 레, 파, 라 / 미, 솔#, 시

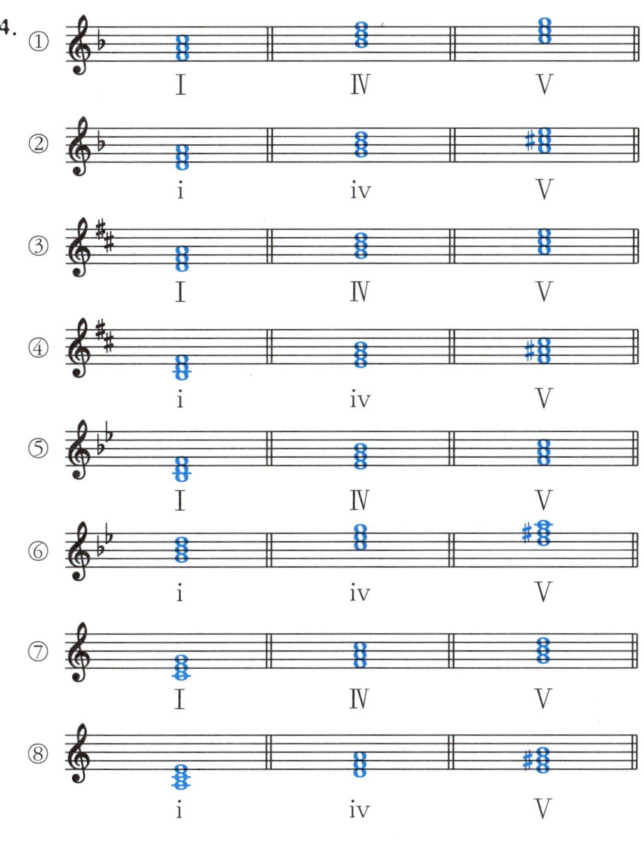

대리화음 ———————————————— 91

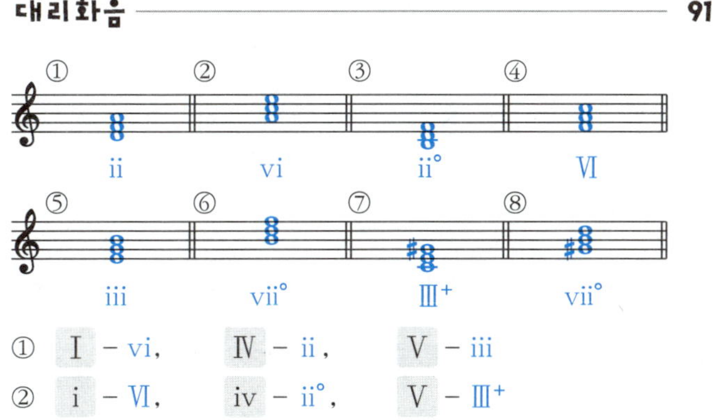

① I – vi, IV – ii, V – iii
② i – VI, iv – ii°, V – III⁺

TEST-24 ———————————————— 93

① I_6, I, I_4^6, ii 　② I_4^6, ii_6, IV_4^6, V_6
③ iii, $vii°_4^6$, I_4^6, I_6 　④ I_4^6, V_4^6, vi, IV_6
⑤ ii_4^6, $vii°_4^6$, IV, V 　⑥ V_6, vi_4^6, IV_4^6, ii_6
⑦ vi_6, $vii°_4^6$, vi, iii_4^6

딸림7화음 ———————————————— 94

TEST-25 — 95
① 다, ② 가, ③ 가, ④ 올림바, ⑤ 내림마, ⑥ 다, ⑦ 마, ⑧ 올림다, ⑨ 내림가, ⑩ 바, ⑪ 나, ⑫ 올림사,

딸림7화음의 해결법 — 96
③ 바장조: V7 I46 ④ 사장조: V7 I46
⑤ 라단조: V7 i46 ⑥ 마단조: V7 i46
⑦ 내림나장조: V7 I46 ⑧ 라장조: V7 I46
⑨ 사단조: V7 i46 ⑩ 나단조: V7 i46

딸림7화음의 5음 생략 — 97
① 바장조: V7 I46 ② 사장조: V7 I46
③ 라단조: V7 i46 ④ 마단조: V7 i46
⑤ 내림나장조: V7 I46 ⑥ 라장조: V7 I46
⑦ 사단조: V7 i46 ⑧ 나단조: V7 i46

딸림7화음의 자리바꿈 4성부 해결 — 101
㉠ ㉡ ㉢ ㉣ V42, I6, V42

TEST-26 — 102
1
① V56 I ② V42 I6
③ V56 i ④ V7 i
⑤ V56 I ⑥ V7 I
⑦ V43 I ⑧ V7 I46
2
① V7 I ② V56 I
③ V7 I ④ V43 I
3
① V7 I ② V43 I
③ V7 I ④ V56 I

TEST-27 — 107
① 바른마침: V7 → I ② 반마침: I → V7
③ 벗어난마침: IV → I ④ 반마침: I → V
⑤ 반마침: IV → V ⑥ 거짓마침: V → vi6
⑦ 벗어난마침: IV → I ⑧ 반마침: i → V

176

TEST-28 ——— 108

1. 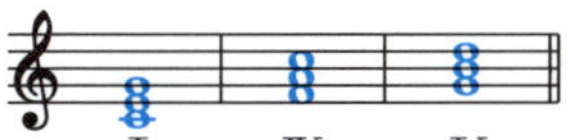

2. ⑤ 3. ③

4. 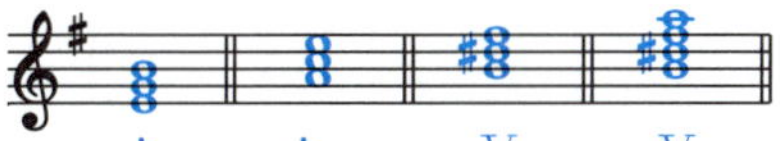

5. Ⅰ, Ⅳ^6_4, Ⅰ, Ⅴ^6_4, Ⅰ_6, Ⅰ^6_4, Ⅴ, Ⅰ 6. ④

7. ① 8. ①

TEST-29 ——— 109

1. Ⅰ, Ⅳ^6_4, Ⅳ_6, Ⅳ, Ⅳ_6, Ⅰ, Ⅰ^6_4, Ⅴ_7, Ⅴ, Ⅰ

2. 나단, 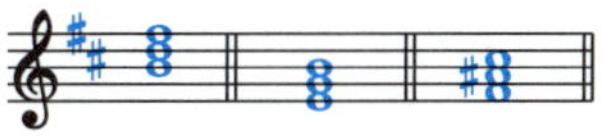 3. 다장, 사장

4. 

TEST-30 ——— 110

1. 계, 끝, 계, 끝 2. 계, 끝, 계, 끝

TEST-31 ——— 115

1. 동기 2. 4 3. 한도막 4. 8

5. 작은 세도막 6. 두도막 7. 한도막

8. 12 9. 24

TEST-32 ——— 115

1. a a A / b a′ B
2. a b A / c d B
3. a b A / c d B / e f C
4. a a′ A / b b′ B
5. a a′ A / c a″ B

TEST-33 ——— 122

1. ① 미사 ② 뮤지컬 ③ 칸타타 ④ 가곡
 ⑤ 오페라 ⑥ 민요 ⑦ 오라토리오 ⑧ 레퀴엠
2. ① 즉흥곡 ② 세레나데 ③ 에튀드 ④ 서곡
 ⑤ 스케르초 ⑥ 전주곡 ⑦ 교향시 ⑧ 녹턴
3. ① 소나타 ② 론도 ③ 겹세도막 ④ 변주곡
 ⑤ 제시부, 재현부 ⑥ sonata-allegro-form
 ⑦ 고전파 ⑧ Trio ⑨ 소나타 ⑩ 론도
4. ① 소나타 ② 변주곡 ③ 겹세도막 5. ②
6. ③ 7. ①

TEST-34 ——— 132

1. ② 2. ③ 3. ① 4. 바로크
5. ㉠ 바이올린 ㉡ 비발디 ㉢ 겨울
6. G선상의 아리아 7. 바흐 8. 아리아

TEST-35 ——— 136

1. ③ 2. ④ 3. 소나타 4. 소나타 5. ③
6. ② 7. 고전파 8. 다성음악, 화성음악
9. 베토벤 10. 하이든, 모차르트, 베토벤

TEST-36 ——— 141

1. ② 2. 낭만파 3. 표제 음악 4. 슈베르트
5. 카덴차 6. ③ 7. R(리하르트). 슈트라우스
8. 고전파 음악은 형식과 균형, 절제를 중요시 여겼다면 낭만파 음악은 개인의 감정을 자유롭게 표현하는 것을 중요시 여겼다.
9. ① 10. 아리아

TEST-37 ——— 142

1. 국민악파 2. 보로딘, 퀴, 발라키레프, 무소르크스키, 림스키코르사코프 3. ②
4. 무소르크스키

근대/현대 음악 ——— 143

불새, 페트루슈카, 봄의 제전

종합 테스트 마무리 1 ——— 158

1. ① 2. ③ 3.  4. 소나타
5. 협주곡 6. 관현악 7. ①
8. 슈베르트 9. ②
10. ㉠ 퍼셀 ㉡ 브리튼
11. 관현악(퍼셀의 주제) - 목관악기군 - 금관악기군 - 현악기군 - 타악기군 - 관현악 - 악기 연주 - 관현악(브리튼의 푸가)
12. ③
13. ① (바이올린, 비올라, 첼로, 더블베이스, 하프)
 ② (피콜로, 플루트, 오보에, 클라리넷, 바순)
 ③ (트럼펫, 호른, 트롬본, 튜바)
 ④ (작은북, 큰북, 심벌즈, 팀파니, 실로폰, 탬버린, 캐스터네츠, 우드블럭, 마림바)
14. ① 더블베이스(콘트라베이스) ② 바순 ③ 튜바

1. 모차르트 2. ㉠ 현악 ㉡ 소나타 3. ④
4. ① 음악의 신동 ② 악성 ③ 가곡의 왕
5. 제시부 → 발전부(전개부) → 재현부
6. 모차르트 7. ② 8. 생상스 9. ④
10. 첼로 11. 클라리넷 12. 합창
13. ㉠ 아리아 ㉡ 레시타티브

1. ① 2. 푸가
3. 다성음악은 여러 성부에서 독자적인 멜로디를 지니고 있으며, 화성음악은 한 성부에서 멜로디를 지니면 나머지 성부는 화음이나 반주 역할로 그 멜로디를 받쳐준다.
4. 브람스 5. ② 6. 제9번 7. 소나타 8. 교향곡
9. 협주곡 10. 제1바이올린, 제2바이올린, 비올라, 첼로
11. 제1바이올린, 제2바이올린, 비올라, 첼로, 더블베이스(콘트라베이스) 12. 피아노, 바이올린, 첼로
13. 변주곡 14. ② 15. ㉠ 하이든 ㉡ 베토벤

1. ② 2. ② 3. 오페라 4. 아리아
5. 레시타티브 6. 민요 7. ㉠ 바이올린
㉡ 플루트 ㉢ 오보에 ㉣ 클라리넷 ㉤ 바순 ㉥ 호른
㉦ 팀파니 8. 오라토리오 9. ①
10. 바이올린 협주곡 11. 카덴차

1. ① 2. ② 3. ②
4. 백조의 호수, 잠자는 숲 속의 미녀, 호두까기 인형
5. 푸가 6. 재즈 7. 낭만파 8. 표제 9. 다성
10. ④ 11. ③ 12. ① 13. ②

중학생을 위한

음악이론 피날레
Music Theory Finale

중학생을 위한 음악이론 피날레 장민아 저

발행인 박헌수
발행처 세광음악출판사 | 서울특별시 구로구 벚꽃로76길 27
Tel. 02)714-0048, 50(내용 문의)   Fax. 02)719-2656
http://www.sekwangmall.co.kr

공급처 (주)세광아트 Tel. 02)719-2652   Fax. 02)719-2191

등록번호 제 3-108호(1953. 2. 12)   **인쇄일** 2025. 12
ISBN 978-89-03-02801-7 93670

ⓒ 세광음악출판사